리더십골드

리더십 골드

초판 1쇄 발행 2009년 9월 9일
초판 17쇄 발행 2022년 11월 14일

지은이 존 맥스웰
옮긴이 강주헌
펴낸이 김선식

경영총괄 김은영
콘텐츠사업1팀장 임보윤 **콘텐츠사업1팀** 윤유정, 한다혜, 성기병, 문주연
편집관리팀 조세현, 백설희 **저작권팀** 한승빈, 김재원, 이슬
마케팅본부장 권장규 **마케팅2팀** 이고은, 김지우
미디어홍보본부장 정명찬 **홍보팀** 안지혜, 김민정, 오수미, 송현석
뉴미디어팀 허지호, 박지수, 임유나, 홍수경, 김화정 **디자인파트** 김은지, 이소영
재무관리팀 하미선, 윤이경, 김재경, 안혜선, 이보람
인사총무팀 강미숙, 김혜진 **제작관리팀** 박상민, 최완규, 이지우, 김소영, 김진경, 양지환
물류관리팀 김형기, 김선진, 한유현, 민주홍, 전태환, 전태연, 양문현, 최창우

펴낸곳 다산북스 **출판등록** 2005년 12월 23일 제313-2005-00277호
주소 경기도 파주시 회동길 490
전화 02-702-1724 **팩스** 02-703-2219 **이메일** dasanbooks@dasanbooks.com
홈페이지 www.dasan.group **블로그** blog.naver.com/dasan_books
종이 ㈜한솔피앤에스 **출력·인쇄** ㈜갑우문화사

ISBN 978-89-6370-023-6 03320

· 책값은 뒤표지에 있습니다.
· 파본은 구입하신 서점에서 교환해드립니다.
· 이 책은 저작권법에 의하여 보호를 받는 저작물이므로 무단 전재와 복제를 금합니다.

다산북스(DASANBOOKS)는 독자 여러분의 책에 관한 아이디어와 원고 투고를 기쁜 마음으로 기다리고 있습니다.
책 출간을 원하는 아이디어가 있으신 분은 다산북스 홈페이지 '투고원고'란으로 간단한 개요와 취지, 연락처 등을 보내주세요.
머뭇거리지 말고 문을 두드리세요.

리더의 존재 이유와 원칙을 밝히는
존 맥스웰의 리더십 결정판

LEADERSHIP
GOLD

| 리더십 골드 |

존 **맥스웰** 지음 · **강주헌** 옮김

다산
북스

CONTENTS

황금을 찾아서

나는 이 책을 거의 10년 전부터 쓰고 싶었다. 어떤 의미에서 거의 평생 동안 이 문제를 다루어왔다. 그러나 예순 고개를 넘긴 때부터 차분하게 앉아 이 책을 쓰겠다고 다짐했다. 마침내 2007년 2월, 나는 그 시점에 이르렀고 이 책을 쓰기 시작했다.

나는 리더로서 남부럽지 않고 보람 있는 삶을 살았다. 1964년, 열일곱 살이 된 때부터 리더십에 관련된 글을 읽고 자료를 수집하기 시작했다. 리더의 역할이 내 삶에서 상당한 부분을 차지할 거라고 확신했기 때문이다. 그리고 스물두 살에는 처음으로 리더의 위치에 올랐다. 1976년에는 리더십에 관련된 모든 것이 시시때때로 변한다는 사실에 주목하고, 그때부터 리더십을 가르치는 선생의 위치에서도 리더십에 대한 공부를 게을리하지 않겠다고 다짐했다.

조직을 효과적으로 끌어간다는 것은 결코 쉬운 문제가 아니었다. 남들에게 조직을 효과적으로 끌어가는 법을 가르치는 것은 더더욱 어려운 문제였다. 1970년대 말, 나는 장래의 리더들을 훈련시키고 양성하는 일에 뛰어들었다. 그때 지도력은 얼마든지 개발할 수 있다는 사실을 깨닫고 뛸 듯이 기뻤다. 여기에 용기를 얻어 나는 1992년에 첫 리더십 책,《당신 안에 잠재된 리더십을 키우라Developing the Leader Within You》를 발표했다. 그 후로도 나는 많은 책을 썼고, 거의 30년 이상 동안 리더를 키워내고 가르치는 일에 종사했다.

당신의 리더십에 가치를 더하려면

이 책은 오랫동안 리더십이 필요한 환경에서 살아가고, 리더가 무슨 뜻인지 시행착오를 겪어가며 터득한 결과물이다. 내가 개인적으로 터득한 교훈이고 때때로 단순한 교훈이긴 하지만 상당한 효과가 있다. 이 교훈들을 찾아내는 데 나는 거의 평생을 보냈다. 교훈 하나하나가 금덩어리라 자부하며, 올바른 사람이 이 교훈을 받아들이면 그의 리더십에 엄청난 가치를 더할 수 있을 것이다.

이 책을 읽어갈 때 다음과 같은 점들을 유념해주기 바란다.

첫째, 나는 리더십을 아직 배우고 있는 중이다. 나는 리더십의 비밀을 아직 완전히 풀어내지 못했다. 따라서 이 책은 리더십에 관한 최종적인 해답이 아니다. 이 책이 출간되고 나서 얼마 지나지 않아 나는 덧붙이고 싶은 생각이 떠오를 것이다. 왜냐하면 나는 지금도 리더십이 무엇인지 배워가고 성장해가고 있기 때문이다. 나는 죽는 날까지 조금씩 성장하기를 바란다. 또한 다른 사람들에게 알려주고 싶은 리더십의 비밀을 꾸준히 찾아내기를 바란다.

둘째, 이 책에서 말하는 황금의 리더십을 개발하는 데는 많은 사람의 도움이 있었다. "많은 사람이 리더로서 성공하기를 바라지만 극소수의 리더만이 성공한다!" 누구도 부인할 수 없는 사실이다. 슬기로운 사람은 실수에서 배운다고 한다. 또 슬기로운 사람은 다른 사람의 실수에서도 배운다. 그러나 가장 슬기로운 사람은 다른 사람의 성공에서 배운다. 나는 많은 리더의 가르침을 받아들여 내 삶에 가치를 더해간 덕분에 지금의 내가 될 수 있었다. 여러분도 나를 딛고 올라서기를 진심으로 바란다.

셋째, 내가 여기에서 말하는 교훈은 거의 누구에게나 배울 수 있는 것이다. 그리스 철학자 플라톤은 "너희가 이미 알고 있는 것을 되살려주는 것만큼 확실한 교육 방법은 없다."라고 말했다. 이는 가장 효과적인 학습법이기도 하다. 따라서 사람들이 오래 전부터 직관적으로 알고 있던 것을 좀더 확실하고 명쾌하게 이해하는 데 도움을 줄 뿐이다. 말하자면, "아하! 그렇구나!"라고 소리치며 무릎을 치는 순간을 만들어가고 싶었다.

나는 리더로서 꾸준히 전진하는 삶을 살았지만, 뒤돌아볼 때 리더십이 무엇인지 더 깊이 이해할 수 있었다. 어느덧 나는 예순이 됐다. 이제 내가 리더로서 터득한 가장 중요한 교훈들을 여러분에게 나눠주고 싶다. 내가 고통스런 시행착오를 겪으면서 캐낸 황금의 리더십을 정리해, 경험이 일천한 리더는 물론이고 노련한 리더까지 누구라도 원하면 취할 수 있도록 할 목적에서 이 책을 썼다. 내가 여기에서 가르치는 교훈을 이해하기 위해서 리더십 전문가가 될 필요는 없다. 또 CEO만이 그 교훈을 적용할 수 있는 것도 아니다. 내 책을 읽는 독자가 〈피너츠〉의 찰리 브라운처럼 모래성에 희희낙락하지 않기를 바란다. 해변에 멋지게 지은 모래성이 한 번의 폭우에 씻겨 나가버리지 않았는가! 한때 모래성이 서 있었지만 흔적도 없이 사라진 모래사장을 바라보며 찰리 브라운은 "여기에 틀림없이 어떤 교훈이 있는 것 같은데 그게 뭔지 모르겠어."라고 말했다. 이처럼 교훈과 지혜가 잡힐 듯이 잡히지 않을 때 여러분에게 멋진 교훈을 던져주며, 여러분을 감동시키는 것이 내 목표는 아니다. 내 목표는 여러분을 돕는 친구가 되는 것이다.

넷째, 황금의 리더십은 내가 리더로서 저지른 실수의 결정체이다. 이 책에서 소개한 교훈들을 터득해가는 과정에서 나는 때때로 크나큰 고통을 겪기도 했다. 그 교훈들을 여러분에게 전하는 지금, 그때의 아픈 기억이 되살아나는 듯하다. 나도 숱하게 실수를 저질렀다. 하지만 그 덕분에 내가 옛날보다 현명해졌다고 확신할 수 있기 때문에 용기를 잃지 않는다.

시인 아치볼드 매클리시Archibald MacLeish는 "경험으로 배우는 것보다 고통스런 것은 하나뿐으로, 경험에서 아무것도 배우지 못하는 때이다."라고 말했다. 많은 사람이 실수를 범하고도 꿋꿋하게 앞으로 나아가지만 결국 똑같은 실수를 저지르는 경우가 비일비재하다. 그때마다 그들은 굳게 결심하며 "다시 해보겠어!"라고 말한다. 오히려 "잠시 멈춰서 생각을 해보고 방법을 바꿔 다시 시도해보겠어!"라고 말하는 편이 훨씬 낫다.

다섯째, 더 나은 리더가 되느냐는 당신이 어떻게 반응하느냐에 달려 있다. 독서가 변화의 충분조건은 아니다. 더 나은 리더가 되느냐는 우리가 책을 읽고 어떻게 반응하느냐에 달려 있다. 이 책 자체가 지름 길은 아니다. 금덩어리 하나하나를 다듬어, 당신이 더 나은 리더로 다 시 태어나는 데 필요한 지혜로 바꿔가야 한다.

어떤 아이가 할아버지와 장기를 두고는 "다신 안 할 거예요! 할아버 지가 만날 이기잖아요!"라고 투덜댔다.

할아버지가 말했다.

"그럼 할아버지가 어떻게 해주길 바라니? 일부러 져줄까?"

"나는 아무것도 배우고 싶지 않아요. 그냥 이기고 싶을 뿐이에요!"

리더라면 이렇게 말해서는 안 된다. 이기고 싶은 욕망으로는 충분 하지 않다. 조금씩 나아지는 과정을 거쳐야만 한다. 인내와 불굴의 노 력과 의도가 필요하다. 윌리엄 워드William A. Ward는 "위대한 진리를 기억 하는 것도 바람직하지만, 위대한 진리대로 살아가는 것이 바로 지혜로 운 삶이다."라고 말했다.

이 책을 가능하면 가까이에 두고 평생의 반려자로 권하고 싶다. 피 터 셍게Peter Senge는 학습을 "시간을 두고 진행되며 생각과 행동을 통 합시키는 과정"이라 정의하며, "학습은 전후관계에 많은 영향을 받는 다… 따라서 학습은 의미 있는 것과 함께하고, 학습자가 행동을 취할 때야 비로소 가능하다."라고 말했다.

리더십의 세계에 첫발을 내딛은 초보 리더에게는 26주를 투자해 이 책에서 소개된 교훈을 한 주에 하나씩 실천해보라고 권하고 싶다. 각 장을 읽고, 각 장의 뒤에 더해진 '응용 연습'의 가르침대로 해보기 바란다. 교훈을 하나씩 마음에 새기고 실천을 통해 구체화시켜 나아간다면, 이 책을 끝낼 쯤에는 당신의 리더십에서 일어난 긍정적 변화에 당신 자신도 놀라지 않을 수 없을 것이다. 나는 리더들이 더 큰 통찰력을 얻고, 각 교훈과 관련된 스킬까지 습득할 수 있도록, 이 책의 자매편으로 《황금을 목표로^{Go for Gold}》를 썼다. 웹사이트 www.johnmaxwell.com/leadeshipgold를 방문하면, 이와 관련된 짤막한 비디오를 보고, 발췌 글을 오디오로 들을 수 있다. 또한 리더십에 대해 더 깊이 아는 데 유용한 다른 책들도 찾아볼 수 있다. 리더십 개발은 하나의 과정이다. 따라서 당신이 배운 것을 어떤 방법으로든 보강해간다면 영원히 당신의 것으로 만들어갈 수 있다.

노련한 리더라면 이 책에 52주를 투자하라고 권하고 싶다. 왜 기간이 더 길까? 당신이 한 장을 먼저 읽고 실천한 후, 당신에게 지도를 받는 초보 리더들과 함께 그 장을 논의하며 다시 한 주를 보내야 하기 때문이다. 이렇게 1년을 지내고 나면, 당신 자신도 몰라보게 성장하겠지만 초보 리더들이 한 단계 성장하는 데도 큰 도움을 줄 수 있을 것이다. '응용 연습' 뒤에 더해진 '멘토링 포인트'는 각 장에서 다룬 분야에 관련된 리더십을 초보 리더들에게 키워주는 데 활용할 수 있을 것이다. 끝으로 당신에게 지도를 받는 누구에게나 《황금을 목표로》를 활용하라고 권해주기를 바란다.

상대와 어느 정도 관계와 신뢰를 쌓은 후에야 어떤 조언이든 설득력을 갖는다. 따라서 당신이 지도하는 사람들과 그런 신뢰 관계를 형성하지 못했다면, 그들의 삶에 관련해서 무엇이든 말할 수 있는 관계를 구축하는 데 시간을 투자하라.

훌륭한 리더십이 변화를 이끈다

이렇게 힘든 과정을 거치면서 리더십에 대해 배워야 하는 이유가 무엇일까? 또 내가 40년 동안이나 리더십에 대해 배우면서 금덩어리를 깨내려고 애썼던 이유는 무엇일까? 훌륭한 리더십이 변화를 끌어내기 때문이다! 나는 훌륭한 리더십이 어떤 결과를 낳는지 숱하게 보았다. 훌륭한 리더십이 조직을 변화시키고, 수많은 조직원들의 삶에도 긍정적인 영향을 주는 것을 보았다. 리더십을 배우기가 쉽지 않다는 것은 사실이지만, 시간을 들여 배울 만한 가치가 있는 것이 무엇일까? 더 나은 리더가 되면 그에 상응하는 보람이 뒤따른다. 그러나 많은 노력이 필요하다. 리더십은 리더에게 많은 것을 요구한다. 리더십은 까다롭고 복잡하다. 리더십은 다음과 같이 정의 내릴 수 있다.

- 리더십은 위험을 기꺼이 감수하겠다는 의지이다.
- 리더십은 조직원들과 더불어 변화를 만들어가겠다는 열정이다.
- 리더십은 현실에 안주하지 않는 정신이다.
- 리더십은 다른 사람들이 변명을 일삼을 때도 책임을 떠안는 책임의식이다.
- 리더십은 다른 사람들이 한계를 절감하는 상황에서도 가능성을 찾는 도전정신이다.
- 리더십은 남보다 두드러져 보이겠다는 적극성이다.
- 리더십은 열린 정신이고 열린 마음이다.
- 리더십은 최선을 위해 자신의 욕심을 억누르는 희생정신이다.
- 리더십은 남들에게 꿈꾸도록 독려하는 통솔력이다.

- 리더십은 남들에게 어떤 일에나 공헌할 수 있다는 목표를 갖도록 용기를 북돋워주는 힘이다.
- 리더십은 많은 사람의 힘을 결집하는 힘이다.
- 리더십은 다른 사람들의 마음과 교감하는 당신의 마음이다.
- 리더십은 마음과 머리와 영혼을 하나로 통합시키는 힘이다.
- 리더십은 배려하는 능력이며, 배려를 통해서 조직원들에게서 참신한 생각과 활력과 능력을 끌어내는 능력이다.
- 리더십은 꿈을 실현시키는 힘이다.
- 리더십은 무엇보다도 용기다.

리더십을 이렇게 생각할 때 맥박이 빨리 뛰고 심장이 두근거린다면, 당신은 리더십을 배워갈 때 당신부터 변하게 될 것이고, 그런 변화를 바탕으로 다른 사람들의 삶까지 변화시킬 수 있을 것이다. 자, 이제부터 황금의 리더십을 하나씩 살펴보도록 하자.

LEADERSHIP
GOLD

1

정상에 있다고 외롭다면
당신이 뭔가를 잘못하고 있는
증거이다

—— 외로움은 결코 지위의 문제가 아니다. 성격의 문제이다.

—— 훌륭한 리더라면 추종자들을 정상까지 끌고 올라가야 한다.

—— 리더에 대한 신뢰는 리더 개인의 성공으로 시작해서, 조직원들도 개인적으로 성공하도록 돕는 데서 끝난다.

—— 리더십은 지위의 문제이기도 하지만 관계의 문제이기도 하다. 리더십에 관계로 접근하는 사람은 결코 외롭지 않다.

내 아버지 세대의 가르침에 따르면, 리더는 추종자들과 너무 가깝게 지내지 말아야 했다. 나는 "거리를 두어라."는 말을 자주 들었다. 훌륭한 리더라면 추종자들보다 약간 위에 군림하며 일정한 거리를 유지해야 한다는 뜻이다. 따라서 나도 처음 리더로 활동할 때, 내가 인도하는 사람들과 약간의 거리를 두었다. 그러면서도 그들을 올바른 길로 인도하기 위해 가까워지려고 애써야 했지만 그들에게 영향을 미치기에는 너무나 먼 거리였다.

이런 줄다리기에 나는 마음고생이 이만저만이 아니었다. 솔직히 말해서 나는 그들과 가깝게 지내고 싶었다. 더구나 사람들과 교감하는 능력이 내 강점이란 생각도 있었다. 바로 이런 이유에서 나는 거리를 두라는 옛 가르침에 반발하기 시작했다. 내가 처음 지도자의 역할을 맡고 수개월이 지났을 때부터 나는 옛 가르침이 틀렸다고 확신하고, 아내인 마가렛의 도움을 받아가며 조직 내 사람들과 긴밀한 우정을 발전시켜 나아가기 시작했다.

많은 리더가 처음 리더 역할을 맡을 때 그렇듯이, 나도 처음 맡은 자리에 영원히 머물지는 않을 거라는 걸 알았다. 좋은 경험이기는 했지만 나는 더 큰 역할에 도전할 준비를 시작했다. 3년 후, 나는 오하이오 주 랭커스터의 한 교회가 제안한 연장 근무를 정중히 거절했다. 그때 우리 부부가 떠날 거라는 걸 눈치챈 사람들의 반응을 나는 영원히 잊지 못할 것이다. "우리가 함께 이루어낸 이 모든 걸 두고, 당신이 어떻게 떠날 수 있단 말입니까?" 많은 사람이 이렇게 말하며 우리 부부의 거절을 감정적으로 받아들였다. 나는 그들의 상심을 분명히 느낄 수 있었다. 정말 마음이 괴로웠다. 그때 "너의 사람들과 너무 가깝게 지내지 마라."는 옛 리더들의 말이 다시 귓가에 쟁쟁거렸다. 나는 그곳을 떠나 다음 부임지로 향하면서, 사람들과 너무 가깝게 지내지 않겠다고 다짐했다.

이번에는 개인적인 상처까지 입었다

나는 리더 역할을 맡은 이후로 두 번째 부임지에서 처음으로, 나를 도와줄 직원을 고용할 수 있었다. 나는 장래가 촉망돼 보이는 청년을 고용해서, 정성을 다해 키워가기 시작했다. 그리고 누군가를 훈련시키고 키워가는 것이 힘들면서도 즐거운 일이란 사실을 곧 깨달았다.

그 청년과 나는 모든 일을 함께 처리했다. 조직원들을 훈련시키는 가장 좋은 방법의 하나는 당신이 무엇을 하는지 그들이 옆에서 지켜보게 하고, 그들을 약간 훈련시킨 후에 어떤 일이든 직접 해보게 하는 것이다. 우리는 그런 식으로 일했다. 멘토링에서 내 첫 경험이었다.

나는 모든 일이 원만히 진행되고 있다고 생각했다. 그런데 어느 날 그가 나하고 둘이서만 공유하던 민감한 정보를 조직원들에게 흘리면서 내 신뢰를 저버리고 말았다. 그 사건으로 나는 리더로서도 상처를 입었지만 개인적으로도 상처를 입었다. 나는 배신감을 느꼈다. 말할 필요도 없겠지만 나는 그를 해고했다. 그 사건을 계기로 다시 한 번, "너의 사람들과 너무 가깝게 지내지 마라."는 교훈이 귓가에 쟁쟁거렸다.

그 사건을 교훈으로 삼아, 나는 주변의 모든 사람과 일정한 거리를 두기로 결심했다. 직원을 고용하더라도 그의 일만 맡겼고, 내 일은 내가 직접 처리했다. 크리스마스 파티에서만 모두가 한자리에 모일 뿐이었다.

6개월 동안, 나는 업무의 경계를 분명히 유지했다. 그러던 어느 날 조직원들과 일정한 거리를 두는 것은 양날의 칼이란 사실을 깨달았다. 조직원들과 일정한 거리를 유지해서 좋은 점은 누구도 내게 상처를 주지 않는다는 점이었다. 그러나 나쁜 점은 누구도 나를 실질적으로 돕지 못한다는 점이었다. 그래서 스물다섯 살에 "리더로서 나는 사람들 사이를 천천히 걷겠다."는 결정을 내렸다. 내가 사람들에게 가까이 다가가고, 그들이 내게 가까이 다가오는 데는 시간이 필요했고, 위험이 따를 수밖에 없었다. 그들을 올바른 길로 인도하기 위해서는 먼저 그들을 사랑할 수 있어야 했다. 이런 선택이 때때로 나를 위험에 빠뜨리고 내게 상처를 주겠지만, 친밀한 관계가 있어야만 내가 그들을 진정으로 돕고, 그들에게 도움을 받을 수 있었다. 결국 이런 결정이 내 삶과 내 리더십을 바꿔놓았다.

외로움은 리더십의 문제가 아니다

재미있는 풍자만화가 있다. 사장이 커다란 책상 뒤에 혼자 쓸쓸히 앉아 있고, 책상의 한쪽 끝에 작업복을 입고 얌전히 서 있는 사람이 "위로의 말씀이 될지 모르겠지만 아랫사람들도 외롭답니다."라고 말한다. 정상에 있다고 꼭 외로워야 할 이유는 없다. 밑바닥에 있는 사람들도 마찬가지다. 나는 바닥에서, 정상에서, 또 중간에서 외로워하는 사람을 많이 만났다. 외로움은 결코 지위의 문제가 아니다. 성격의 문제이다.

많은 사람이 리더는 산꼭대기에 외롭게 서서 조직원들을 내려다보는 사람으로 여긴다. 리더는 외따로 고립된 외로운 사람으로 여긴다. 따라서 "정상에서는 외롭다."라는 말까지 생겼지만, 내 생각에 이 말은 위대한 리더에게는 적용되지 않는다. 가령 당신이 리더인데 외롭다면 당신이 리더 노릇을 제대로 못하고 있다는 뜻이다. 생각해보라. 당신이 외롭다면, 누구도 당신을 따르지 않는다는 뜻이다. 또 누구도 당신을 따르지 않는다면, 당신은 진정한 리더가 아니라는 뜻이다!

어떤 리더가 무리를 뒤에 남겨두고 혼자 여행을 시작하겠는가? 이기적인 리더라면 그럴 수도 있겠다. 훌륭한 리더라면 추종자들을 정상까지 끌고 올라가야 한다. 추종자들을 새로운 차원까지 끌어올리는 것이 효과적인 리더십의 기본 조건이다. 추종자들과 너무 거리를 둔다면 이런 목표를 이루어내기가 어렵다. 그들이 무엇을 원하고, 그들의 꿈이 무엇인지 알 수 없기 때문이다. 그들의 심장 박동을 느낄 수 없기 때문이다. 게다가 리더의 노력에도 불구하고 그들의 삶이 나아지지 않는다면, 그들은 다른 리더를 찾아 나서게 마련이다.

정상에 올라선 리더의 진실

리더십은 내게 개인적으로도 절실하게 필요했기 때문에 나는 오랫동안 리더십에 대한 연구를 게을리하지 않았다. 그 결과로 몇 가지 진실을 알아냈다.

누구도 혼자의 힘으로는 정상에 올라설 수 없다

많은 사람의 바람이 없다면 리더로 성공하기가 무척 힘들다. 주변 사람의 도움이 없이는 누구도 리더로 성공할 수 없다. 그러나 안타깝게도 적잖은 리더가 정상에 올라서면 주변 사람들을 정상에서 밀어내는 데 시간을 보낸다. 경쟁이 치열하기 때문에, 따라서 정상의 자리를 위협한다는 불안감 때문에 언덕에서 혼자 왕 노릇을 하려는 것이다. 이런 행동은 잠시 효과가 있을지 모르지만, 대체로 오랫동안 지속되지 못한다. 당신의 목표가 경쟁자를 물리치는 데 있다면, 당신 자리를 위협하는 사람들을 감시하고 경계하면서 많은 시간과 정력을 허비하게 마련이다. 하지만 그들에게 손을 내밀고 당신과 함께 일해보자고 권하지 못할 이유가 어디에 있는가?

정상에서 성공하려면 남들까지 정상에 끌어올려야 한다

자신이 경험해보지도 못한 일에 조언을 하겠다고 나서는 사람이 세상에는 적지 않다. 비유해서 말하면, 값비싼 항공권을 팔면서 "즐겁게 여행하시기를 바랍니다."라고 말하는 악덕 여행사 직원과 다를 바가 없는 사람들이다. 누가 그 여행사를 다시 찾겠는가. 반면에 훌륭한 리더는 여행 안내원과 같다. 그는 그 지역을 미리 둘러보았기 때문에 그 지역을 잘 알고 있을 뿐 아니라, 어떻게 해야 여행을 재밌고 즐겁게 할 수 있는지도 안다.

리더에 대한 신뢰는 리더 개인의 성공으로 시작해서, 조직원들도 개인적으로 성공하도록 돕는 데서 끝난다. 신뢰를 얻기 위해서는 다음과 같은 3가지를 꾸준히 증명해보여야 한다.

- 솔선수범: 먼저 일어서서 올라가야 한다.
- 희생정신: 올라가기 위해서는 포기할 줄 알아야 한다.
- 성숙함: 올라가기 위해서는 어른답게 행동해야 한다.

이런 면을 보인다면 조직원들이 당신을 기꺼이 따르게 마련이다. 당신이 높이 올라갈수록 당신과 함께 삶의 여정을 함께하려는 사람들의 수도 늘어갈 것이다.

남들을 정상까지 끌어올릴 때 혼자 정상에 오르는 것보다 보람이 크다

수년 전에 나는 에베레스트 산에 오른 최초의 미국인, 짐 휘태커Jim Whittaker와 한 무대에서 강연하는 영광을 누렸다. 점심 식사를 하는 동안, 나는 짐에게 산악인으로서 언제 가장 큰 성취감을 느꼈느냐고 물었다. 그의 대답은 뜻밖이었다.

"아마 나보다 많은 사람들을 에베레스트 산의 정상에 오르도록 도와준 산악인은 없을 겁니다. 내 도움이 없었더라면 정상에 오르지 못했을 사람들을 정상에 오르도록 도와준 게 내게는 가장 보람 있는 일이었습니다."

위대한 산악 안내인들의 생각은 대체로 똑같은 듯하다. 얼마 전, 나는 '60분'이란 프로그램에서 한 산악 안내인을 인터뷰하는 장면을 보았다. 에베레스트 산을 등반하는 도중에 산악인들이 사망했고, 그 사고에서 살아남은 안내인에게 기자가 "산악인들을 구태여 정상까지 따라가지 않았다면 안내인들이 죽었을까요?"라고 물었다.

안내인이 대답했다.

"죽지는 않았겠죠. 하지만 안내인이 존재하는 이유는 산악인들을 정상까지 안내하는 데 있습니다."

기자가 다시 물었다.

"왜 산악 안내인들은 죽을지도 모르는 위험을 무릅쓰고 험준한 산을 오르는 겁니까?"

"당신은 한 번도 산의 정상에 올라가 본 적이 없는 것 같군요."

이 인터뷰를 보면서, 나는 산악 안내인과 리더가 많은 점에서 비슷하다는 생각을 떠올렸다. 두목boss은 "가라!"고 말하지만, 리더는 "가자!"라고 말한다. 리더십의 목표는 다른 사람들을 정상에 끌어올리는 데 있다. 당신의 도움이 없으면 정상에 오르지 못할 사람들을 정상까지 끌어올릴 때, 세상에 그보다 큰 보람이 또 있겠는가! 그런 희열을 맛보지 못한 사람에게는 그 희열을 아무리 설명해도 소용없지만, 그런 희열을 맛본 사람에게는 설명할 필요조차 없다.

리더는 정상에서 오랫동안 머물지 않는다

리더는 좀처럼 한 곳에 오랫동안 머물지 않는다. 리더는 끊임없이 움직인다. 때로는 산을 내려가 리더의 재력을 가진 인물을 찾고, 때로는 사람들을 이끌고 다시 산을 오른다. 훌륭한 리더는 다른 리더들을 섬기며, 그들이 한 단계 도약하도록 돕는 데 많은 시간을 할애한다.

쥘 오르몽Jules Ormont은 "위대한 리더는 책임을 질 때를 제외하고는 어떤 경우에도 추종자들보다 자신을 더 높은 곳에 두지 않는다."라고 말했다. 추종자들과 교감하는 훌륭한 리더는 기꺼이 허리를 굽힌다. 그래야만 손을 아래로 뻗어 다른 사람들을 끌어올릴 수 있다. 최고의 리더가 되고 싶다면 불안감을 떨쳐내야 한다. 사소한 것에 연연하지 말고, 질투심을 버려야 다른 사람들에게 가까이 다가갈 수 있다.

외로운 리더를 위한 조언

우연으로든 의도적으로든 조직원들과 너무 거리를 두고 있다면 지금부터라도 달라져야 한다. 물론 위험이 뒤따르기는 한다. 당신이 조직원에게 상처를 줄 수도 있고, 거꾸로 당신이 상처받을 수도 있다. 그러나 정말로 유능한 리더가 되고 싶다면, 다른 뚜렷한 대안은 없다. 변화를 원한다면 이렇게 시작해보라.

지위라는 생각을 버려라

리더십은 지위의 문제이기도 하지만 관계의 문제이기도 하다. 리더십에 관계로 접근하는 사람은 결코 외롭지 않다. 관계를 구축하는 데 쓰인 시간은 다른 사람들과 우정을 맺는 데 투자한 시간이다. 반면에 지위를 중요시하는 리더는 대체로 외롭다. 지위에 그에 따른 권한을 앞세워 조직원들에게 뭔가를 하라고 '설득'할 때마다 리더와 조직원 간의 거리는 멀어질 뿐이다. 그런 리더는 "내가 윗사람이고, 너희는 아랫사람이니, 내가 시키는 대로 하라!"는 식으로 말한다. 이렇게 말할 때마다 조직원들은 위축되고 소외감을 느낀다. 따라서 리더와 조직원 사이의 골은 점점 깊어진다. 훌륭한 리더는 조직원을 무시하지 않는다. 오히려 높여주고 띄워준다.

매년 나는 전 세계를 돌아다니며 리더십을 가르친다. 지위에 따른 리더십은 개발도상국가에서 흔히 볼 수 있는 생활 방식이다. 리더는 권력을 움켜잡고 지키려고 한다. 리더만이 정상에 올라갈 수 있고, 다른 사람들은 묵묵히 뒤따라야 한다. 안타깝게도 이런 관례로 인해 잠재력을 지닌 새로운 리더가 키워지지 않고, 리더 역할을 맡은 사람은 외로움과 싸워야 한다.

당신이 리더십을 발휘해야 할 지위에 있다면, 지위를 앞세워 사람들에게 당신을 따르라고 윽박지르지 마라. 인간관계를 구축하고, 그들을 당신의 편으로 끌어들여라. 그렇게 한다면 당신은 리더로서 결코 외롭지 않을 것이다.

성공과 실패의 부정적인 면을 깨달아라

실패가 위험하다고 하지만 성공도 위험할 수 있다. 당신이 '성공한 사람'이라 자부할 때마다 당신 눈에 '덜 성공한 사람'으로 비치는 사람들과 당신을 차별화하기 시작한다. 따라서 "네가 저 사람들을 꼭 만나야 할 필요는 없잖아!"라고 생각하며 그들과 거리를 두기 시작한다. 물론 실패도 당신을 다른 사람들과 거리를 두게 만들지만 이유는 다르다. 당신이 '실패자'라고 자책할 때마다 "저 사람들을 보고 싶지 않아."라고 생각하며 사람들을 피하게 된다. 이처럼 양극단의 생각은 당신에게 사람들을 멀리하게 만드는 원인이 될 수 있다.

인간관계가 먼저라는 점을 이해하라

최고의 리더는 추종자들을 올바로 이끌려면 그들을 먼저 사랑해야 한다는 걸 알고 있다. 내가 알고 있는 훌륭한 지도자는 한결같이 추종자들을 사랑하는 사람이었다. 무능한 리더는 잘못된 생각에 사로잡혀, "나는 인간을 사랑한다. 하지만 내 직원은 용서할 수 없어!"라고 말한다. 그러나 추종자들은 당신이 그들을 얼마나 사랑하는지 알고 나서야, 당신이 그들을 얼마나 아는지에 관심을 갖기 시작한다. 훌륭한 리더는 이런 선후관계를 분명히 알고 있다. 리더는 추종자들을 사랑해야만 한다. 그렇지 않으면 그들에게 어떤 가치도 더해줄 수 없다. 추종자들에게 무관심한 리더는 추종자들을 완벽하게 다룰 수 없다.

중요성의 법칙을 받아들여라

《팀워크를 혁신하는 17가지 불변의 법칙The 17 Indispensible Laws of Teamwork》

중 하나인 '중요성의 법칙'에 따르면, "한 사람은 큰일을 성취하기엔 너무 작은 수이다." 인류의 역사에서 혼자서 일한 사람이 진정한 가치를 지닌 업적을 남긴 적은 없었다. 그런 사람이 있다면 한 사람이라도 제시해보라. 나는 강연을 할 때마다 이렇게 물었지만 아직까지 누구도 그런 사람을 제시하지 못했다. 솔직히 말해서, 당신의 꿈을 혼자만의 힘으로 성취할 수 있다면 그 꿈이 너무 낮다는 뜻이다. 때때로 내게 "나는 자수성가한 사람입니다."라고 자신을 소개하는 사람들이 있다. 그때마다 나는 "그래요? 당신이 정말로 혼자서 모든 일을 해냈다면 당신은 별로 가진 게 없을 것 같군요."라고 대꾸해주고 싶을 뿐이다.

내 조직에는 피고용자가 없다. 팀원만이 있을 뿐이다. 그렇다. 나는 조직원들에게 돈을 주고 혜택을 제공한다. 그러나 그들은 나를 위해 일하지 않는다. 그들은 나와 함께 일하는 사람들이다. 우리는 어떤 목표를 성취하기 위해 함께 일한다. 그들이 없다면 나는 성공할 수 없고, 내가 없다면 그들은 성공할 수 없다. 우리는 팀이다. 우리는 함께 목표를 향해 매진한다. 우리는 서로에게 필요한 존재다. 그렇지 않다면 우리 하나하나가 잘못하고 있다는 뜻이다.

公동의 목표를 위해 함께 일하는 사람들은 놀라운 결과를 빚어낼 수 있다. 수년 전, 세계적인 세 테너, 호세 카레라스, 플라시도 도밍고, 루치아노 파파로티가 함께 공연했을 때 한 기자가 그들 사이에 경쟁심이 있는지 알아보려 나섰다.

세 사람 모두 슈퍼스타였다. 기자는 그들 간의 경쟁의식을 밝혀내고 싶었다. 그러나 "음악에 마음의 문을 여는 데만 집중해야 합니다. 함께 음악을 만들어낼 때는 경쟁심이라곤 없습니다."라는 도밍고의 대답에 기자는 머쓱해지고 말았다.

오랫동안 나는 함께 일하는 조직원들에게 이런 마음가짐을 유지하려고 애써왔다. 우리가 힘을 합해 성취하려는 목표에만 정신을 집중할 뿐, 계급관계와 지위에 따른 거리와 권한은 중요하게 생각지 않는다. 나는 리더로서 첫 발을 내딛은 후로 오랜 길을 걸어왔다. 처음에는 정상에서는 외로운 게 당연하다고 생각했다. 그러나 그런 생각은 다음과 같은 순서대로 변해갔다.

> 정상에서는 외롭다 →
>
> 정상에 있다고 외롭다면 내가 뭔가를 잘못하고 있다는 뜻이다 →
>
> 정상까지 올라와 나와 함께 하자 →
>
> 함께 정상까지 올라가자 →
>
> 정상에서도 외롭지는 않다.

요즘 나는 결코 혼자 '산을 오르지 않는다'. 팀 전체가 정상까지 올라가도록 돕는 것이 내 역할이다. 내가 함께 올라가자고 초대한 사람들 중에는 나를 능가해 나보다 더 높은 곳까지 올라가는 사람들도 있다. 그렇다고 내가 기분 나쁠 이유는 조금도 없다. 내가 언제라도 그들에게 손을 내밀어 끌어올려줄 수 있다는 걸 안다면, 그것만으로도 나는 보람을 느낀다. 때로는 그들이 호의를 베풀어, 나를 그들의 수준까지 끌어올려주기도 하니까. 얼마나 감사해야 할 일인가!

당신이 리더인데 외롭다면 뭔가를 잘못하고 있다는 증거다. 리더의 위치에 외로움은 선택 사항이다. 나는 조직원들과 삶의 여정을 함께하는 길을 택했다. 당신도 그렇게 하기를 바란다.

EXERCISE
FOR
LEADER

리더는 결코 혼자 산에 오르지 않는다

—— **1**　리더십의 기술에서 당신은 남들보다 뛰어나다고 생각하는가? 전략, 기획, 재정 운영 등 기술적인 면에서 남달리 뛰어난 리더들이 있다. 반면에 의사소통, 비전 제시, 동기부여 등 인간관계에서 탁월한 리더들이 있다. 당신의 강점은 어느 쪽에 있는가?

당신이 기술적인 면에서 뛰어난 리더라면, 리더십이 결국 인간 관리라는 사실을 잊어서는 안 된다. 대인관계 기술을 향상시키기 위한 조치를 취하라. 파티장을 천천히 거닐면서 사람들에게 말을 붙이고 그들이 어떤 사람인지 더 깊이 알아보려 노력하라. 책을 읽거나 강연을 들어라. 대인관계가 뛰어난 친구에게 요령을 배워라. 대인관계를 개선하는 데 필요한 일이면 무엇이든 시도해보라.

—— **2**　왜 당신은 정상에 오르려고 하는가? 대부분의 사람은 삶의 질을 향상시키고 싶어한다. 달리 말하면, 더 높은 자리를 얻기 위해 출세의 사다리를 올라가겠다는 뜻이다. 리더가 되려는 이유가 경력 개발과 출세에만 있다면, 당신은 지위에 따른 리더가 될 가능성이 크다. 동료들과 피고용자들을 아래에 거느린 언덕의 왕으로 만족하기 십상이다. 당신의 리더십이 조직원들에게 어떤 이익을 줄 수 있고, 어떤 이익을 줘야만 하는지 연구하는 데 시간을 투자하라.

—— **3**　당신의 꿈은 얼마나 큰가? 당신의 꿈은 무엇인가? 당신의 삶과 일에서 무엇을 성취하고 싶은가? 그 꿈이 당신 혼자만의 힘으로 성취할 수 있는

것이라면, 리더로서의 능력을 완전히 발휘하지 않고 있다는 뜻이다. 진정으로 가치 있는 일이라면, 다른 사람들과 힘을 합해서라도 해볼 만한 일이 아니겠는가. 꿈을 크게 가져라. 다른 사람들과 힘을 합해 어떤 일을 해내고 싶은가? 그 일을 해내려면 어떤 팀원이 필요하겠는가? 그 노력이 당신이나 조직에게는 물론이고 팀원 모두에게 어떤 면에서 이익이겠는가? 생각을 크게 가져라. 그래야 팀과 함께 정상에 오르겠다고 생각하는 여유를 가질 수 있다.

 Mentoring Point

리더십을 가르치는 멘토로서 당신의 역할은 당신에게 가르침을 받는 사람들의 대인관계 능력을 점검하는 것이다. 다른 사람들과 원만하게 교류하지 못하는 사람들이 있게 마련이다. 그들이 조직의 계급구조에서 윗사람이나 아랫사람과는 물론이고 동료들과도 원만하게 어울리지 못한다면, 그들에게 이 부분을 집중적으로 지도해서 인간관계를 개선하도록 돕는 데 일차적인 목표를 두어야 한다.

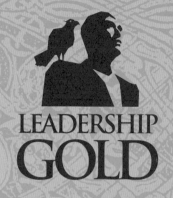

LEADERSHIP GOLD

2

올바른 길로 인도하기에
가장 힘든 사람은
언제나 리더 자신이다

—— 자신을 제외하고 세상의 모든 사람을 평가하는 게 인간의 본성인 듯하다. 순종하는 법을 배우지 않은 사람들에게 명령권이 주어질 때 문명은 언제나 위험에 빠졌다.(풀턴 J. 쉰 주교)

—— 어리석은 사람은 세계를 정복하고 싶어하지만, 현명한 사람은 자신을 정복하고 싶어한다.

—— 훌륭한 사람을 보면 그를 본받으려 애쓰고, 나쁜 사람을 보면 너의 마음을 되살펴보라.(중국 속담)

—— 매일매일 자신을 관리하는 능력만큼, 다른 사람을 끌어가는 능력을 확실하게 보여주는 증거는 없다.(토머스 J. 왓슨)

강연이 끝나고 질문 시간에, 한 사람이 "리더로서 선생님에게 가장 힘든 일은 무엇입니까?"라고 물었다. 강연장에 모인 모든 사람은 내 대답을 듣고 깜짝 놀랐을 것이다.

나는 이렇게 대답했다.

"나를 올바른 길로 인도하는 겁니다! 리더로 지금까지 일하면서, 내게 그것만큼 힘든 일은 없었습니다."

어떤 조직을 이끌고, 어떤 목표를 지향하든 모든 리더는 마찬가지이다. 우리는 역사에서 언급되는 뛰어난 리더들을 간혹 떠올리며, 그들은 모든 능력을 갖추었을 것이라 생각한다. 하지만 그들의 삶을 면밀히 살펴보면, 그들도 마음을 다잡기 위해 몸부림치며 노력했다는 걸 확인할 수 있다. 다윗 왕, 조지 워싱턴, 윈스턴 처칠 등 누구도 예외가 없었다. 이런 이유에서 나는 "올바른 길로 인도하기에 가장 힘든 사람은 언제나 리더 자신이다."라고 말하는 것이다. 월터 켈리(Walter Kelly, 1913-1973, 미국의 풍자 만화작가)가 유명한 만화 〈포고Pogo〉에서 말했듯이 "우리는 항상 적을 만나고, 그 적은 우리 안에 있다."[1]

나 자신을 올바른 길로 인도하는 것이 어렵다고 인정할 때마다 가슴 아픈 기억이 떠오른다. 내 리더십의 실패는 거의 언제나 내 개인의 실패였다. 리더로서 살아온 40여 년 동안, 나는 많은 실수를 저질렀지만 리더십이 중대한 위기를 맞은 적은 네 번밖에 없었다. 물론, 네 번의 위기 모두 내 잘못에서 비롯된 것이었다.

첫 위기는 1970년에 닥쳤다. 내가 공식적으로 리더가 되고 겨우 2년이 지난 때였다. 2년 간 일하면서 나는 많은 사람의 마음을 얻었고, 상당한 성과도 거두었다. 그러나 어느 날 내 조직에 뚜렷한 목표가 없다는 사실을 문득 깨달았다. 왜 목표가 없었을까? 우선순위를 결정해서 내 리더십을 집중하는 능력이 부족했기 때문이었다. 풋내기 리더였던 까닭에 모든 일에 똑같은 힘을 쏟을 필요가 없다는 것을 알지 못했던 것이다. 따라서 나를 본보기로 따르던 사람들은 광야에 버려진 사람들처럼 16개월 동안이나 헤매고 있었고, 나는 그들을 어디로도 인도하지 못한 셈이었다.

두 번째 위기는 1979년에 찾아왔다. 당시 나는 두 가지 이유에서 압박감을 느꼈다. 내가 두 번째로 맡은 조직에서 리더의 역할을 성공적으로 해냈지만, 내 꿈을 실현하기 위해 더 많은 사람을 상대로 일하려면, 내가 그때까지 리더로서 살았던 12년 동안 상당 기간을 몸담았던 그 조직을 떠나야만 한다고 생각했다. 하지만 장래를 확신할 수 없는 불안감과 개인적인 심경의 변화는 조직에 부정적인 영향을 미쳤다. 나는 어떤 일에도 집중하지 못했고, 조직에 대한 내 목표마저 흐릿해졌다. 열정과 열의도 시들해지기 시작했다. 집중하지 못하는 리더가 일을 효율적으로 해낼 수는 없는 법이다. 그 결과로 우리 조직은 우왕좌왕할 뿐이었다.

세 번째 위기는 1991년에 닥쳤다. 내가 과도한 일에 짓눌리고 삶의 균형까지 잃은 때였다. 나는 거의 10년 동안 조직을 성공적으로 이끌었기 때문에, 지름길을 택해 일을 손쉽게 처리해도 괜찮을 거라고 생각했다. 그래서 나는 적절한 주의를 기울이지 않고, 또 모두의 의견을 구하는 데 필요한 시간을 생략한 채 3가지 중요한 결정을 신속하게 연속해서 내렸다. 엄청난 실수였다! 당연히 조직원들은 그런 결정을 받아들일 준비가 돼 있지 않았고, 나도 조직원들의 반응에 대응할 준비가 돼 있지 않았다. 내가 10년 간 공들여 쌓아왔던 신뢰가 한순간에 무너지기 시작했다. 설상가상으로 내 결정에 의문을 품은 조직원들은 내 인도를 따르는 것조차 거부하려 했다. 나는 점점 초조해졌다. 부아가 치밀고, "내 결정이 뭐가 잘못이야? 왜 내 결정을 받아들이지 못하는 거야?"라는 생각마저 들었다. 그러나 나는 조직원들이 문제가 아니라 나 자신이 문제라는 걸 깨달았다. 결국 나는 조직원 모두에게 내 잘못을 사과해야 했다.

네 번째 위기는 2001년에 있었다. 내가 해고해야 했던 직원과 관련된 위기였다. 이 위기에 대해서는 8장 '리더의 가장 중요한 책무는 현실을 직시하는 것이다'에서 자세히 살펴보겠지만, 요점만 미리 얘기하면 나는 어려운 결정을 차일피일 미룬 까닭에 많은 돈을 낭비하고, 핵심적인 직원까지 잃었다. 이때도 문제의 근원은 나 자신이었다.

우리는 우리 자신을 어떻게 판단할까?

우리가 자신에게 정직하다면, 올바른 길로 인도하기에 가장 힘든 사람은 우리 자신이란 걸 인정할 수밖에 없다. 또 대부분의 사람이 경쟁을 걱정할 필요가 없으며, 다른 사람이 실패의 원인인 경우는 극히 드물다. 요컨대 우리가 성공하지 못하는 이유는 우리 자신을 잘못 판단하는 데 있다.

　리더의 경우도 다르지 않다. 리더에게도 최악의 적은 그 자신이다. 그 이유가 무엇일까?

우리는 남을 판단하는 기준으로 우리 자신을 판단하지 않는다

오랫동안 남들에게 조언하는 일을 해오면서 내가 깨달은 중요한 교훈 하나는 "대부분의 사람이 자신을 사실적으로 직시하지 않는다."는 것이다. 자신을 제외하고 세상의 모든 사람을 평가하는 게 인간의 본성인 듯하다. 내가 《함께 승리하는 신뢰의 법칙Winning with People》에서 "내가 가장 먼저 알아야 할 사람은 나 자신이다."라는 거울의 법칙을 언급했던 이유도 여기에 있다. 우리가 자신을 사실적으로 직시하지 않으면, 개인적인 문제가 어디에 있는지 정확히 파악할 수 없다. 또한 개인적인 문제를 직시하지 못하면, 우리 자신을 올바른 길로 인도할 수도 없다.

우리는 자신에게보다 남에게 더 가혹하다

대부분의 사람이 자신을 판단할 때와 남을 판단할 때, 완전히 다른 이중 잣대를 적용한다. 남을 판단할 때는 그의 '행동'을 기준으로 삼으며, 그 기준은 가혹하기 이를 데 없다. 반면에 자신을 판단할 때는 '의도'를 기준으로 삼는다. 따라서 우리가 잘못을 범하더라도, 우리 의도가 훌륭했다면 쉽게 용서한다. 따라서 우리는 변화를 요구받을 때까지 실수와 용서를 반복한다.

우리 자신을 올바른 방향으로 끌어가려면?

노력으로 성공이란 결실을 거두려면 '나는 다르다'라는 잘못된 생각에서 벗어나는 법을 배워야 한다. 보통 사람만이 아니라 리더에게도 그대로 적용되는 진리다. 올바른 길로 인도하는 데 가장 어려운 사람이 나라는 사실을 오래 전에 깨달은 덕분에, 나는 그런 덫에서 벗어날 수 있는 여러 조치를 취했다. 다음의 4가지 원칙을 익히면서, 나는 다른 사람들을 인도하기 전에 나부터 올바른 길로 인도하려고 애썼다.

팔로워십followership을 배워라

풀턴 쉰Fulton J. Sheen 주교는 "순종하는 법을 배우지 않은 사람들에게 명령권이 주어질 때 문명은 언제나 위험에 빠졌다."라고 지적했다. 지도자를 제대로 섬긴 경험이 있는 리더만이 조직원들을 효과적으로 끌어가는 방법을 안다. 훌륭한 리더십을 발휘하려면 추종자들이 어떤 세계에서 사는지 알아야 하기 때문이다. 또 추종자들의 입장에서 생각할 때 그들과 효과적으로 교류할 수 있기 때문이다. 따라서 지도자를 제대로 섬긴 경험이 있는 리더는 권한의 지배 하에 있다는 것이 무슨 뜻인지 알며, 따라서 권한이 어떻게 행사돼야 하는 것인지도 알게 마련이다. 반면에 지도자를 제대로 섬겨본 적이 없거나 권한에 순종해본 적이 없는 리더는 교만하고 비현실적이며, 완고하고 독재적인 경향을 띠기 십상이다.

당신의 리더십이 이런 면을 띤다면 비판적인 자기반성이 필요하다. 교만한 리더가 장기적인 측면에서 조직을 효율적으로 운영한 사례가 거의 없다. 교만한 리더는 아랫사람과 동료는 물론이고, 윗사람까지 소외시킨다. 다른 사람의 리더십에 순종적으로 따르는 법, 그것도 충실히 따르는 법을 배워야 한다. 그래야 겸손한 리더, 더 나아가 유능한 리더가 될 수 있다.

자제력을 키워라

프로이센의 프리드리히 대왕이 베를린의 외곽 지역을 산책하다가 맞은편에서 꼿꼿하게 걸어오는 노인과 마주쳤다. 프리드리히 대왕이 노인에게 물었다.

"노인장은 누구시요?"

노인이 대답했다.

"나는 왕이다."

프리드리히 대왕이 웃음을 터뜨렸다.

"왕이라고! 그럼, 어떤 왕국을 다스리십니까?"

"나 자신을 다스리지."

이처럼 우리는 누구나 자신의 삶을 다스리는 '군주'이다. 따라서 우리 행동과 결정에 책임질 수 있어야 한다. 항상 바람직한 결정을 내리고, 필요한 때 적절한 행동을 취하며, 부정한 행동을 삼가기 위해서는 인격과 자제력이 필요하다. 그렇지 않으면 자신을 제어하지 못한다. 따라서 금방 후회할 짓을 하거나, 우리에게 주어진 기회를 날려버린다. 심지어 도박으로 빚을 지기도 한다. 그래서 솔로몬 왕은 "부자는 가난한 자를 다스리고, 빚진 자는 꾸어 준 자의 종이다."라고 말했다.[2]

영국의 수필가, 존 포스터_{John Foster}는 '단호한 결정'에서 "단호한 결정을 내리지 못하는 사람은 자기 자신의 주인이라 할 수 없다. 그를 옭아매고 있는 것의 노예일 뿐이다."라고 말했다. 어리석은 사람은 세계를 정복하고 싶어하지만 현명한 사람은 자신을 정복하고 싶어한다. 어떤 기분 상태에서도 우리가 반드시 해야만 하는 일을 하기 시작할 때 자신의 정복이 시작된다.

인내심을 키워라

리더들은 조바심을 내는 경향이 있다. 리더는 앞을 쳐다보고 앞날을 생각하며, 앞으로 나아가기를 바란다. 이런 마음가짐으로 한 단계 앞을 지향하면 우리는 훌륭한 리더가 될 수 있다. 그러나 너무 욕심을 부리면 위험하다. 50단계를 한꺼번에 뛰어넘으려 하면 순교자가 되기 십상이다.

우리 삶에서 가치 있는 것이 단숨에 이루어진 경우는 극히 드물다.

순식간에 위대해지고 순식간에 성숙해질 수는 없다. 우리가 즉석 커피, 즉석 카메라, 전자레인지용 팝콘 등에 길들여지기는 했지만, 누구도 하룻밤에 리더가 될 수는 없다. 전자레인지식 리더에게 인내심을 기대하기는 힘들다. 리더십은 찜통과도 같다. 시간이 걸리지만 그 결과물은 기다린 보람이 있다.

리더의 역할은 결승선을 가장 먼저 통과하는 것이 아니다. 조직원들이 당신과 함께 결승선을 통과하도록 독려하며 이끌어가는 것이다. 이런 이유에서라도 리더는 속도를 의도적으로 늦출 수 있어야 한다. 또한 조직원들과 끊임없이 교감하면서, 그들이 목표를 성취하도록 지원하고, 그들이 끝까지 해내도록 도와야 한다. 리더가 조직원들보다 지나치게 앞서 달린다면 이런 역할을 어떻게 해낼 수 있겠는가.

책임감을 가져라

자신을 잘 관리하는 사람은 "자신을 믿을 수 없다."는 사실을 누구보다 잘 알고 있다. 훌륭한 리더들은 권력이 유혹적이란 것을 알지만, 그들이 오류에 빠질 수 있다는 것도 안다. 이런 사실을 부인하는 리더는 위험에 빠지기 십상이다.

나는 리더십의 관리에서 윤리적으로 실패한 많은 리더에 관한 책을 읽었다. 그들의 공통점이 무엇이라고 생각하는가? 그랬다. 그들 모두가 그들에게는 결코 그런 일이 일어나지 않을 거라고 믿었다. 일종의 안전불감증이 있었다. 그들이 그들 자신의 삶이나 다른 사람들의 삶에 피해를 주리라고는 꿈에도 생각하지 않았다.

나도 똑같이 생각했기 때문에 그 책을 읽었을 때 정신이 번쩍 들었다. 내게는 그런 일이 결코 닥치지 않을 거라고 생각했기 때문에 그 책을 읽었을 때 등골이 서늘했다. 그때 나는 2가지 결심을 했다. 첫째, 나 자신을 믿지 않겠다. 둘째, 나 자신만이 아니라 남들의 안전까지 책임지겠다. 이런 결심 덕분에 나는 정상 궤도에서 벗어나지 않고, 나 자신을 비롯해 다른 사람들까지 그런대로 훌륭하게 이끌어왔다고 믿는다.

사적인 삶에서 책임감이 없는 사람은 공적인 생활에서도 문제를 일으키게 마련이다. 유명한 최고경영자들의 사례에서도 보지 않았는가. 그래서 중국 속담은 "훌륭한 사람을 보면 그를 본받으려 애쓰고, 나쁜 사람을 보면 너의 마음을 되살펴보라."라고 말한다.

많은 사람이 자신의 행동을 적극적으로 설명하는 의지를 책임감이라 생각한다. 그러나 내 생각은 다르다. 우리가 행동을 취하기 전에 책임감은 실질적으로 시작된다고 생각한다. 더 나아가, 다른 사람에게 조언을 구할 때부터 책임감을 가져야 한다. 특히 리더의 경우에 책임감은 단계적으로 발전하는 듯하다.

우리는 조언을 원하지 않는다.

우리는 조언을 거부하지 않는다.

우리는 조언을 환영한다.

우리는 적극적으로 조언을 구한다.

우리에게 주어진 조언에 종종 따른다.

조언을 구하고 받아들이는 의지가 책임감을 나타내는 지표이다. 우리가 일찍, 예컨대 행동을 취하기 전에 조언을 구한다면 목표에서 벗어날 가능성이 크게 줄어들 것이다. 우리가 일찍부터 책임감을 갖지 않기 때문에 잘못된 결과가 빚어지는 것이다.

✦—✦—✦

자신을 잘 관리한다는 것은 남들에 비해 책임감이 투철하다는 뜻이다. 자신의 행동만이 아니라 그를 따르는 사람들의 행동에 대해서까지 책임감을 느끼기 때문이다. 리더십은 신뢰이지 권리가 아니다. 이런 이유에서 리더는 남들보다 먼저 자신을 '바로잡아야 한다.' 어떤 지위에 있고, 어떤 권한을 갖든 항상 올바른 행동을 하려고 애써야 한다. 결코 등한시해서 안 될 교훈이다. 프랭클린 루스벨트의 사망으로 해리 트루먼이 엉겁결에 대통령이 됐을 때, 샘 레이번Sam Rayburn은 트루먼에게 "이제부터 자네는 주변에 많은 사람을 두게 될 거네. 그들은 자네 주변에 담을 두르고, 그들의 의견 이외에 다른 의견은 듣지 못하도록 차단하려 할 거네. 그리고 자네가 세상에서 가장 위대한 사람이라고 말할 거네. 하지만 해리, 자네가 그런 사람이 아니라는 건 나도 알고 자네도 알지 않나."라고 충고했다.

얼마 전, 나는 어떤 조직의 이사회 임원들과 전화 회의를 가졌다. 그들이 개입해서, 한 리더에게 잘못된 행동의 책임을 따지기 전에 가진 회의였다. 안타까운 일이었지만, 그 리더는 자리에서 물러나야 할 게 뻔했다. 그는 이미 이사회의 신망을 잃은 처지였다. 그가 애초부터 자신을 잘 관리했더라면 이사회의 그런 회의도 없었을 것이다. 회의가 끝난 후, 나는 '리더가 자기점검에 철저하지 못하면 조직원들에게 존경받지 못한다.'라고 생각했다.

　IBM의 전 회장, 토마스 왓슨Thomas J. Watson은 "매일매일 자신을 관리하는 능력만큼, 다른 사람을 끌어가는 능력을 확실하게 보여주는 증거는 없다."라고 말했다. 맞는 말이다. 우리가 이끌어가야 할 가장 작은 집단은 바로 우리 자신이다. 하지만 가장 중요한 집단이기도 하다. 자신을 제대로 다스릴 때, 우리는 큰 조직을 이끌어갈 자격을 얻게 될 것이다.

EXERCISE
FOR
LEADER

자신을 제대로 다스릴 때 큰 조직을 이끌 자격을 얻는다

—— **1** 당신은 자신을 얼마나 객관적으로 파악하고 있는가? 당신을 좀더 객관적으로 보고 싶다면, 작년부터 당신이 어떤 일을 했는지 점검해보라. 중요한 목표들의 목록을 작성하고 하나씩 점검해 '완료' 또는 '미완료'라고 써보라. 그리고 당신이 존경하는 사람들을 찾아가 어떤 일을 맡길 적임자를 평가한다고 말하면서 그 목록을 보여주라. 또 그 적임자의 실적과 실패를 기준으로 할 때, 그 적임자를 어떻게 생각하는지 물어보라. 그들의 평가가 당신 자신의 평가와 얼마나 일치하는가?

—— **2** 당신은 어떤 부분에서 더 성장해야 하는가? 자제력, 팔로워십, 인내심, 셋 중에서 어떤 부분이 당신에게 가장 부족한가? 그 부분을 개발하기 위해서는 어떤 새로운 일을 맡아 역량을 키워가야 하는가? 짧아도 1년이 걸리는 목표를 세워야 할지도 모른다. 또 당신이 오래 전부터 원하던 물건을 사는 걸 뒤로 미뤄야 할 수도 있다. 심지어 당신이 까다롭다고 생각하던 리더의 밑에서 일하겠다고 나서야 할 수도 있다. 혹은 인내심과 팔로워십과 자제력이 동시에 요구되는 자원봉사에 발 벗고 나설 수도 있다.

—— **3** 당신은 조언을 얼마나 잘 받아들이는가? 5~10명의 친구나 동료 혹은 가족에게 다음 항목을 기준으로 당신을 평가해달라고 부탁해보라.

- 너는 조언을 원하지 않는다.
- 너는 조언을 거부하지 않는다.
- 너는 조언을 환영한다.
- 너는 적극적으로 조언을 구한다.
- 너에게 주어진 조언에 종종 따른다.

각 항목의 옆에 쓰인 숫자를 점수라 생각하고, 평균점수를 구해보라. 평균점수가 4점 이하라면, 이 부분에서 개선할 필요가 있다는 뜻이다. 달리 말하면, 결정을 내리기 전에 정보수집 과정에서 다른 사람의 도움을 받아야 한다는 뜻이다. 결혼한 사람이면 배우자부터 시작하는 것도 좋은 방법이다.

 Mentoring Point ──

당신에게 가르침을 받는 신규 리더들과 허심탄회하게 대화를 나누며, 그들이 결정을 내릴 때 어떻게 해야 하는가를 자세히 설명해주라. 당신의 관점을 설명할 때는 구체적인 사례까지 제시하라. 이 부분에서 성장이 필요한 사람들에게는 창의력을 발휘하고 한층 책임감을 가질 수 있는 과제를 부과하는 방법으로 그들을 도울 수 있다. 또한 그들과 정기적으로 만나 책임감을 더해주는 것도 좋은 방법이다.

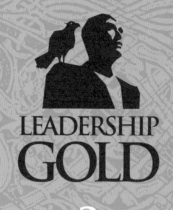

LEADERSHIP
GOLD

3

결정적 순간에
당신의 리더십이 결정된다

—— 우리가 중요한 순간에 내리는 결정이 우리의 성장을 돕고, 우리가 어떤 사람인지 다른 사람들에게 알리는 데 도움이 된다.

—— 결정적 순간이 닥치면 우리에게 이목이 집중된다 … 결정적 순간이 닥치면 본심을 포장할 여유가 없다. 따라서 본심이 고스란히 드러난다!

—— 리더는 결정적인 순간을 맞아 올바르게 반응할 때 더 나은 리더가 된다.

내가 가장 존경하는 리더 중 하나가 윈스턴 처칠이다. 2차 대전 당시 나치스에 맞서 싸웠던 영국의 수상, 처칠은 리더 중 리더였다. 처칠은 "어느 시대에나 리더가 그 시대의 요구에 부응해 앞으로 나아가야 할 때가 온다. 따라서 사회를 긍정적 방향으로 변화시킬 기회를 맞지 못하는 잠재적 리더는 없다. 그러나 안타깝게도 리더가 시대의 요구에 부응하지 못하는 때도 있다."라고 말했다.

그럼, 시대의 도전에 부응하는 리더의 등장 여부를 결정하는 요인은 무엇일까? 구체적으로 말해 우리에게 닥친 위기를 슬기롭게 헤쳐 나가기 위해 우리를 앞장서도록 만드는 요인은 무엇일까? 내 생각에 그 결정 요인은 우리가 삶에서 중요한 순간들을 어떻게 다루느냐에 있다. 그 순간에 우리가 리더로서 어떤 사람인지 결정되기 때문이다.

우리는 어떻게 결정되는가?

리더십에 대한 철학이나 성공에 대한 내 가르침을 이미 들어본 사람이라면 알겠지만, 나는 개인의 성장을 굳게 믿는 사람이다. 그렇다고 성공이 하루아침에 가능하다고는 생각지 않는다. 내 핵심 철학 중 하나는 《리더십의 21가지 불변의 법칙The 21 Irrefutable of Leadership》에서 밝힌 '과정의 법칙'이다. 과정의 법칙에 따르면, "리더십은 나날이 발전하는 것이지 하루아침에 개발되는 것이 아니다." 그러나 우리가 중요한 순간에 내리는 결정이 우리의 성장을 돕고, 우리가 어떤 사람인지 다른 사람들에게 알리는 데 도움이 되는 것은 사실이다. 이런 이유에서 나는 결정적인 순간이 중요하다고 생각하는 것이다.

결정적인 순간에 우리의 진면목이 드러난다

우리 삶에서 대부분의 나날은 평범하기 그지없다. 다른 날들과 크게 다를 바가 없고 기억에 남을 만한 일도 거의 일어나지 않는다. 그러나 그런 평범한 날들과 뚜렷이 다른 날이 가끔 닥친다. 우리가 벌떡 일어서서 남들에게서 떨어져 나와 그 순간의 주인공이 되는 기회를 제공하는 날이기 때문에, 혹은 남들과 뒤섞여 묵묵히 앉아 그 기회를 아쉽게 날려버린 날이기 때문에 유난히 기억에 남는다. 좋은 이유로든 나쁜 이유로든 그런 결정적 순간들이 우리를 규정한다. 그 결정적 순간들에 우리가 실제로 어떤 사람인지 고스란히 드러난다.

우리는 삶의 이정표, 즉 어떤 성취를 이루는 중요한 사건들에 초점을 맞춘다. 예컨대 졸업식, 결혼, 승진 등을 설레는 마음으로 기다린다. 그러나 결정적인 순간이 느닷없이 닥치는 때가 있고, 때로는 다음과 같은 위기를 맞아 휘청거릴 때 닥치기도 한다.

- 개인적으로 실패했을 때

- 어떤 쟁점에 대한 입장을 결정해야 할 때

- 육체적, 정신적인 고통에 시달릴 때

- 용서하기를 요구받았을 때

- 달갑지 않은 선택을 해야 할 때

그런 순간이 닥치면 우리가 어떤 행동을 취하느냐가 중요하다는 것을 직감적으로 느낀다. 이때 우리 앞에는 양 갈래 길이 뚜렷이 나타난다. 하나는 위로 올라가는 길이고, 하나는 아래로 떨어지는 길이다. 그러나 안타깝게도 결정적인 순간이 닥쳐도 우리가 전혀 감지하지 못하는 때가 있다. 시간이 지나고 나중에 되돌아볼 때야 그 순간이 중요한 순간이었다는 것을 깨닫는다. 어쨌든 그런 결정적 순간에 우리가 누구인지 규정된다.

결정적인 순간에 남들에게 우리의 진면목을 드러낸다
평상시에 우리는 가면을 쓰고, 주변 사람들에게 우리의 진짜 모습을 감출 수 있다. 그러나 결정적 순간이 닥치면 그렇게 할 수가 없다. 이력서는 한낱 종잇장에 불과하다. 우리를 어떻게 포장했는지는 중요하지 않다. 평소의 이미지도 무의미하다. 결정적 순간이 닥치면 우리에게 이목이 집중된다. 우리 행동을 적당하게 꾸밀 여유가 없다. 결국 우리의 진면목이 모두에게 드러난다. 결정적 순간이 닥치면 본심을 포장할 여유가 없다. 따라서 본심이 고스란히 드러난다.

리더의 경우도 다를 바가 없다. 결정적 순간은 추종자들에게 리더에 대해 많은 것을 말해준다. 따라서 추종자들은 리더에 대해 정말로 알고 싶었던 부분들, 예컨대 리더는 어떤 사람인가, 리더가 지향하는 목표가 무엇인가, 리더가 왜 리더인가 등에 대해 알 수 있다. 따라서 결정적 순간을 잘 처리하면, 리더와 추종자들의 관계와 연대감이 한층 돈독해질 수 있다. 반면에 결정적 순간에 미숙하게 대처하면 리더는 신뢰를 상실하고, 리더로서의 지도력까지 잃게 된다.

《리더십의 21가지 불변의 법칙》의 발간 10주년 개정판에서, 나는 조지 W. 부시 대통령의 리더십에 영향을 미친 두 번의 결정적 순간을 다루었다. 첫 임기에 부시 대통령은 911 테러 공격에 민첩하게 대응하면서 강력한 리더십을 보여주었다. 그는 미국 국민의 가슴에 진한 감동을 안겨주었고, 그에게 투표하지 않는 사람들의 마음까지 사로잡아 다시 리더십을 발휘할 기회를 얻었다. 그러나 두 번째 임기를 맞아서는 허리케인 카트리나에 미숙하게 대응하면서 리더십을 상실하고 말았다. 미국 국민이 리더십의 공백 상태를 절감하는 데는 며칠이 걸리지 않았다. 부시를 지지하던 사람들까지 그의 리더십을 비난하며 등을 돌려버렸다.

부시 대통령을 비난하려고 이런 글을 쓰는 것은 아니다. 누구나 실패를 한다. 내가 말하고자 하는 요점은 리더가 결정적인 순간에 어떻게 대응하느냐에 따라 조직원에게 미치는 영향도 달라진다는 것이다. 리더가 올바른 방향으로 대응하면 모두가 승리자가 되지만, 리더가 잘못 대응하면 모두가 실패자가 된다.

결정적인 순간에 우리의 미래가 결정된다

결정적인 순간이 지나고 나면 우리는 더 이상 예전의 우리가 아니다. 어떤 식으로든 우리의 위상은 달라진다. 앞으로 전진할 수 있고 뒤로 후퇴할 수도 있다. 여하튼 우리의 위상은 달라진다.

왜 그럴까? 결정적인 순간은 정상적인 순간이 아니고, 결정적인 순간에는 어떤 것도 평소처럼 작동하지 않기 때문이다.

나는 결정적인 순간을 우리 삶의 교차로라 생각한다. 결정적인 순간에 우리는 방향을 바꾸고, 새로운 목적지를 모색할 기회를 맞는다. 따라서 결정적인 순간은 선택의 기회이기도 하다. 이때 우리는 어떤 길이든 '선택'해야만 한다. 어떤 길을 선택하느냐에 따라 우리의 미래가 결정된다. 어떤 길을 선택하겠는가? 어떤 길을 선택하든 그 길은 새로운 길이고, 그 길이 우리의 미래를 결정한다. 이런 이유에서, 결정적인 순간이 지나고 나면 우리는 더 이상 예전의 우리가 아니다.

나를 결정한 순간들

내 삶에서도 결정적인 순간들이 지금의 나를 있게 해주었다. 좋은 순간이든 나쁜 순간이든 그 순간 중 하나라도 없었다면 나는 지금의 내가 아닐 것이다. 물론, 앞으로 내게 닥칠 결정적인 순간들도 나를 계속해 바꿔갈 것이다.

내가 지금까지 살면서 겪은 많은 결정적 순간들을 돌이켜 생각해보면, 크게 네 가지 유형으로 나눌 수 있다.

지평을 넓히는 결정적인 순간들

결정적인 순간들을 맞은 덕분에 나는 새로운 일을 시작할 수 있었다. 20여 년 전, 나는 미시시피 주 잭슨에서 소규모 모임을 상대로 리더십을 가르치고 있었다. 강연이 끝난 후, 한 참석자가 내게 리더십 훈련을 계속 받고 싶다며, 그렇게 해줄 수 있겠느냐고 물었다. 나는 선뜻 대답하지 못했다. 그러나 대화를 계속하는 과정에서 나는 다른 많은 참석자들도 똑같은 생각이라는 걸 직감적으로 느낄 수 있었다.

그 순간, 나는 재빨리 결정을 내렸다. 그들이 적절한 비용을 부담한다면, 내가 매달 한 시간짜리 리더십 강의록과 테이프를 제작해 그들에게 보내주겠다고 약속했다. 전에는 그런 약속을 해본 적이 없었다. 어떻게 해야 하는 것인지도 몰랐지만, 나는 강연장에 백지 한 장을 돌리면서 신청할 사람의 명단을 받았다. 놀랍게도 거의 모든 참석자가 강연록을 신청했다. 그날 밤까지, 내가 결정적인 순간을 경험했다는 사실을 몰랐지만, 그 순간은 내 삶에서 결정적인 순간이었다. 그들에게 느닷없이 건넨 약속이 리더십 강의를 테이프(이제는 CD)로 서비스받는 '테이프 클럽'으로 발전해, 지금은 구독자의 수가 2만 명을 넘어섰다.

그로부터 20년이 훌쩍 지난 지금, 그 순간에 내가 보여준 반응은 내가 리더로서 내린 가장 중요한 결정의 하나였다고 자신 있게 말할 수 있다. 당시에는 터무니없는 만용으로 보였고, 실제로도 그랬다. 그러나 매월 리더십 강의록을 제작한 덕분에 나는 미국을 넘어 전 세계의 수많은 리더에게 리더십을 가르치는 멘토가 될 수 있었다. 또한 그 강의록은 내가 많은 책을 쓸 수 있는 자료로도 활용됐고, 나중에는 리더들의 성장을 지원하는 자료 회사를 창립하는 계기가 되기도 했다. 그때 그런 결정이 없었다면 내 삶의 여정도 완전히 달라졌을 것이다.

가슴 아픈 결정적인 순간들

결정적인 순간이 항상 긍정적인 결과를 낳는 것은 아니다. 나는 무척 어려운 순간들도 겪었다. 그러나 그런 경험을 계기로 나는 잠시 모든 것을 멈추고 변화를 도모할 수 있었다. 1998년 12월 18일에 그런 일이 있었다. 우리 회사에서 마련한 크리스마스 파티가 끝나갈 무렵, 나는 온몸에서 힘이 빠지고, 뭔가가 가슴을 짓누르는 것처럼 아팠다. 심근경색이었다. 나는 바닥에 누워 구급차를 기다렸다. 온갖 생각이 머릿속을 스치고 지나갔다. 우선순위를 바꿔야 했다. 나는 생각만큼 건강하지 않았다!

그 후 몇 주 동안, 나는 건강관리에 얼마나 소홀했던가를 생각하며 많은 시간을 보냈다. 일에 파묻혀 가족에게도 충분한 시간을 할애하지 못했다. 규칙적으로 운동을 하지도 않았다. 적절한 식사를 하지도 않았다. 그 결과는 자명했다. 나는 삶의 균형을 상실하고 말았다.

그때 내가 배운 교훈은 코카콜라에서 부회장과 COO(Chief Operating Officer, 최고운영책임자)를 지낸 브라이언 다이슨Brian Dyson의 연설에서 찾을 수 있다. 다이슨은 1996년 조지아 공과대학의 졸업식에서 다음과 같이 연설했다.

삶을 여러분이 다섯 개의 공을 공중에서 굴리는 저글링이라 상상해보
세요. 각각의 공에 일과 가족, 건강과 친구, 영혼이란 이름을 붙이고, 다
섯 개의 공을 항상 공중에 띄워둬야 합니다. 일이란 공은 고무공이란 걸
금세 알게 될 겁니다. 그 공은 떨어뜨려도 금방 튀어오를 테니까요. 하
지만 나머지 네 공, 즉 가족과 건강, 친구와 영혼이란 공은 유리공입니
다. 하나라도 떨어뜨리면, 그 공에는 긁히고 손상을 입어 회복되지 않는
상처와 흉터가 남고, 심지어 산산조각 나기 때문입니다. 한 번이라도 떨
어뜨린 공은 결코 예전과 같지 않을 것입니다. 이런 진리를 기억하시고
여러분의 삶에서 균형을 잃지 않도록 노력하십시오.[3]

그래도 나는 운이 좋았다. 건강이란 공을 떨어뜨렸지만 약간 긁혔
을 뿐 깨지지는 않았다. 다시 기회를 얻은 나는 우선순위를 재조종했
다. 가족과 더 많은 시간을 함께 보냈고 규칙적으로 운동도 했다. 식사
에도 신경을 썼다. 이 모든 것을 완벽하게 해내지는 못하지만 예전보
다는 균형 잡힌 삶을 살려고 노력한다. 당신이 지금 어떤 종류의 '공'
을 갖고 저글링을 하는지 모르겠지만, 중요한 공 하나를 떨어뜨리고
나서야 당신의 삶을 되돌아보는 잘못을 저지르지 말라고 충고해주고
싶다. 가슴 아픈 결정적인 순간을 겪지 않아도 변할 수 있다는 사실을
명심하기 바란다.

구름을 걷어내는 결정적인 순간들

새로운 기회를 보고, 그 기회를 붙잡는 행동을 취한 결과로 결정적인
순간이 닥치기도 한다. 나는 수년 전에 이런 순간을 직접 겪었다. 나는

목사로 일한 25년 동안, 땅을 사고 건물을 짓는 데 필요한 자금을 모금하느라 거의 17년을 보냈다.

어느 날 한 목사가 기업인을 데리고 나와 함께 점심 식사를 하겠다고 피닉스에서 샌디에이고까지 날아왔다. 그들은 교회를 신축할 예정이라며, 내가 건축자금을 모금하는 데 많은 경험이 있기 때문에 내게 조언을 받기 위해 온 거라고 말했다. 하기야 일반적인 강연장에서 가르치지 않는 내용이기는 했다. 점심 식사가 끝나갈 무렵, 그들은 내게 교회 건축자금을 모금하는 데 도움을 줄 수 있겠느냐고 물었다. 특히 한 사람은 "목사님께서 목사님의 신도들에게 한 말씀만 해주면, 틀림없이 저희를 도와주실 수 있을 겁니다."라고 말했다.

그때 나는 눈앞이 맑아지는 것 같았다. 나는 그들을 도울 수 있었다. 또 도와야만 했다. 그들과 헤어질 때 나는 그들과 악수를 나누며 꼭 도와주겠다고 약속했다. 그리고 주차장에 세워둔 자동차로 달려가 친구에게 전화를 걸어, "다음 주부터 우리는 작은 교회들이 그들의 꿈을 실현할 자금을 모금하는 걸 돕기 시작할 거네."라고 말했다. 인조이 스튜워드십 서비스(INJOY Stewardship Services)는 그렇게 탄생됐다.

경계를 초월하는 결정적인 순간들

최고의 결정적인 순간을 맞을 때 우리는 지금보다 훨씬 높은 단계로 비상해 올라갈 수 있다. 내가 동생인 래리와 함께 1996년에 전 세계적 차원에서 리더들을 훈련시키고 양성하기 위해 창립한 비영리조직, 이퀴프EQUIP가 수년 전에 그런 순간을 맞았다. 창립하고 수년 동안, 이퀴프는 전형적인 신생 조직의 수준을 벗어나지 못했다. 우리는 기반을 내리고, 우리를 지원해줄 기부자들을 모집하며, 그런 역할을 도맡아 처리할 팀을 운영했다. 시행착오을 통해 조정과 변화를 시도하며 리더십 조직으로서 신뢰를 쌓아갔다.

시간이 어느 정도 흐르자 나는 우리 사명을 믿어주는 사람들의 마음과 넉넉한 손을 사로잡을 수 있는 목표가 이퀴프에 필요하다는 생각이 들었다. 나는 그 목표를 찾아냈고, 이퀴프의 후원자 수백 명이 참석한 모임에서 그 목표를 제시했다. 이퀴프가 5년 내에 전 세계에서 100만 명의 리더를 훈련시키고 양성하겠다는 원대한 목표였다. 나는 이 목표를 성취할 수 있도록 그들에게 도와달라고 요구했다. 그 비전은 후원자들의 공감을 얻어, 이퀴프는 새로운 단계로 도약할 수 있었다. 그날 밤은 수백 명의 후원자들에게 결정적인 순간이었다. 그들의 결정 덕분에 그 후 5년 동안 100만 명의 삶을 변화시킬 수 있었으니까.

당신을 결정하는 순간들

리더는 결정적인 순간을 맞아 올바르게 반응할 때 더 나은 리더가 된다. 리더가 비약적으로 발전하면, 그를 따르는 추종자들도 혜택을 누리게 마련이다. 그러나 결정적인 순간이 와도, 어떤 선택을 하겠다고 선뜻 결정 내리지 못하는 데 문제가 있다. 누구도 달력을 보고 앉아서, "다음 주 화요일 8시에 결정적 순간을 맞도록 하겠어."라고 예상할 수는 없다. 아무리 뛰어난 리더라도 결정적 순간을 언제 오라고 조절할 수는 없다. 하지만 결정적 순간이 왔을 때 어떻게 처리하겠다고 방향을 선택해둘 수는 있고, 결정적 순간을 맞이할 준비를 해둘 수는 있다.

과거의 결정적인 순간들을 돌이켜보라

역사를 연구하지 않는 사람은 과거의 실수를 되풀이할 수밖에 없다. 이 말은 넓은 의미에서 국가나 문화권에 적용되기도 하지만, 개인에게도 그대로 적용된다. 리더에게 최고의 스승은 과거의 평가된 경험이다. 앞으로 결정적인 순간이 오면 어떻게 대처하겠다고 예측하기 위해서는 과거의 결정적인 순간들을 돌이켜봐야 한다.

미래의 결정적인 순간을 대비하라

내게 지금까지 해낸 가장 가치 있는 일이 뭐냐고 묻는다면, 위기나 결정의 순간이 닥치기 전에 중요한 원칙들을 미리 정해둔 일이라 할 수 있다. 그 덕분에 나는 삶의 과정에서 중요한 시기에 어떤 결정이든 상대적으로 쉽게 내릴 수 있었다. 10대일 때 결심한 원칙도 있지만, 20대와 30대에 대부분의 원칙이 정해졌다. 물론 삶의 후반기를 맞아서야 결정된 원칙도 있다. 《오늘을 사는 원칙 Today Matters》에서 그 원칙들에 대해 깊이 다루었지만, 그 핵심만 여기에서 다시 정리해보자.

- 마음가짐: 나는 매일 올바른 마음가짐을 선택하고, 그런 마음으로 행동할 것이다.
- 우선순위: 나는 매일 우선순위를 정해두고 그에 따라 행동할 것이다.
- 건강: 나는 매일 건강 지침을 정해두고 그대로 따를 것이다.

- 가족: 나는 매일 가족에게 관심을 갖고 그들과 함께하는 시간을 가질 것이다.
- 생각: 나는 매일 좋은 생각을 습관화하고 실천할 것이다.
- 책무: 나는 매일 적절한 약속을 하고, 그 약속을 꼭 지킬 것이다.
- 재정: 나는 매일 돈을 벌고, 그 돈을 적절하게 관리할 것이다.
- 신앙: 나는 매일 신앙심을 함양하고, 신앙에 따라 살 것이다.
- 인간관계: 나는 매일 돈독한 인간관계를 위해 노력할 것이다.
- 관용: 나는 매일 관용을 베풀 계획을 세우고, 관용의 표본을 보일 것이다.
- 가치: 나는 매일 좋은 가치를 받아들이고 가치 있는 행동을 할 것이다.
- 성장: 나는 매일 조금씩 나아지기를 바라며, 실제로 나아질 것이다.

나는 이런 원칙들을 미리 정해두었기 때문에, 결정적인 순간이 올 때 이런 문제로 고민할 필요가 없다. 따라서 나는 당면한 상황에만 집중하고, 내 원칙에 따라 결정을 내리기만 하면 된다.

결정적인 순간을 지금 맞이하라

이제 당신은 결정적인 순간들을 눈여겨볼 것이기 때문에, 그 순간들을 최대한 활용할 수 있는 유리한 위치에 있게 됐다. 결정적인 순간을 한 번이라도 경험한 후에는 완전히 다른 사람이 된다는 것은 사실이다. 그러나 어떤 변화를 겪느냐는 그 순간에 어떻게 반응하느냐에 전적으로 달려 있다. 대개의 경우, 결정적인 순간에 우리는 기회를 맞는다. 기회에는 위험이 따르지만, 위험 부담을 두려워할 이유는 없다. 위대한 리더는 위험을 무릅쓸 때 태어나는 법이다.

+━━━+

　결정적인 순간은 언제나 무척 극적이고, 리더의 역할을 시작한 초기에 닥치는 거라고 생각하고 싶겠지만, 실제로는 그렇지 않다. 극적인 결과를 이루어내기 위해서 획기적인 사건이 많아야 할 이유도 없다. 한 번의 기회로 엄청난 변화를 이루어낼 수도 있다. 알베르트 아인슈타인이 습관처럼 말했듯이, 그는 상대성 이론을 단 한 번 언뜻 떠올렸을 뿐이지만 그 이론을 증명하려고 오랫동안 담배 연기와 싸웠다.

　내가 꾸준히 성장하고 기회를 찾으며 위험을 회피하지 않고 무릅쓴다면, 앞으로도 결정적인 순간을 계속 맞게 될 거라고 굳게 믿는다. 또 내가 그런 순간에 올바른 선택을 하고, 조직원들에게 이익이 되는 일을 하려고 노력한다면 내 리더십도 계속해서 성장하고 향상되리라 믿는다. 그렇게 되면 모두가 성공의 기쁨을 누릴 수 있을 테니까.

EXERCISE
FOR
LEADER

위대한 리더는 위험을 무릅쓰는 순간 태어난다

—— 1   당신은 지금까지 어떤 실적을 거두었는가? 당신의 삶에서 중요한 순간에 어떤 결정을 내렸는지 돌이켜보라. 지금까지 당신은 어떤 유형의 결정적인 순간을 겪었는가? 기억나는 대로 써보라.

- 어떤 상황에서
- 어떤 결정을 내렸고, 어떤 반응을 보였는가
- 그 결과는 어떠했는가

당신은 대체로 긍정적으로 반응했는가, 부정적으로 반응했는가? 잘못된 선택을 했을 때의 공통점은 무엇인가? 가까운 사람에게 당신의 실수에 대해 어떻게 생각하는지 물어보라. 당신의 실수에서 일정한 패턴이 찾아진다면, 어떤 패턴인가? 앞으로 유사한 실수를 되풀이하지 않으려면 어떻게 해야 하겠는가?

—— 2   당신은 어떤 식으로 결정을 내리는가? 다음의 목록을 본보기로 삼아, 당신의 가치관과 우선순위에 따라 당신만의 원칙을 세워보라.

- 마음가짐: 나는 매일 올바른 마음가짐을 선택하고, 그런 마음으로 행동할

것이다.

- 우선순위: 나는 매일 우선순위를 정해두고 그에 따라 행동할 것이다.
- 건강: 나는 매일 건강 지침을 정해두고 그대로 따를 것이다.
- 가족: 나는 매일 가족에게 관심을 갖고 그들과 함께하는 시간을 가질 것이다.
- 생각: 나는 매일 좋은 생각을 습관화하고 실천할 것이다.
- 책무: 나는 매일 적절한 약속을 하고, 그 약속을 꼭 지킬 것이다.
- 재정: 나는 매일 돈을 벌고, 그 돈을 적절하게 관리할 것이다.
- 신앙: 나는 매일 신앙심을 함양하고, 신앙에 따라 살 것이다.
- 인간관계: 나는 매일 돈독한 인간관계를 위해 노력할 것이다.
- 관용: 나는 매일 관용을 베풀 계획을 세우고, 관용의 표본을 보일 것이다.
- 가치: 나는 매일 좋은 가치를 받아들이고 가치 있는 행동을 할 것이다.
- 성장: 나는 매일 조금씩 나아지기를 바라며, 실제로 나아질 것이다.

그렇게 작성한 원칙의 목록을 눈에 잘 띄는 곳에 붙여두고, 한 달 동안 매일 음미해보라. 또한 그 원칙들을 근거로 모든 결정을 내리도록 노력해보라.

────── 3   당신은 앞으로 닥칠 결정적인 순간을 어떻게 대비하고 있는가? 리더들에게 전형적으로 찾아오는 네 유형의 결정적인 순간들을 놓치지 않도록 유의하라.

- 지평을 넓히는 결정적인 순간들 - 새로운 것을 시도하는 기회
- 가슴 아픈 결정적인 순간들 - 우선순위를 재평가하는 기회
- 구름을 걷어내는 결정적인 순간들 - 시야가 넓어지는 기회

- 경계를 초월하는 결정적인 순간들 – 새로운 차원으로 도약하는 기회

어떻게 해야 이런 기회들을 최대한 활용할 수 있는지 생각해보라.

 Mentoring Point ————

신규 리더들은 기회를 어떻게 활용하고, 위기에 어떻게 대처하느냐에 따라 리더로서의 장래가 결정된다. 당신에게 가르침을 받는 신규 리더들에게 그런 순간들을 지금까지 어떻게 처리했고, 그때 어떤 이유에서 어떻게 결정을 내렸는지 물어보라. 또 그들의 행동을 근거로 할 때, 남들이 그들을 리더로서 어떻게 평가할 거라고 생각하는지 물어보라. 당신이 그들에게 내린 평가가 그들 자신의 평가와 다르다면 그 차이를 설명해주라. 그들이 리더로서 일하는 동안 인식하지 못하고 넘어간 결정적인 순간들이 당신의 눈에 띈다면, 그 순간들을 정확히 지적해주라.

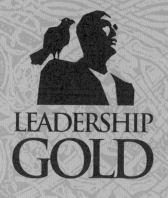

LEADERSHIP
GOLD

4

뒤를 걷어차이면
앞서고 있다는 증거이다

—— 비판은 얼마든지 쉽게 피할 수 있다. 아무 말도 하지 않고, 아무 행동도 취하지 않으며, 하찮은 사람으로 살아가면 된다.(아리스토텔레스)

—— 너희는 진실을 알게 될 것이고, 그 진실이 너희를 미쳐 날뛰게 할 것이다.(올더스 헉슬리)

—— 현재의 당신을 인정하는 것이 지금의 당신보다 나아지기 위한 첫걸음이다.

리더는 비판 받게 마련이다. 육상 경기를 관전하는 사람들이 어디에 시선을 집중하는가? 선두에서 달리는 선수들이다. 경쟁에서 뒤처진 선수들에게 눈길을 주는 관람객은 거의 없다. 뒤처진 선수들은 무시되거나 잊혀진다. 그러나 군중을 앞에서 이끌어가는 사람의 일거수일투족은 관심의 대상이다.

젊었을 때 나는 앞에 나서고 싶었고, 사람들의 칭찬을 은근히 즐겼다. 그러나 나는 '건설적인 비판'도 받고 싶지 않았다. 하지만 그런 바람은 비현실적이란 것을 금세 깨달았다. 건설적인 비판을 받지 않으면 칭찬받기도 어려운 법이다. 리더가 되고 싶다면 먼저 비판에 익숙해져야 한다. 성공한 사람에게는 거의 필연적으로 비판이 뒤따르게 마련이다. 불만스런 부분을 찾아내는 사람이 어디에나 있기 때문이다. 또 누군가를 비판하는 태도를 보면 보복당할 것만 같은 사람들도 있다.

비판 받으면 기운이 쑥 빠지기도 한다. 언젠가 나는 비판 받는 데 지쳐 울적한 심정을 한 친구에게 털어놓았다. 친구의 대답은 내게 많은 것을 깨닫게 해주었다.

"자네는 리더야. 기운이 빠질 때마다 모세를 생각해보게. 모세는 불평불만을 터뜨리는 사람들을 40년 동안 광야에서 이끌었지만, 약속의 땅에 들어가지 못했잖나."

그랬다, 모세는 수많은 불평과 비판을 받았다. 나도 리더로 적잖은 시간을 지내온 까닭에 모세의 심정을 충분히 이해할 수 있다. 내 짐작이긴 하지만, 모세가 모든 것을 다시 시작할 수 있었다면 머릿속에서 몇 번이나 이렇게 다짐했을 것 같다. 다음엔 파라오에게 내 백성을 '전부' 풀어달라고는 요구하지 않겠어!

당신은 비판을 어떻게 다루는가?

한 판매원이 이발소에서 머리를 깎다가, 이발사에게 이탈리아 로마를 여행할 계획이라고 말했다.

이발사는 북이탈리아에서 태어난 사람이었다.

"로마는 끔찍하게 과대포장된 도시지요. 그런데 어느 항공사를 이용할 생각이십니까?"

판매원이 항공사 이름을 알려주자, 이발사가 다시 말했다.

"그런 못된 항공사를! 좌석은 좁지, 기내식은 엉망이에요. 연착을 밥 먹듯이 하고요. 호텔은 예약하셨나요?"

판매원이 호텔 이름을 알려주자, 이발사가 이번에는 거의 비명까지 내질렀다.

"아니, 어떻게 그런 호텔에 묵으시려 합니까? 그 호텔은 로마에서도 우범지역에 있고, 서비스도 형편없어요. 차라리 민박을 하는 게 나을 겁니다."

판매원이 대답했다.

"여하튼 로마에 체류하는 동안에 큰 거래를 마무리 지어야 하거든요. 그후엔 가능하면 교황도 뵙고 싶고요."

"이탈리아에서 사업을 하다보면 낭패를 보기 십상일 겁니다. 또 교황을 뵙겠다는 기대는 아예 하지도 마세요. 교황은 아주 높은 사람하고만 만나니까요."

3주 후, 판매원이 여행을 끝내고 다시 이발소에 들렀다. 이발사가 물었다.

"여행은 어땠습니까?"

"최고였습니다! 비행기는 완벽했고, 호텔 서비스도 나무랄 데가 없었습니다. 큰 거래도 성사시켰고요. 게다가 교황도 알현했습니다!"

이발사는 감격에 겨운 표정으로 소리쳤다.

"교황을 알현하셨다고요? 그래, 어땠습니까?"

"나는 교황에게 천천히 걸어가 허리를 굽히고, 그분의 반지에 입을 맞추었습니다."

"저런! 그랬더니 교황이 뭐라던 가요?"

"교황께서는 내 머리를 유심히 살펴보시더니 '대체 머리를 어디서 그렇게 엉망으로 깎았습니까?'라고 물었습니다."

모두가 비판을 똑같은 식으로 받아들이지는 않는다. 비판을 애써 무시하는 사람이 있는 반면에, 비판에 적극적으로 변명하려는 사람도 있다. 또한 판매원처럼 재치 있는 말로, 비판하는 사람에게 자기 분수를 깨닫게 해주는 사람도 있다. 그러나 당신이 어떤 성향의 사람이더라도 리더라면, 비판에 슬기롭게 대처할 수 있어야 한다.

비판을 이겨내려면

지위나 직종을 불문하고 리더라면 부정적 반응과 비판을 이겨내야 하기 때문에, 비판을 건설적으로 받아들이는 방법을 배워야 한다. 그리스 철학자 아리스토텔레스는 "비판은 얼마든지 쉽게 피할 수 있다. 아무 말도 하지 않고, 아무 행동도 취하지 않으며, 하찮은 사람으로 살아가면 된다."라고 말했다. 그러나 리더로서 성공하기를 원하는 사람이 그런 방법을 택할 수는 없다. 그럼, 리더인 당신은 어떻게 해야 할까? 다음에 소개한 4단계 과정으로 나는 비판을 슬기롭게 극복하는 데 큰 도움을 받았다.

당신 자신을 알라 - 현실의 문제

높은 위치에 있다는 자체만으로도 비판의 대상이 된다는 것을 나는 일찌감치 깨달았다. 리더가 어떤 사람이고, 어떤 일을 하느냐는 별로 중요하지 않았다. 유난히 활동이 많은 리더는 어려운 환경에서 일해야 하기도 한다. 예컨대 다음과 같은 팻말이 버젓이 걸려 있을 것만 같은 곳에서 일한다고 생각하면 된다.

따라서 당신이 리더라는 이유만으로 비판을 받게 된다면 어떻게 해
야 하겠는가? 첫째, 당신 자신을 냉정하게 돌이켜볼 수 있어야 한다.
그래야 비판을 건설적으로 받아들일 수 있다. 그 이유가 무엇일까? 리
더가 비판을 받기는 하지만, 다수의 경우에 부정적인 비판의 대상은
리더라는 위치이지, 리더 개인은 아니다. 이 둘을 분명히 구분할 수 있
어야 한다. 하지만 당신 자신을 알아야만 이런 구분이 가능하다. 비판
이 리더라는 지위를 겨냥한 것이라면 그런 비판을 감정적으로 받아들
일 필요가 없다. 다른 귀로 흘려버려라. 물론, 당신 자신을 잘 알려면
상당한 시간과 노력이 필요하다. 미국 건국의 아버지, 벤저민 프랭클
린은 "정복하기 무척 어려운 3가지가 있다. 강철과 다이아몬드와 우리
자신을 아는 것이다."라고 말했다. 그러나 노력하면 그만한 보상이 따
른다.

그러나 솔직히 인정하면, 내가 지금까지 받은 비판 중에는 내 지위
보다 나를 직접적으로 겨냥한 경우가 더 많았다. 게다가 내게 나 자신
을 알게 해주려고 애쓰는 사람들도 적지 않았다. 그런 사람과의 대화
는 "오늘은 당신을 위해서 말을 해야겠습니다."라는 식으로 시작했다.

그들이 나를 위해서 뭔가를 말하겠다고 할 때마다, 그 말은 내게 썩 유쾌한 말은 아니었다. 하지만 내가 가장 귀담아 들어야 할 말이 내가 가장 듣고 싶지 않은 말이었다. 그런 대화들을 통해서 나는 나 자신에 대해 많은 것을 알게 됐다. 예를 들면,

- 나는 성급한 편이다.
- 나는 현실적이지 못하다. 따라서 일을 하는 데 걸리는 시간이나, 일을 처리하는 과정이 얼마나 어려운가를 모른다.
- 나는 조직원들의 감정을 헤아리는 데 시간과 노력을 투자하는 걸 좋아하지 않는다.
- 나는 다른 사람들의 능력을 과대평가한다.
- 나는 너무 많은 일을 떠맡으려 한다.
- 나는 책임을 지나치게 성급하게 위임하려 한다.
- 나는 온갖 가능성을 따져보며, 조직원을 피곤하게 만든다.
- 나는 규칙이나 제약을 좋아하지 않는다.
- 나는 우선순위를 성급하게 결정하고, 남들도 비슷하게 생각해주기를 바란다.
- 나는 어떤 쟁점이든 신속하게 처리하고 다음 단계로 넘어가려 한다. 남들이 준비돼 있는가는 생각하지도 않는다.

내가 나 자신에 대해 많은 것을 알아냈다고 우쭐댈 생각은 추호도 없다. 오히려 이런 약점은 현실로 당면한 문젯거리이다. 따라서 문제는, 내가 이런 약점을 어떻게 극복하느냐는 것이다.

당신 자신을 변화시켜라 – 책임의 문제

누군가 나를 정확히 비판하면, 나는 당연히 그 부분을 해결해야 한다. 내 책임이고 의무이며, 훌륭한 리더가 되기 위한 조건이기도 하다. 내가 비판을 정확히 받아들여 나를 점검해보며 내 단점을 인정한다면, 내 삶을 긍정적인 방향을 변화시키는 기회를 얻은 셈이다.

올더스 헉슬리Aldous Huxley는 "너희는 진실을 알게 될 것이고, 그 진실이 너희를 미쳐 날뛰게 할 것이다."라고 말했다. 물론 나도 비판을 받으면 당연히 기분이 좋지 않다. 마음에 상처를 받는 때도 간혹 있지만, 화를 버럭 낼 때가 훨씬 많다. 그러나 화가 가라앉으면, 그 비판이 건설적인 비판인지 파괴적인 비판인지 차분히 생각해보는 여유를 갖는다. 내가 남을 비판할 때는 건설적인 비판이고, 남이 나를 비판할 때는 파괴적인 비판이라 생각하는 덫에서 벗어나야 한다. 이런 덫에서 벗어나기 위해서 나는 어떤 종류의 비판인가를 판단하기 위해 다음과 같은 과정을 거친다.

- 누가 나를 비판했는가? 현명한 사람의 적대적 비판이 멍청한 바보의 열렬한 박수보다 훨씬 낫다. 따라서 누가 비판했는지도 때로는 중요하다.
- 어떤 식으로 비판했는가? 비판자가 주관적 판단으로 심판한 것인지, 그가 나를 선의로 해석하며 친절하게 충고한 것인지 신중하게 따져본다.
- 왜 비판했는가? 개인적인 원망에 의한 비판인가, 나를 위한 비판인가? 곤경에 처한 사람들은 남에게 상처를 준다. 욕설을 퍼붓고

호되게 비판하면서 자기희열을 느낀다. 이런 비판은 상대에게 아무런 도움도 주지 못한다.

정당한 비판이든 않든 간에, 바라지 않던 말을 듣고 내가 성장하느냐 번민으로 끝내느냐는 전적으로 내 마음가짐에 달렸다. 경영 전문가인 켄 블랜차드Ken Blanchard는 "갈매기와 같은 리더가 있다. 뭔가 잘못되면 그런 리더는 시끄럽게 법석을 떨며 남에게 책임을 돌린다."라고 정확히 지적했다. 이런 마음가짐을 가진 리더는 문제에 대한 자신의 책임을 부인할 뿐만 아니라, 함께 일하는 사람들에게 감당하기 힘든 조건까지 내건다.

우리는 개선하려는 의지를 가질 때만 더 나은 방향으로 변할 수 있다. 이런 이유에서, 나는 비판 받을 때마다 올바른 마음가짐을 유지하려고 애쓴다. 달리 말하면,

- 구차하게 변명거리를 찾지 않는다.
- 조그만 진실이라도 찾는다.
- 필요한 변화를 모색한다.
- 정도正道를 걷는다.

이런 마음가짐으로 나는 나 자신에 대해 알고, 리더로서 나아지며, 다른 사람들과의 인간관계를 유지하는 기회를 얻는다.

당신 자신을 인정하라 - 성숙의 문제

소아마비 백신을 개발한 조너스 솔크Jona Salk는 의학에 지대한 공헌을 했지만 많은 비판을 받았다. 그는 비판에 대해서 "처음에 사람들은 당신이 틀렸다고 말할 겁니다. 다음엔 당신이 맞았다고 말할 겁니다. 그런 과정에서 당신이 어떤 일을 했는지는 중요하지 않습니다. 그렇다고 당신이 어떤 일을 했는지 사람들이 모르는 건 아닙니다."라고 말했다. 리더들은 이런 변덕스런 반응에 어떻게 대응해야 할까? 그들 자신을 인정하는 법을 터득해야 한다. 당신 자신을 알고 나서 당신을 변화시키려고 열심히 노력했다면, 그 후에 무엇을 더 해야 할 수 있는가?

레오 버스카글리아Leo Buscaglia는 "세상에 가장 존재하기 쉬운 것은 당신의 현재 모습이며, 세상에 가장 존재하기 어려운 것은 다른 사람들이 당신에게 바라는 모습이다."라고 말했다. 당신이 현 수준에서 추구하는 최고의 인물, 즉 최고의 리더가 되기 위해서는 현재의 당신을 인정할 수 있어야 한다. 그렇다고 더 성숙해지거나 변하지 말라는 뜻은 아니다. 심리학자 칼 로저스Carl Rogers가 말했듯이, "모순되게 들리겠지만, 내가 현재의 나를 그대로 인정할 때에야 변할 수 있다."라고 말했다. 현재의 당신을 인정하는 것이 지금의 당신보다 나아지기 위한 첫걸음이다.

당신이 누구인지 알고 그대로 인정해야 어떤 부분에서 강점을 갖는지 알 수 있다. 우리가 강점을 보이는 분야에서 일해야 한다는 점에 대해서는 이미 여러 책에서 말했기 때문에 여기에서 반복하지 않겠지만, 당신 자신을 인정하는 것은 성숙의 징조라는 사실만은 다시 강조해두고 싶다. 남들이 당신을 어떻게 생각하는지 걱정하는 이유가 뭐겠는가? 당신 자신의 생각보다 남들의 생각을 더 믿기 때문이다. 경영 코치executive coach이며 컨설턴트인 쥬디스 바드윅Judith Bardwick은 "자신감은 다른 사람의 인정에서 오는 것이 아니다. 진정한 자신감은 당신 자신, 즉 당신의 강점과 한계를 알고 인정할 때 오는 것이다."라고 말했다.

당신 자신을 잊어라 – 안전의 문제

비판에 슬기롭게 대처하는 과정의 마지막 단계는 당신 자신에게 집중하는 것을 중단하는 것이다. 우리는 성장하는 과정에서, 남들이 우리를 어떻게 생각하는지 걱정하며 많은 시간을 보냈다. 내 나이도 이제 예순이다. 돌이켜보면, 세상 사람들은 내 생각만큼 내게 관심이 없었다.

안전한 사람은 자신을 잊고, 다른 사람에게 집중할 수 있다. 그렇게 할 때 우리는 어떤 비판이라도 슬기롭게 넘길 수 있다. 심지어 우리를 호되게 비판하는 사람을 섬길 수도 있다. 나는 교회 목사로 일할 때, 일요일이면 나를 비판하는 사람들에게 일부러 먼저 말을 걸고 개인적인 접촉을 시도했다. 그들이 내게 어떤 태도를 취하더라도 내가 그들을 인간으로 소중히 여긴다는 것을 그들에게 알려주고 싶었다. 현재의 나를 확신하고 다른 사람에게 집중함으로써 나는 누구나 떳떳하게 대할 수 있다. 이제 나는 "당신만의 영혼을 사는 법을 배워라. 남들이 당신을 윽박지르더라도 신경 쓰지 마라. 남들이 당신을 미워하더라도 걱정하지 마라!"고 충고한 파크넘 비티Parkenham Beatty의 가르침대로 살아가려고 애쓴다.

어느 날 내게 리더십 훈련을 받던 젊은 리더 페리 노블Perry Noble이 남들의 비판에 상심한 마음을 내게 털어놓았다. 나는 그의 심정을 충분히 이해할 수 있었다. 그가 그런 비판에 어떻게 대응해야 하느냐며 조언을 구했을 때, 나는 안전한 리더라면 구차하게 자신을 변명할 필요가 없다고 대답해주었다.

얼마 후, 페리는 "그날에야 깨달았습니다. 나를 비판하는 사람들에게 변명하느라 많은 시간을 보냈지만, 정작 내가 해야 할 일을 하는 데는 거의 시간을 투자하지 않았다는 걸 깨달았습니다."라고 내게 말했다.

리더로서 우리는 우리에게 맡겨진 책임에 소홀해서는 안 된다. 그러나 우리 자신의 문제를 지나치게 진지하게 생각하는 것은 바람직하지 않다. 중국 속담에서도 "자신의 문제를 웃어넘길 수 있는 사람은 복 받은 사람이다. 그런 사람은 언제나 즐겁게 지낸다."고 말하지 않는가. 나도 언젠가부터 항상 즐겁게 지냈다는 점에서 복 받은 사람이다.

내 친구 조이스 마이어 Joyce Meyer는 "하느님의 도움으로 당신은 뭐든 할 수 있을 것이다. 그러나 당신이 다른 사람이 되는 것까지 하느님이 허락하지는 않으실 것이다."라고 말했다. 그렇다, 우리는 노력에 따라 얼마든지 변할 수 있지만, 다른 사람이 될 수는 없다. 우리가 리더로서 그런 방향으로 노력한다면 조직원을 위해 최선을 다한 것이다. 때때로 남들에게 공격받을 때도 있겠지만 그까짓 공격쯤이야 웃어넘겨라. 누구보다 앞서 있다는 증거에 불과하니까.

EXERCISE
FOR
LEADER

비판의 대상은 리더라는 위치이지, 리더 개인이 아니다

—— **1**　당신의 결점은 무엇인가? 리더로서 또 인간으로서 당신은 어떤 점에서 부족한가? 이 질문에 대답하지 못하면, 당신은 당신 자신에 대해 제대로 모른다는 뜻이다. 당신 자신에 대해 제대로 모르면서, 더 나은 리더가 되기 위해 변해야 할 것과 변해서는 안 될 것을 어떻게 판단할 수 있겠는가? 당신을 잘 아는 5명의 믿을 만한 사람에게, 당신이 어떤 부분에서 부족한지 물어보라. 그 후에 무엇을 변화시켜야 하고, 무엇을 받아들여야 하는지 결정하라.

—— **2**　당신은 리더로서 얼마나 안전한가? 많은 리더가 잠재력을 완전히 발휘하지 못하는 2가지 근본적인 이유는 불안감과 방어적인 태도이다. 남에게 비판을 받을 때 당신은 처음에 어떤 반응을 보이는가? 비판을 무시해버리는가, 당신을 변명하는가, 아니면 맞서 싸우는가? 세 반응 모두 리더답지 않은 반응이다. 다음에 비판을 받게 되면 차분하게 대응하라. 비판 받은 내용을 받아들이고, 비판한 사람에게 그 비판을 어떻게 생각하는지 말해주라. 그리고 시간을 두고 혼자 그 비판을 자세히 검토해보라.

—— **3**　당신은 비판을 얼마나 적절하게 처리하는가? 앞에서 제시한 3가지 질문을 활용해서 어떤 비판이 당신에게 유익한가를 판단해보라.

• 누가 나를 비판했는가?

- 어떤 식으로 비판했는가?
- 왜 비판했는가?

위의 질문을 제기할 때 가능하면 비판자를 선의로 해석해야 한다. 그래야 당신이 객관적으로 답할 수 있기 때문이다. 비판에 충분한 근거가 있다면, 그 부분을 개선하기 위해 어떤 변화가 있어야 하는지 생각해보라.

 Mentoring Point ——

당신에게 지도를 받는 신규 리더가 비판을 어떻게 다루는지 관찰해보라. 당신을 비롯해 리더십 구조에서 그들보다 윗사람에게 받는 비판만이 아니라 그들의 동료나 아랫사람에게 받는 비판에 대한 반응까지 살펴보라. 그들이 어떻게 반응하고 있는가? 열린 자세로 비판을 받아들이며, 변하고 개선하려는 적극성을 보이는가? 부정적인 피드백을 받을 때도 품위를 잃지 않는가? 개인의 이익보다 팀을 우선하는가? 그들의 목표가 옳다고 확신할 때도 비판자들을 정중하게 대하며, 정도를 걸으려고 하는가? 당신의 관찰 결과를 그들에게 알려주고, 개선할 방법을 구체적으로 알려주라.

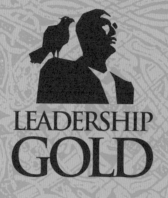

LEADERSHIP
GOLD

5

평생 단 하루도 일하지 마라,
그저 일을 즐겨라

—— 열정을 따르는 것이 잠재능력을 찾아내는 비결이다.

—— 죽은 닭에게 알을 품게 하지 마라.(하워드 헨드릭스)

—— 앞으로는 열정적인 리더들 … 엄청난 에너지를 지녔을 뿐 아니라, 추종자들에게
도 활력을 주는 사람들이 세계를 지배할 것이다.(잭 웰치)

나는 성공한 비결이 뭐냐는 질문을 종종 받는다. 성공의 의미라는 문제를 일단 제쳐두면, 내 대답은 의외로 간단하다. 나는 내가 하는 일을 좋아한다! "아무런 대가를 받지 않아도 즐겁게 일할 수 있을 정도로 당신이 정말로 하고 싶은 일을 찾아라. 그 후엔 당신에게 즐거운 마음으로 대가를 지불하고 싶을 만큼 그 일을 잘 해내라."는 얘기를 들어보지 않은 사람이 없을 것이다. 나는 지금까지 줄곧 그런 식으로 일해 왔다. 토마스 에디슨은 "나는 평생 단 하루도 일하지 않았다. 재밌게 놀았다!"라고 말했다. 내가 그랬다.

내 열정을 따라서

열정을 따르는 것이 잠재능력을 찾아내는 비결이다. 열정을 따르지 않고는 잠재능력을 찾아내기 어렵다. 지금도 내 기억에 생생한 사건 하나가 있다. 내가 사회생활을 처음 시작한 인디애나 주 힐햄에서 겪었던 사건이었고, 그때 내 열정과 내 잠재능력을 하나로 결합시킬 수 있었다. 나는 그곳에서 조그만 시골 교회의 목사였다. 보잘것없는 교회였다. 교회 건물은 100년이 넘어, 지붕도 한쪽이 축 처지고, 담도 금방 허물어질 것만 같았다. 첫 일요예배에 참석한 사람이 3명이었다. 내 아내, 마가렛과 나를 포함해서! 대부분의 리더였다면 그런 상황에서 실망했겠지만, 나는 조금도 실망하지 않았다.

그 농촌 마을에서 신도를 늘리겠다는 내 열정은 한도 끝도 없었다. 친구들이 우리 부부를 찾아올 때마다 나는 그들을 데리고 나가 우리 교회를 보여주었다. 모두 둘러보는 데 30초밖에 걸리지 않았지만! 나는 외진 위치, 낡은 건물, 적은 신도를 걱정하지 않았다. 내게 아무런 경험도 없다는 사실도 걱정하지 않았다. 그러나 내게는 끓어오르는 열정이 있었다. 나는 사람들을 돕고 싶었다.

그 후 수개월 동안, 내 열정은 마을 곳곳으로 뻗어갔다. 어느덧 일요일이면 교회의 빈 자리가 채워지기 시작했고, 가속도가 붙어 신도 수도 점점 늘어갔다. 그래서 나는 신도를 획기적으로 증가시킬 때가 됐다고 생각하고, 그들에게 10월의 첫 주일에는 300명의 참석을 목표로 힘껏 노력해보자고 선언했다. 모든 신도가 적극적으로 지원하고 나섰지만, 대부분이 그 목표를 불가능한 것이라 생각했다. 하기야 우리 교회의 좌석은 100석에 불과했고, 주차장은 30대를 겨우 주차시킬 정도였다. 게다가 교회 역사상 가장 많은 신도가 참석한 때도 135명이 고작이었다.

터무니없는 목표였지만 모두가 최선을 다했다. 우리와 안면이 있는 사람 모두를 초대했다. 마침내 그날이 됐을 때, 사람들이 줄지어 교회를 찾아오는 것을 보고 우리는 흥분을 금치 못했다. 많은 사람이 건물

안에 들어오지도 못했다. 식순에 따라 내가 설교하기 직전에, 장로가 "오늘 모두 299명이 출석하셨습니다!"고 발표했다.

사람들이 박수를 치며 환호했다. 그들의 기대를 훨씬 넘어선 결과였다. 그러나 나는 만족하지 않았다. 지혜보다는 열정으로 나는 강단에 서서 "오늘 우리의 목표가 무엇이었습니까?"라고 물었다.

모두가 대답했다.

"300명이었습니다."

"300명이 우리 목표였다면 우리는 300명을 채웠어야 합니다. 여러분은 찬송가를 부르고 계십시오. 저는 밖에 나가 한 사람을 더 찾아오겠습니다. 그때 우리는 예배를 끝마칠 수 있을 겁니다."

그리고 나는 통로를 성큼성큼 걸어 나갔다. 신도들이 힘껏 박수를 쳤고, 내 등을 두드리며 격려해주었다. 나는 가슴이 두근거렸다. 슈퍼볼에 출전하려고 팀원의 격려를 받으며 운동장으로 뛰어나가는 풋볼 선수라도 된 기분이었다. 교회 출입문을 빠져나갈 때까지! 내 열정이 내게 새로운 지평을 열어주었다.

나는 코앞에 당면한 과제를 맞아, "이제 어떻게 해야지?"라는 생각이 들었다. 주변을 둘러보자, 길 맞은편의 주유소 앞에 두 남자가 앉아 있는 게 보였다. 주유소 주인인 샌디 버튼과 직원 글렌 해리스였다. 나는 길을 건너 그들에게 뛰어갔다.

"그래 목표를 달성했소?"

내가 미처 길을 완전히 건너기도 전에, 샌디가 물었다. 마을 사람들 모두가 내 목표를 알고 있었다.

"아직요, 299명이 참석했습니다."

그리고 나는 교회를 가리키며 덧붙여 말했다.

"우리 목표를 달성하려면 한 사람이 더 예배에 참석해야 합니다. 두 분 중 한 분이 우리 마을의 영웅이 돼 주시지 않겠습니까?"

그들은 서로 얼굴을 마주보더니, 샌디가 말했다.

"우리 둘 다 참석하겠소!"

샌디는 주유소 앞에 '휴업'이란 팻말을 내놓았다. 그리고 우리 셋은 길을 건너 교회로 걸어갔다. 우리가 교회 건물로 들어가자, 모두가 박수를 치며 환호성을 내질렀다. 모두가 원했지만 누구도 기대하지 않았던 일이 실제로 일어났다.

열정은 포기를 모른다

인디애나 남부에 있는 그 조그만 마을 사람들은 그날부터 완전히 변했다. 물론 나도 변했다. 우리는 불가능한 일을 해냈다. 그날 저녁, 나는 낮에 있었던 일을 돌이켜보며 열정이 우리를 한 단계 끌어올렸다는 사실을 깨달았다. 열정의 힘이 변화를 이루어냈다. 변화를 위해서는 중대한 사건이 필요했고, 열정의 힘이 그 사건을 결코 잊지 못할 사건으로 바꿔놓았다. 열정이 있었던 까닭에, 나는 평소였다면 해내지 못했을 식으로 행동했다. 또 교회에는 얼씬도 않던 두 남자까지 예배에 참석하게 만들었다. 또한 열정은 우리 모두에게 승리감을 안겨주며, 자의식을 고쳐시키고 자신감을 갖게 해주었다. 그날은 우리 모두가 생각보다 훨씬 큰 잠재능력을 갖고 있다는 사실을 깨달은 날이었다.

열정이 없는 사람의 삶은 단조롭기 십상이다. 그런 사람에게는 모든 것이 '의무'로만 여겨지고, 어떤 일도 '원하는 일'이 아니다. 어린 에디의 얘기를 예로 들어보자. 에디의 할머니는 오페라를 좋아해서, 매년 정기 입장권을 구입했다. 에디가 여덟 살이 되자, 할머니는 에디를 오페라에 데려갈 때가 됐다고 생각하며 에디에게 오페라 정기 입장권을 생일 선물로 사주었다. 에디가 독일 오페라를 처음 보고 와서는 처음부터 끝까지 이럭저럭 흉내까지 내고, 독일어로 노래까지 부르자, 할머니는 무척 좋아했다.

이튿날, 에디의 어머니는 아들에게 할머니에게 감사의 편지를 쓰라고 말했다. 그래서 에디는 이렇게 편지를 썼다.

사랑하는 할머니,

생일 선물, 정말 고마웠습니다.

내가 원하던 거였어요. 하지만 그렇게 많이 원하던 것은 아니었어요.

사랑해요,

에디.

열정은 누구에게나 돈으로 환산할 수 없는 자산이다. 특히 리더에게는 없어서는 안 될 자산이다. 다른 사람들이 포기하고 떠날 때도 열정이 우리를 포기하지 않도록 붙잡아준다. 게다가 열정은 전염력이 있어, 주변 사람들까지 우리를 따르게 만든다. 열정이 있을 때 우리는 힘든 시기를 헤쳐 나갈 수 있으며, 우리에게 있는 줄도 몰랐던 힘까지 끌어낼 수 있다. 다음과 같은 자산들은 해낼 수 없는 방법으로 열정은 우리에게 기운을 북돋워준다.

재능talent만으로는 … 우리 잠재력을 극대화시킬 수 없다. 세상에는 뛰어난 재능을 지녔지만 개인적으로나 업무적으로 성공하지 못한 사람이 부지기수로 많다. 나는 이런 현실을 절감했기 때문에《최고의 나 Talent is Never Enough》라는 책을 써서 '재능만으로는 충분하지 않다'고 역설했다. 성공한 리더, 결국 성공한 사람이 되기 위해서는 재능 이상의 것이 필요하다.

기회opportunity가 주어진다고 … 우리가 저절로 정상에 올라갈 수 있는 것은 아니다. 기회가 문을 열어줄 수는 있지만, 성공을 향한 여정은 멀고 험난하다. 힘든 시기가 닥쳐도 식지 않는 열정이 없다면, 우리는 기회를 최대한 활용하지 못하고, 따라서 잠재력을 최고로 발휘할 수도 없다. 내 친구 하워드 헨드릭스Howard Hendricks는 "죽은 닭에게 알을 품게 하지 마라."고 말했다. 열정이 없는 사람에게 기회를 주는 꼴이라는 뜻이다.

지식knowledge은 … 커다란 자산일 수 있지만, 지식만으로 우리가 뭐든 할 수 있는 것은 아니다. 많이 안다고 리더가 되는 것은 아니다. 자격증이나 대학 졸업장이 없어도 리더가 될 수 있다. 미국에서 최악의 대통령으로 꼽히는 사람들은 똑똑하다고 손꼽혔던 사람들이었다. 반면에 미국 역사상 가장 위대한 대통령으로 여겨지는 에이브러햄 링컨은 정식 교육을 거의 받지 못했다. 정식 교육을 받았다고 모두 리더가 될 수 있는 것은 아니다. 나는 박사 학위를 포함해 3개의 학위를 갖고 있지만, 그 학위들 덕분에 내가 리더로 성공했다고 생각하지는 않는다.

위대한 팀great team 으로도 … 부족할 수 있다. 훌륭한 팀이 없이 리더가 성공할 수 없다는 것은 사실이다. 그러나 훌륭한 팀이 성공의 보증수표는 아니다. 가슴과 치밀한 리더십이 없는 팀은 성공하지 못한다. 또한 강한 팀이 약하고 열정도 없는 리더를 만나면, 팀마저 결국에는 약해지고 열정까지 잃어버린다. 《리더십의 21가지 불변의 법칙》에서 '자석의 법칙'에 따르면, "우리는 우리가 원하는 사람이 아니라 우리와 비슷한 사람을 끌어당긴다."

그럼, 리더가 성공하기 위해서는 무엇이 필요하겠는가? 그렇다, 열정이다. 열정이 진정한 변화를 일으킨다. 열정이 있을 때 '평범한 리더'를 넘어 '특별한 리더'가 될 수 있다. 내가 지나온 길을 돌이켜 보면, 열정이 있었던 까닭에 나는 다음과 같은 일을 해낼 수 있었다.

- 열정이 없었다면 생각하지도 못했을 일을 생각해냈다.
- 열정이 없었다면 느끼지도 못했을 것을 느꼈다.
- 열정이 없었다면 시도조차 못했을 일을 시도했다.
- 열정이 없었다면 결코 성취하지 못했을 일을 성취해냈다.
- 열정이 없었다면 만나지 못했을 사람을 만났다.
- 열정이 없었다면 동기부여를 못했을 사람들에게 동기를 부여했다.
- 열정이 없었다면 인도하지 못했을 사람들을 인도했다.

열정이 있었던 까닭에 나는 완전히 다른 삶을 살 수 있었다. GE의 최고경영자를 지낸 잭 웰치는 "앞으로는 열정적인 리더들 … 엄청난 에너지를 지녔을 뿐 아니라, 추종자들에게도 활력을 주는 사람들이 세계를 지배할 것이다."라고 말했다. 나는 오랫동안 많은 사람을 지켜봤지만 열정도 없이 잠재력을 완전히 발휘한 사람을 아직까지 본 적이 없다.

돈은 잊어라, 열정을 따르라

마크 알비온Mark Albion은 《삶다운 삶을 살아라Making a Life, Making a Living》에서, 대학을 졸업한 후에 완전히 다른 두 길을 택한 기업가들을 세밀하게 연구했다.

경영대학원 졸업생 1,500명의 이력을 1960년부터 1980년까지 추적한 연구 보고서가 있다. 처음부터 졸업생들은 두 범주로 나뉘었다. 범주 A에 속한 사람들은 먼저 돈을 벌고, 달리 말하면 돈 걱정을 해결한 후에 나중에 그들이 정말로 하고 싶은 일을 하겠다고 대답했다. 반면에 범주 B에 속한 사람들은 처음부터 관심 있는 일을 하다 보면 돈을 자연스레 따라올 거라고 대답했다.

각 범주에 속한 사람들을 백분율로 나타내면 어떤 차이가 있을까?

조사한 1,500명 중에서, 돈을 먼저 선택한 범주 A에 속한 사람이 83

퍼센트로 1,245명이었다. 반면에 위험을 감수한 범주 B에 속한 사람은 17퍼센트로 255명에 불과했다.

20년 후, 그들 중에는 101명의 백만장자가 있었다. 그런데 범주 A에 속한 사람은 1명에 불과했고, 나머지 100명은 모두 범주 B에 속한 사람들이었다.

이 연구 보고서를 작성한 스럴리 블로트닉 Srully Blotnick 은 "부자가 된 사람들 중 압도적 다수가 열의를 갖고 열중할 수 있는 일을 한 덕분에 부자가 됐다 … 그들은 즐기면서 일할 수 있는 분야에 뛰어들었기 때문에 '행운'까지 거머쥘 수 있었다."고 결론지었다.[4]

우리가 진정으로 열정을 쏟을 만한 일을 할 때 그 결과는 완전히 다르다. 열정이 우리를 활력과 열망을 채워주고, 성공하겠다는 의지를 준다. 작가 데이비드 암브로스 David Ambrose 는 "성공하겠다는 의지가 있을 때 우리는 이미 절반의 성공을 거둔 것이다. 반면에 성공하겠다는 의지가 없으면, 이미 절반은 실패한 셈이다."라고 말했다. 당신의 잠재력을 극대화시키고 싶다면 당신의 열정부터 먼저 찾아내라.

내 열정이 곧 내 소명이었고 내 직업이었다는 점에서 나는 행운아였다. 나는 힐햄에서 일하던 시절에, 내 열정과 내 잠재력 간에 관련이 있다는 것을 깨달았다. 그 후로 거의 40년 동안, 내가 하는 일을 사랑하고, 내가 사랑하는 일을 한다는 데서 나는 끝없는 활력을 얻었다.

대부분의 사람은 일과 놀이를 구분한다. 일은 그들이 언젠가 하고 싶은 일을 하기 위해서, 또 지금 생계를 꾸리기 위해 반드시 해야 하는 것이라 생각한다. 하지만 그런 식으로 살아서는 안 된다. 당신이 좋아하는 일을 선택하고, 그 선택이 당신의 삶에서 효과를 발휘하도록 적절히 조절하라. "무언가를 안다는 것은 그것을 좋아하는 것만 못하고, 좋아하는 것은 즐기는 것만 못하다."라는 공자의 가르침을 기억하라. 일과 놀이의 경계가 어디인지 알 수 없는 직업이 최고의 직업이다.

EXERCISE
FOR
LEADE

다른 사람이 포기하고 떠날 때에도 열정이 우리를 붙잡아준다

—— 1 　당신의 진정한 열정은 무엇인가? 당신이 무보수라도 일할 정도로 좋아하는 일이 있는가? 지금까지 이런 생각을 해본 적이 없다면, 지금이라도 그런 일의 목록을 작성해보라.

—— 2 　현재의 일을 얼마나 열정적으로 하는가? 당신 직업을 일이라 생각하는가, 놀이라 생각하는가? 어떤 일이나 부정적인 면을 갖는다. 따라서 어떤 일도 항상 재밌지는 않다. 그러나 좋아하는 일은 잡일로 여겨지지 않는다. 당신은 지금 하는 일에 투자하는 시간의 몇 퍼센트나 즐기면서 하는가? 다음의 기준을 바탕으로 당신이 지금 하는 일의 적합성을 판단해보라.

- 90% 이상: 당신은 좋아하는 일을 하고 있다. 축하한나!
- 75%~89%: 당신의 열정에 맞춰 약간의 미세한 조종이 필요하다.
- 50%~74%: 대대적인 조종이 필요하다.
- 49% 이하: 직업이나 직종의 전환이 필요하다.

—— 2 　당신의 열정을 따르고 있는가? 당신이 90퍼센트 이상의 범주에 들지 않는다면 어떤 조종을 할지 고민해봐야 한다. 같은 조직에서 다른 업무를 해보는 것도 괜찮은 방법 중 하나이다. 물론, 조직을 바꿔보는 것도 도움이

될 수 있다. 반면에 50퍼센트 미만의 범주에 속해 있다면, 위에서 첫 질문을 대답할 때 생각했던 방향의 일로 직업이나 직종을 전환하는 것을 고려해봐야 한다.

당신이 위에서 어떤 범주에 속하든 간에 변화를 위해 당신에게 필요한 조치를 치밀하게 생각해보고 글로 써보라.

 Mentoring Point ——

일터에서 대부분의 조직원은 보스를 위해 일하는 데 길들여져 있지만, 보스는 끝내야 할 일에 대해서만 신경 쓸 뿐, 조직원을 인간으로 배려하지 않는다. 달리 말하면, 조직원이 평생 추구할 만한 목표와 열정을 찾아내는 데 적극적으로 도움을 주려는 리더는 찾아보기 힘들다. 당신이 이런 추세에 변화를 줄 수 있는 주역일 수 있다. 당신에게 가르침을 받은 신규 리더들과 마주보고 앉아, 그들이 가장 중요하게 생각하는 것에 대해 이런저런 질문을 던져보라. 당신이 그들을 지켜보며 관찰한 결과를 그들에게 허심탄회하게 얘기해주라. 그들이 현재 맡고 있는 일이 적합하지 않다고 생각되면, 업무나 부서의 전환, 심지어 조직의 전환까지 고려할 수 있어야 한다.

LEADERSHIP
GOLD

6

최고의 리더는
잘 듣는 사람이다

―――― 리더십은 이해에서 시작된다.

―――― 속삭이는 소리에 귀를 기울여라. 그럼 고함 소리는 들을 필요도 없다.(체로키 속담)

―――― 모든 지속적인 관계의 토대인 신뢰는 경청에서 시작된다.(브라이언 트레이시)

스티븐 샘플Steven Sample은 《창조적인 괴짜들의 리더십The Contrarians' Guide to Leadership》에서, "보통 사람은 3가지 착각에 빠져 지낸다. (1) 나는 운전을 잘 한다, (2) 나에게는 괜찮은 유머감각이 있다, (3) 나는 잘 듣는 사람이다."라고 말했다. 나도 셋 모두에서 그렇게 착각하고 살았다.

나와 함께 일하던 한 부인이 내게 남의 말을 잘 듣지 않는 습관이 있다고 나무라던 모습이 아직도 기억에 생생하다. 그녀는 "존, 사람들이 당신한테 얘기할 때 당신은 주변을 두리번거리며 딴 생각을 하고 있는 것처럼 보여요. 당신이 우리 얘기를 듣고 있는 건지 모르겠단 말이에요!"라고 나를 나무랐다.

대부분의 사람이 그렇듯이 나도 '훌륭한 경청자'라고 자부해왔기 때문에, 그런 지적에 나는 깜짝 놀랐다. 나는 잘못했다고 사과했다. 나는 그런 쓴소리를 해준 부인의 의견을 믿고 받아들였다. 상관인 내게 그녀가 그런 지적을 할 때는 얼마나 큰 용기가 필요했겠는가! 그리고 변하려고 노력하기 시작했다. 일례로 나는 회의를 할 때마다 '들어라listen'는 충고를 되새기기 위해 수첩의 한쪽 구석에 'L'을 습관처럼 써두었다. 또 남의 말을 들을 때는 상대의 얼굴을 '쳐다봐야 한다look'는 것을 잊지 않기 위해 'LL'이라 쓰기도 했다. 덕분에 내 리더십은 크게 달라졌다.

스티븐 샘플은 "대다수의 리더가 뛰어난 경청자이지만, 말하는 것이 듣는 것보다 더 중요하다고 생각하는 것이 사실이다. 그러나 괴짜 리더들은 먼저 듣고 나중에 말하는 것이 더 낫다고 생각한다. 게다가 그들이 남의 말을 듣는 기술은 거의 예술이다."라고 말했다.

훌륭한 경청자가 될 때 얻는 긍정적 효과는 생각보다 훨씬 크다. 최근에 나는 짐 레인지Jim Lange의 책, 《빌어먹는 기술Bleedership》에서 아주 재밌는 얘기를 읽었다.

두 벽창호가 숲에서 사냥을 하고 있었다. 갑자기 한 사람이 땅에 풀썩 쓰러졌다. 눈동자가 뒤로 돌아가고 숨을 쉬지 않는 것 같았다.

다른 남자가 휴대폰을 재빨리 꺼내 911에 전화를 걸었다. 그는 숨이 넘어가는 소리로 교환원에게 말했다.

"부바가 죽었습니다! 어떻게 하면 좋죠?"

교환원은 달래는 목소리로 차분하게 말했다.

"진정하십시오. 제가 도와드리겠습니다. 먼저, 친구 분이 죽었는지 다시 확인해주십시오."

잠시 침묵이 흘렀고, 갑자기 총소리가 들렸다.

그리고 남자의 목소리가 들렸다.

"됐습니다. 다음엔 뭘 하죠?"

앞뒤가 꽉 막힌 벽창호의 이런 얘기에서 보듯이, 우리는 귀가 뚫려 말을 듣기는 하지만 실제로 전달하려는 말을 귀담아 듣지 않는다. 위의 얘기에서 사냥꾼은 교환원의 말을 듣고, 기계적으로 받아들여 친구의 숨통을 완전히 끊어버렸다. 그러나 사냥꾼이 교환원의 말에 담긴 뜻까지 들었더라면 친구에게 총을 쏘았을지 의문이다.[5]

위의 얘기가 터무니없게 들릴 수도 있겠지만, 이 얘기에는 중요한 진실이 담겨 있다. 우리가 귀담아 듣지 않고 건성으로 들을 때 우리의 리더십도 벽에 부딪치게 마련이다. 덩달아 우리의 추종자들까지 고통을 받는다.

내가 언젠가 읽은 연구 보고서에 따르면, 우리는 상대가 한 말의 절반만 듣고, 그 절반만 귀담아 들으며, 그 절반만 이해하고, 그 절반만 믿으며, 또 그 절반만 기억한다. 이런 주장을 하루 8시간의 노동에 적용해보면 다음과 같이 해석된다.

- 우리가 하루 일과의 절반, 약 4시간을 듣는 데 보낸다면,
- 우리는 2시간 가량 남의 말을 듣는다.
- 우리가 실제로 귀담아 듣는 시간은 1시간 남짓하다.
- 우리는 30분 분량의 말만 이해한다.
- 우리는 15분 분량의 말만 믿는다.
- 우리 기억에 남는 말은 8분 분량에도 미치지 못한다.

점수로 따지면, 아주 형편없는 성적이다. 결국, 우리가 적극적으로 듣는 데 한층 힘써야 한다는 뜻이기도 하다.

경청하는 리더가 유능한 리더인 이유

유능한 리더가 되고 싶은 욕심에 나는 오랫동안 많은 리더를 유심히 관찰했고, 유능한 리더들이 어떻게 남들의 말에 귀를 기울이는지 눈여겨보았다. 그 결과로, 경청이 리더십에 미치는 영향에 대해 다음과 같은 결론을 끌어낼 수 있었다.

상대를 이끌기 전에 먼저 이해해야 한다

리더십은 이해에서 시작된다. 리더로서 책임을 다하기 위해서는 조직원의 마음을 꿰뚫어봐야 한다. 팀원들의 바람과 꿈에 민감하게 반응할 때 팀원들과 교감하며 그들에게 동기를 부여할 수 있다.《리더십의 21가지 불변의 법칙》에서 나는 "리더는 팀원들에게 도움을 청하기 전에 그들의 마음을 움직여야 한다."는 '친밀의 법칙Law of Connection'을 제시했다. 상대의 말을 귀담아 듣고 상대를 이해하려 노력하지 않으면 상대와 친밀한 교감을 나눌 수 없다. 게다가 친밀한 교감을 나누지도 않는 사람에게 도움을 청하는 것은 떳떳하지도 않고, 큰 효과를 기대하기도 힘들다. 따라서 팀원들과 효과적으로 교감을 나누고 싶다면, 팀원들을 이해하는 데 먼저 집중해야 한다.

경청은 최고의 학습 방법이다

우리에게 입은 하나인데 귀는 둘인 이유는 자명하다. 듣지 못하면 새로운 것을 배울 기회마저 크게 상실한다. "보는 것이 믿는 것이다."라는 말을 들어보았을 것이다. 듣는 것도 마찬가지이다. 토크쇼 사회자,

래리 킹은 "나는 매일 아침, '오늘 내가 하는 말은 내게 아무것도 가르쳐주지 않는다. 따라서 내가 새로운 것을 배우려 한다면 귀담아 들어야 한다'는 말을 되새긴다."라고 말했다.

1997년 우리는 조지아 주 애틀랜타로 이주했다. 아프리카계 미국인 공동체가 그 도시에 미친 영향을 파악하는 데는 거의 시간이 걸리지 않았다. 나는 그 공동체 사람들과 친밀한 관계를 맺고, 그들의 인생 역정에 대해 알고 싶었다. 그래서 친구인 샘 챈드Sam Chand에게 그 공동체의 리더들과 점심 식사를 함께하는 자리를 마련해달라고 부탁했다. 그 만남은 내 삶에서 가장 많은 것을 배운 시간이었다. 나는 많은 질문을 했고, 멋진 얘기들을 귀담아 들었다. 그 후로도 나는 새 친구들과 점심 식사를 함께할 때마다, 나를 기꺼이 만나준 그들에게 경의를 표하며 그들이 살아온 삶의 얘기를 경청했다. 내가 리더로서 상당한 경력을 지닌 것을 알고 그들은 놀라워하며, 그들이 내게 리더십에 대해 배워야 하겠다고 말했다. 그러나 그 시간에는 내가 학생이었고 그들이 선생이었다. 내가 선생 노릇을 했다면 나는 그들에게 아무것도 배우지 못했을 것이다. 지금도 나는 그때 점심 식사를 함께하며 내 친구가 됐던 그들에게 귀를 기울이며 많은 것을 배운다.

경청은 문제의 악화를 막는 비결이다

체로키 부족에는 "속삭이는 소리에 귀를 기울여라. 그럼 고함 소리는 들을 필요도 없다."라는 속담이 있다. 훌륭한 리더는 작은 문제에도 심혈을 기울인다. 훌륭한 리더는 직관의 소리에도 귀를 기울이고, 말해지지 않은 것까지 찾아내려 애쓴다. 그렇게 하려면, 단순히 잘 듣는 기술만으로는 부족하다. 요컨대 사람의 마음을 이해할 수 있어야 한다. 상대에게 정직한 대화를 요구하고, 그런 요구를 받아도 위축되지 말라고 요구할 수 있을 만큼 안심하고 믿을 만한 사람이 돼야 한다는 뜻이다. 유능한 리더가 되기 위해서는 당신이 듣고 싶은 말이 아니라, 당신이 반드시 들어야 할 말을 팀원들이 허심탄회하게 말할 수 있도록 해주어야 한다.

콘티넬탈 항공회사 최고경영자를 지낸 고든 베튠Gordon Bethune은 이런 생각을 한층 발전시켜, "당신이 방향을 상실하면 사장실 문을 발로 걸어차 열고 닫을 수 있는 직원들을 고용하라. 어떤 직원의 의견이 당신의 마음에 들지 않으면 무시해버릴 수도 있다. 그러나 그 직원이 자료를 제시하며 자신의 의견을 뒷받침하면, 냉정한 지성으로 당신의 자만심을 억누를 수 있어야 한다."고 충고했다.6

우리가 권위를 갖게 될 때 흔히 저지르는 공통된 실수는 함께 일하는 사람들을 닦달하는 조급함이다. 리더들은 결과를 바란다. 안타깝게도 그런 행동은 때때로 리더들의 귀까지 막아버린다. 그러나 닫힌 귀는 마음의 문까지 닫겠다는 첫 징조일 뿐이다. 마음의 문이 닫히면 당신의 리더십은 치명적인 상처를 입게 된다.

대부분의 리더가 리더십의 사다리에서 높이 올라갈수록, 더 많은 권한을 휘두르는 대신에 조직원의 말에는 귀를 닫는 경향이 짙어진다. 그러나 높이 올라갈수록 더 많이 들어야 한다! 리더는 현장에서 멀어질 수밖에 없기 때문에, 정확한 정보를 구하기 위해서라도 많은 사람에게 들어야 한다. 따라서 경청하는 습관, 신중하고 영리하게 경청하는 습관을 형성하지 못하면, 필요한 정보를 구할 수 없다. 리더가 방향을 잡지 못하고 어둠 속에서 헤매면, 조직에게 닥치는 문제는 점점 악화될 뿐이다.

경청에서 신뢰가 싹튼다

유능한 리더는 훌륭한 의사소통자이기도 하다. 그렇다고 말을 잘하는 사람이란 뜻은 아니다. 의학박사이며 펜실베이니아 대학교 정신의학 교수인 데이비드 번스David Burns는 "우리가 설득력 있게 말하려고 할 때 가장 흔히 저지르는 실수는 우리 생각과 감정을 표현하는 데 최우선 순위를 둔다는 점이다. 그러나 대부분의 사람은 자신의 말을 들어주고 존중해주며 이해해주기를 바란다. 우리에게 이해받고 있다고 느낄 때 그들은 우리의 관점을 적극적으로 이해하려는 의욕을 갖게 된다."라고 지적했다.

대중 강연자인 브라이언 트레이시Brian Tracy는 "모든 지속적인 관계의 토대인 신뢰는 경청에서 시작된다."라고 말했다. 내 여직원은 내게 남의 말을 신중하게 듣지 않는다고 나무랐지만, 그 속뜻까지 따져보면 내가 믿음직하지 않다는 뜻이었다. 그녀는 나를 믿고 그런 속내와 감정을 숨김없이 드러냈는지 모르겠지만, 여하튼 그 후로 나는 더 신중한 경청자가 됐고 그녀의 신뢰를 얻을 수 있었다.

리더가 추종자들의 말을 귀담아 듣고 더 나은 방향으로 자신을 개선해 나아간다면, 추종자들과 조직 전체를 위해서도 이익이며, 추종자들은 리더를 더 깊이 신뢰하게 마련이다. 그러나 리더가 추종자들의 말을 무시한다면 리더와 추종자의 관계마저 위험에 빠진다. 리더가 그들의 말을 귀담아 듣는다고 생각하지 않을 것이기 때문에, 그들의 말을 경청해줄 다른 리더를 찾아 나설 것이다.

경청은 조직의 발전을 위한 밑거름이다

리더가 추종자들의 말을 경청할 때 조직도 점점 나아진다는 것은 철칙이다. 전 크라이슬러 회장, 리 아이아코카Lee Iacocca는 "경청이 평범한 회사와 위대한 회사를 판가름할 수 있다."고 주장했다. 달리 말하면, 고객과 근로자와 중간 리더 등 조직의 모든 계층에 근무하는 조직원들의 말을 귀담아 들으라는 뜻이다.

　미국에서 가장 큰 외식업체의 하나로 댈러스에 본사를 둔 칠리스는 리더들의 경청을 최고의 장점으로 내세웠다. 칠리스의 옛 소유자였고 회장까지 지낸 노먼 브린커Norman Brinker는 상호적인 의사소통이 직원과 고객 모두와 좋은 관계를 유지하는 비결이라고 믿었고, 그런 의사소통에는 반드시 커다란 보상이 뒤따른다는 사실을 경험으로 터득했다. 실제로 칠리스의 메뉴 중 80퍼센트가 단위 매장 관리자들의 제안으로 개발된 것이었다.

　경청에는 보상이 뒤따른다. 리더처럼 생각하고 균형 잡힌 시각을 유지하는 한, 많이 알수록 현명한 판단을 내릴 수 있기 때문이다. 니콜로 마키아벨리Niccolo Machiavelli는 《군주론》에서 "세 종류의 인간이 있다. 첫째는 혼자 생각할 수 있는 사람이고, 둘째는 남의 생각을 이해하는 사람이며, 셋째는 혼자 생각하지도 못하고 남의 생각을 이해하지도 못하는 사람이다. 첫 번째 부류가 가장 뛰어나고, 두 번째 부류는 뛰어나며, 세 번째 부류는 쓸모없는 사람이다."라고 말했다. 훌륭한 리더가 되기 위해서는 혼자 힘으로 생각할 수도 있어야 하지만, 남의 생각을 이해하고 거기에서 배울 수도 있어야 한다.

경청하지 않고 리더가 될 수 있을까? 가능하기는 하다. 대신 조직원들은 당신에게 귀머거리를 위해 일을 한다고 말할 것이다. 경청하지 않고 '훌륭한' 리더가 될 수 있을까? 절대 불가능하다. 훌륭한 경청자가 되지 않고는 누구도 최고의 수준에 오를 수 없고, 그의 조직을 최고의 수준까지 끌어올리지 못한다. 그 이유는 간단하다. 조직원들이 누구이고 무엇을 바라며, 또 조직원들이 어떤 생각을 하고 무엇을 걱정하며 무엇을 하고 있는지 모르는 리더가 그들의 능력을 어떻게 최대로 끌어낼 수 있겠는가! 그들의 목소리를 들어야만 그들의 바람이 뭔지 알 수 있다.

작가이며 강연자인 짐 론 Jim Rohn 은 "당신이 누구에게나 줄 수 있는 최고의 선물은 관심이다."라고 말했다. 나도 이 말에 전적으로 동의한다. 그러나 추종자들의 말을 귀담아 들어주면, 추종자에게만 선물을 주는 것이 아니다. 리더에게도 이익이다. 리더는 귀를 크게 열면 여러 사람의 지혜와 지식, 통찰력을 얻고, 존경까지 받을 수 있다. 또한 조직의 모든 자산을 활용해, 조직의 목표를 성취하는 데 매진할 수 있다. 정말 얼마나 기막힌 선물인가!

EXERCISE
FOR
LEADER

지속적인 관계의 토대인 신뢰는 경청에서 시작된다

—— **1**　당신이 얼마나 듣는지 점검해보라. 회의에 참석하기 전에 비서나 동료에게 당신이 발언하는 데 시간을 얼마나 쓰고, 남의 말을 듣는 데 시간을 얼마나 쓰는지 조사해달라고 부탁하라. 회의 시간의 80퍼센트를 듣는 데 투자하지 않는다면 개선할 필요가 있다. 수첩에서 눈에 잘 띄는 곳에 'L'이라 써두고 듣는 데 힘쓰라.

—— **2**　당신이 자신의 말을 건성으로 듣는다고 아쉬워하는 사람이 누구인가? 당신이 주변 사람들의 말을 귀담아 듣지 않는다면, 그들의 아쉬운 마음이 얼굴 표정에서 드러나게 마련이다. 당신의 삶에서 가장 중요한 사람들에 대해 생각해보라. 나중에라도 그들과 대화하게 되면, 당신이 하던 일을 완전히 멈추고 그들에게만 관심을 집중시켜라. 그들이 말을 할 때는 그들의 눈을 똑바로 쳐다보라. 그들의 표정에서 놀라거나 회피하거나 적대감이 엿보이면, 당신이 과거에게는 그들의 말에 귀를 기울이지 않았다는 증거일 수 있다. 이 문제를 두고 솔직하게 대화를 나눠보라. 당신이 과거에는 듣는 데 소홀했는지 묻고, 그들에게 솔직히 대답해달라고 부탁하라. 어떤 이유로도 변명하지 마라. 당신의 문제를 확실히 찾고, 필요하다면 정중히 사과하라.

—— **3**　당신은 남의 의견을 구하는 데 소홀하지 않았는가? 유능한 리더는 적극적으로 듣는 사람이다. 달리 말하면, 유능한 리더는 뭔가를 말하려고

다가오는 사람의 말을 귀담아 듣는 것으로 그치지 않는다는 뜻이다. 그들은 윗사람만이 아니라 동료와 아랫사람 등 모든 사람의 생각과 의견, 기분까지 알아보려 한다. 당신이 핵심적인 팀원들의 말을 듣는 데 소홀했다면, 지금이라도 그들을 찾아가 의견을 구하고 경청하라.

 Mentoring Point ——

당신에게 가르침을 받는 신규 리더들에게 '듣는 숙제'를 내주어라. 모두가 참석하는 회의에서 그들에게 전적으로 '경청자'의 역할만 하라고 요구하라. 그들에게 (1) 회의에서 논의된 내용을 글로 작성하고, (2) 참석자들의 손짓이나 표정과 반응까지 찾아서 기록하며, (3) 회의실에서 그들이 받은 느낌과 말해지지 않은 것을 빠짐없이 작성하라고 해보라. 회의가 끝난 후, 그들이 기록한 내용과 결론을 두고 토론해보라. 당신이 관찰한 결과도 그들에게 알려주라.

LEADERSHIP
GOLD

7

강점을 찾아
강점에 집중하라

——— 누구에게나 삶의 목표는 자신의 타고난 재능과 밀접한 관계가 있다.

——— 당신만이 가진 능력을 찾아내고, 그 능력을 개발하는 데 집중하라.(짐 선드버그)

——— 조직이 존재하는 이유는 조직원들의 강점을 살리고 그들의 약점을 무력화시키는
데 있다. 그 역할은 유능한 리더의 몫이기도 하다.(프랜시스 헤셀바인)

당신은 리더십에 대해 가장 먼저 배웠던 교훈을 기억하는가? 나는 아직도 기억한다. 내 아버지에게 배운 교훈이었다. 아버지는 틈날 때마다 우리 남매에게 "너희가 무엇을 잘하는지 찾아내서 꾸준히 계속하거라."고 가르쳤다. 또 아버지와 어머니는 우리가 집을 떠나 독립하기 전에 각자의 강점을 찾아내 개발하도록 최선을 다해 도왔다.

아버지도 이 교훈을 좌우명으로 평생을 살았다. 아버지가 가장 좋아하는 성경 구절의 하나는 "이 한 가지만은 내가 할 수 있다."였다. 아버지는 강점인 분야에 집중하는 능력이 남달랐다. 일단 시작한 일은 끝내려는 결단력과 더불어, 강점에 집중하는 능력 덕분에 아버지는 내 삶에서 언제나 가장 큰 영감을 불어 넣어주는 원동력이었다.

강점을 찾아서

나는 사회에 첫발을 내딛을 때부터 내 강점 분야를 찾아서, 그 분야에서 일하겠다고 다짐했다. 하지만 처음 몇 년 간은 좌절과 실망의 연속이었다. 미숙한 리더가 흔히 그렇듯이 나도 내가 정말 잘하는 일을 찾기 위해서 수많은 시행착오를 겪었다. 게다가 내가 어떤 일을 해내고, 어떻게 인도할 거라는 많은 사람의 기대가 내 강점과 항상 일치하는 것도 아니었다. 내게 주어진 책임과 의무 때문에, 내게 그럴 만한 능력과 재능도 없는 일을 해내야 할 때도 있었다. 그 결과로 나는 무능한 리더로 비치기도 했다. 이런 우여곡절을 겪은 끝에 내 강점 분야를 찾아내고, 내 약점을 보완해줄 사람을 채용해 훈련시키는 데 적잖은 시간이 걸렸다.

당신이 리더로 첫발을 내딛었고, 당신의 강점이 어디에 있는지 아직 확실히 모르더라도 실망할 것은 없다. 인내심을 갖고 꾸준히 찾아가면 된다. 당신이 이제야 사회생활을 시작했든, 경력의 절정기를 맞았든 그런 것은 중요하지 않다. 강점 분야에서 일하면 당신은 더 크게 성공할 수 있다.

개인에게 성공이란?

나는 많은 사람에게 성공의 정의를 숱하게 들었다. 나는 삶의 단계마다 성공을 다른 관점에서 정의했다. 그러나 15년 전부터는 목표에 상관없이 누구에게나 똑같이 적용되는 듯한 정의에 맞춰 살려고 노력해왔다. 그 정의에 따르면, 성공은

- 삶의 목표를 아는 것이다.
- 잠재력을 최대한 발휘하는 것이다.
- 다른 사람들에게 도움을 주는 씨를 뿌리는 것이다.

지금 이런 일을 해낼 수 있다면 당신은 성공한 사람이다. 그러나 당신이 강점 분야를 찾아 그 일에 매진하지 않는다면 셋 중 어느 하나도 가능하지 않다.

이쯤에서 내가 좋아하는 얘기 하나를 소개해보자. 동네 꼬마들이 나무집을 짓고 자체의 모임을 결성했다. 아이들이 투표로 직책까지 결정했다는 소문이 있기는 했지만, 네 살짜리가 회장으로 당선됐다는 말을 듣고 어른들은 깜짝 놀랐다.

한 아이의 아버지가 말했다.

"그 아이는 타고난 리더인 모양이구나. 그렇지 않으면 어떻게 너처럼 큰 아이들이 개를 회장으로 선출할 수 있었겠니?"

그 아이가 말했다.

"그런 건 모르겠고요. 여하튼 개는 글을 읽을 줄도 쓸 줄도 몰라서 시기를 할 수는 없어요. 또 계산을 할 줄도 모르니까 회계를 볼 수도 없고요. 또 너무 어려 돌을 던질 힘도 없으니까 경호원도 할 수 없어요. 하지만 우리가 개한테 아무 일도 맡기지 않으면 개가 실망할 거잖아요. 그래서 우리가 개를 회장으로 뽑아준 거예요."

물론 현실 세계에서 이런 일은 있을 수 없다. 다른 역할을 맡을 것이 없어 리더가 된 사람이 유능한 리더가 될 수는 없다. 리더라면 뚜렷한 목표가 있어야 하고, 강점을 살려 일할 수 있어야 한다.

나는 사람들에게 조언을 하거나 그들이 삶의 목표를 찾도록 도와줄 때마다, 단점을 멀리하고 강점을 찾아가는 방향으로 변화를 시작하라고 용기를 북돋워준다. 그 이유가 무엇일까? 누구에게나 삶의 목표는 자신의 타고난 재능과 밀접한 관계가 있기 때문이다. 삶의 목표는 언제나 그런 식으로 정해져야 한다. 구체적으로 말하면, 별다른 재능도 없는 일을 하라고 우리가 이 땅에 태어난 것은 아니다. 따라서 강점을 찾아내서 그 분야의 일을 하면서 삶의 목표까지 찾아내는 것이 우리의 의무이다.

이와 마찬가지로, 우리가 강점을 발휘할 수 없는 분야에서 계속 일한다면 우리의 잠재능력을 최대한 끌어낼 수도 없다. 개선은 능력과 비례한다. 타고난 능력이 있을 때 개선할 가능성도 크다. 약점을 보완해야 잠재능력을 발휘할 수 있다고 주장하는 사람들이 있기는 하다. 그러나 당신의 약점을 보완하는 데 시간을 투자하고 강점을 개발하지 않는다면 어떻게 되겠는가? 그 결과는 불을 보듯 뻔하다. 아무리 열심히 일하고 발버둥 쳐도 평범의 수준을 벗어나지 못한다. 누구도 평범한 것에는 박수를 보내지 않고, 큰 보상을 주지 않는다.

성공의 마지막 조각, 즉 다른 사람을 돕는 삶을 살라는 원칙의 성취 여부는 우리가 최고의 능력을 발휘하느냐에 달려 있다. 우리가 먹다 남은 찌꺼기만 주거나, 평범하게 일해서는 세상을 변화시킬 수 없다. 우리가 최고의 능력을 발휘할 때 다른 사람들에게 가치를 더해주고, 그들의 사기도 북돋워줄 수 있다.

당신만의 강점을 찾아라

영국의 시인이며 사전편찬자인 새무얼 존슨Samuel Johnson은 "거의 모든 사람이 있지도 않은 재능을 과시하려 하면서 삶의 적잖은 시간을 낭비한다."라고 말했다. 주변 사람들의 말만 믿고 당신에게 있지도 않은 재능이 있다고 착각하면, 당신의 진정한 강점을 찾는 데 어려움을 겪게 마련이다. 이런 문제를 피하기 위해서는 먼저 당신이 어떤 사람인지 정확히 알아야 한다. 다음과 같은 과정을 거치면 당신의 강점에 도움이 될 것이다.

"내가 무엇을 잘하는가?"라고 물어라

잠재력을 발휘한 사람들은 "내가 어떤 일을 올바로 해내고 있는가?"라는 질문보다 "내가 어떤 일을 잘하는가?"라는 질문의 답을 구하는 데 더 많은 시간을 투자한다. 앞의 질문이 도덕적 차원의 질문이라면, 뒤의 질문은 재능을 찾아내기 위한 질문이다. 물론 우리는 어떤 일이든 올바르게 하려고 애써야 한다. 그러니 올바른 일을 한다고 우리의 재능을 찾아내는 데 도움이 되는 것은 아니다.

구체적으로 접근하라

우리는 강점을 찾아내려 할 때 지나치게 넓게 생각하는 경향이 있다. 현대 경영의 아버지라 일컬어지는 피터 드러커Peter Drucker는 "정말 불가사의한 현상은 우리가 대부분의 일을 제대로 못하는 것이 아니라 가끔 어떤 일을 무척 잘 해낸다는 것이다. 유일하게 보편적인 특성이 있다면 무능력이다. 강점은 언제나 구체적이고 한정적이다. 위대한 바이올리니스트 야사 하이페츠Jascha Heifetz가 트럼펫을 제대로 불지 못했다고 누구도 지적한 적이 없었다."라고 말했다. 강점을 구체적으로 찾아갈수록 당신의 '꿀단지'를 찾아낼 확률이 높아진다. 강점의 한가운데에서 일할 가능성이 있는데 주변에서 기웃거릴 이유가 어디에 있는가?

남들이 무엇을 칭찬하는지 귀담아 들어라

우리는 자신의 재능을 당연하게 생각하는 경향이 있다. 우리가 어떤 일을 잘하면, 누구나 그 일을 잘할 거라고 생각하기 때문이다. 그러나 그렇지 않다. 우리가 어떤 재능이나 기술을 대수롭게 생각하지 않는다면 어떻게 강점을 찾아낼 수 있겠는가? 남의 말에 귀를 기울여야 한다. 강점은 남의 눈에 띄게 마련이고, 그 강점 때문에 남들이 우리를 찾게 마련이다. 그러나 우리가 약한 분야에서 일하면 누구도 우리에게 관심을 보이지 않는다. 남들이 특정한 분야에서 당신을 꾸준히 칭찬하면, 그 분야를 집중적으로 개발하기 시작하라.

경쟁력을 점검하라

자신을 다른 사람과 비교하면서 시간을 죽이고 싶은 사람은 없을 것이다. 그런 비교는 바람직하지도 않다. 그러나 남들이 훨씬 더 잘하는 일을 하면서 시간을 낭비하고 싶은 사람도 없다. GE의 전 최고경영자, 잭 웰치는 "경쟁우위에 있지 않은 분야에서는 경쟁하지 마라."고 말했다. 평범한 것에 흔쾌히 큰돈을 지불할 사람은 없다. 당신이 경쟁자보다 더 낫게 할 재능이 없다면 다른 분야로 눈을 돌리는 편이 낫다.

경쟁 관계에서 당신의 위치를 명확히 알고 싶다면 다음의 질문을 자신에게 던져보라.

- 내가 하는 일을 다른 사람들도 하고 있는가?
- 그들이 그 일을 잘하고 있는가?
- 그들이 나보다 그 일을 더 잘하고 있는가?
- 내가 그들보다 더 나아질 수 있을까?
- 내가 더 나아지면 결과가 어떻게 될까?
- 내가 더 나아지지 못하면 결과가 어떻게 될까?

마지막 질문의 대답은 따져볼 것도 없다. '당신의 실패'로 끝난다! 왜 그럴까? 당신이 그들의 강점 분야에서 일하고 있기 때문이다! 당신의 강점 분야에서 일하고 있지 않기 때문이다.

올스타에도 선정된 적이 있는 야구선수, 짐 선드버그Jim Sundberg는 "당신만이 가진 능력을 찾아내고, 그 능력을 개발하는 데 집중하라."고 충고했다. 나도 그렇게 하려고 항상 노력했다. 나는 내 강점 중 하나가 의사소통 능력이라는 것을 오래 전에 깨달았다. 사람들은 내 강연을 들을 때마다 동기를 부여받았다. 그 후로 동기부여 강연자들과 함께하는 행사에서 내게도 강연을 해달라는 기회가 자주 주어졌다. 그들은 강연에 능수능란한 사람들이어서, 그런 요청을 받았을 때 나는 무척 겁났다. 그러나 나는 그들의 강연을 유심히 들으면서 "저 사람들과 나를 차별화시키려면 어떻게 해야 할까?"라고 끊임없이 생각하고 연구했다. 내가 그들보다 뛰어날 수는 없어도 그들과 다를 수는 있다고 생각했기 때문이다. 시간이 지나면서, 나는 그들과 차별화시키는 방법을 찾아냈고 그 방법을 발전시켜 나아갔다. 요컨대 나는 동기부여 '강사'에서 그치지 않고 동기부여 '스승'이 되려고 노력했다. 사람들이 내 강연을 즐기는 동시에, 내가 그들에게 가르쳐주는 교훈을 삶에 바로 적용할 수 있기를 바랐다. 거의 20년 동안 나는 나만의 차별성을 개발해 발전시켜왔다. 그 차별성이 내 틈새였고, 내 강점이었다.

성공한 리더가 되기 위해서는 조직원의 강점을 찾아내 개발하라

각 분야에서 성공한 사람들을 분석해보면, 그들이 강점 분야에서 일하고 있다는 사실을 확인할 수 있다. 그러나 리더로서 성공하고 싶다면 자신의 강점 분야에서 일하는 것만으로는 충분하지 않다. 훌륭한 리더는 조직원의 강점까지 찾아내, 그들이 그 분야에서 일할 수 있도록 해주어야 한다. 따라서 최고의 리더라면 조직원들의 특별한 능력과 한계를 알아보고, 그들에게 최고의 능력을 발휘할 수 있는 업무를 맡기는 능력까지 겸비해야 한다.

안타깝게도 대부분의 사람이 강점 분야에서 일하지 못해, 그들의 잠재력을 완전히 끌어내지 못하고 있다. 갤럽이 무려 170만 명을 대상으로 조사를 단행했다. 조사 결과에 따르면, 20퍼센트의 근로자만이 업무 현장에서 매일 그들의 장점을 발휘하는 듯하다고 대답했다.[7] 내 생각에 이런 결과는 리더의 잘못이 크다. 리더들이 조직원들의 강점을 찾아내 조직의 적재적소에 배치하지 못하고 있다는 뜻이다. 조직원들의 강점이 조직의 자산일 수 있는 데도 말이다.

피터 드러커가 창립한 '리더 투 리더 연구소'의 이사장인 프랜시스 헤셀바인Frances Hesselbein은 《헤셀바인의 리더십Hesselbein on Leadership》에서, "피터 드러커가 말했듯이, 조직이 존재하는 이유는 조직원들의 강점을 살리고 그들의 약점을 무력화시키는 데 있다. 그 역할은 유능한 리더의 몫이기도 하다. 또 드러커는 타고난 리더가 있을 수 있지만, 그런 리더는 극소수여서 그들에게만 의존할 수는 없다고도 지적했다."라고 밝혔다.

유능한 리더가 되고 싶다면, 조직원들의 강점을 찾아내 그들을 그런 분야에 배치하는 능력을 개발해야 한다. 당신이라면 어떻게 하겠는가?

팀원들을 연구하고 그들의 능력을 찾아내라

팀원들의 강점과 약점이 무엇인가? 그들이 팀에서 누구와 자주 어울리는가? 그들이 현재 일하고 있는 분야에서 성장하고, 더 성장할 가능성이 있는가? 그들의 업무 태도는 자산인가 부채인가? 그들이 지금 하는 일을 좋아하고, 잘하고 있는가? 리더라면 대답할 수 있어야 하는 질문들이다.

팀원들이 팀에 적합한지 각자와 얘기를 나눠보라

그들이 팀에 기여하는 강점은 무엇인가? 그들의 역할이 특별히 중요할 때가 자주 있는가? 팀원들끼리 부족한 부분을 어떻게 보완하고 있는가? 각 팀원은 약점을 보완하기 위해 다른 팀원에게 무엇을 바라는가? 팀원들은 팀에서 필요한 존재라고 의식하는 순간부터 각자의 능력을 최대한 발휘해 팀을 위해 최선을 다하고 싶어한다.

각 팀원이 팀에서 어떤 역할을 하는지 모든 팀원에게 알려주라

팀워크가 없이는 팀을 원활하게 끌어갈 수 없다. 하지만 모든 리더가 팀원들이 협조하며 일하는 분위기로 팀을 끌어가는 것은 아니다. 리더가 각 팀원이 어떤 역할을 하고, 어떤 강점으로 팀을 위해 기여하는지 모든 팀원에게 알려준다면, 팀원들은 서로 존중하고 존경하게 마련이다.

팀원 간의 경쟁보다 상호보완을 강조하라

팀원 간의 건전한 경쟁은 권장할 만하다. 그런 경쟁심이 있을 때 최선을 다하려고 노력하기 때문이다. 그러나 궁극적으로는 자신보다는 팀을 위해 팀원들이 서로 협력할 수 있어야 한다.

일부 리더는 강점에만 전적으로 집중하는 것을 바람직하게 생각지 않는 듯하다. 수년 전, 나는 몇몇 기업의 리더들을 상대로 하루종일 강연을 했다. 내가 다룬 주제 중 하나는 '강점에 집중하라'였다. 나는 그들에게 약점인 분야에서 일하지 말라고 역설했다. 질의응답 시간에,

한 최고경영자가 반론을 제기하며, 타이거 우즈를 예로 들었다.

"타이거는 성적이 좋지 않으면, 경기를 끝내자마자 골프 연습장으로 달려가 몇 시간을 연습합니다. 타이거가 약점을 극복하려고 그런 연습을 하는 게 아닐까요?"

"아닙니다. 그는 강점을 더 다듬는 겁니다. 타이거는 역사상 가장 뛰어난 골퍼입니다. 그는 골프 샷을 연습하지, 회계나 농구나 악기 연주를 연습하지 않습니다. 강점 분야에 속한 약점을 연구하는 겁니다. 그래서 항상 좋은 성적을 거두는 겁니다."

그렇다, 약점 분야에 속한 강점에 시간을 투자하는 결과보다, 강점 분야에 속한 약점에 시간을 투자한 결과가 언제나 더 좋다. 나는 골프를 좋아한다. 그러나 내가 골프 샷을 갈고 닦더라도 크게 나아지지는 않을 것이다. 그 이유가 뭐겠는가? 나는 평범한 골퍼에 불과하기 때문이다. 연습을 한다고 완벽해지지는 않는다. 약점인 부분은 연습한다고 크게 나아지지 않는다. 나는 한 단계 성장하고 싶으면 리더십과 의사소통에 관련된 부분을 연구한다.

당신의 강점은 무엇인가? 강점인 부분에 시간을 투자한다면 성공을 위해 투자하는 것이다!

EXERCISE
FOR
LEADER

경쟁우위에 있지 않은 분야에서는 경쟁하지 마라

—— **1**　당신의 강점 분야를 알고 있는가? 나와 마주보고 앉아 얘기할 기회가 주어진다면, 내게 당신의 강점이 뭐라고 자신 있게 말할 수 있는가? 당신의 강점 분야에서 얼마나 특별한가? 나이가 들고 경험이 많아질수록 강점은 더더욱 특별해질 수 있다. 당신의 강점을 확실히 모르겠다면, 이 책에서 제시된 방법대로 해보라. 당신이 무엇을 잘하는지 생각해보고, 동료들이 당신의 재능에 대해 뭐라고 말하는지 귀담아 듣고, 당신이 경쟁자보다 잘 하는 분야를 분석해보라.

—— **2**　당신은 강점을 활용하는 일을 하고 있는가? 지금 당신이 하는 업무에서 잘하는 3가지를 써보라. 그리고 다음 질문에 대답해보라.

- 그 3가지를 때때로 하는가?
- 그 3가지를 때때로 발전시키고 있는가?
- 당신의 강점을 뒷받침해줄 사람이 주변에 있는가?

위의 질문에서 하나라도 '아니다'가 있으면, 의도적으로라도 당신의 강점 분야로 업무를 바꿔가야 한다.

—— **3**　팀원들을 각자의 강점 분야에서 활용하고 있는가? 당신이 리더라

면, 팀원들이 각자의 강점을 찾아 그 부분에 집중하는 데 당신이 지원하느냐에 따라 팀의 성과가 달라진다. 팀을 위해 이런 방향에서 팀원들과 얘기해본 적이 있는가? 구체적으로 언급할 만한 조치를 취한 적이 없다면, 지금이라도 이 책에서 제시한 방법을 따라 팀원들의 강점과 약점을 파악하라.

Mentoring Point

당신이 지도하는 신규 리더들과 마주보고 앉아 그들의 강점에 대해 토론해보라. 그들에게 각자의 강점을 자세히 말해보라고 하라. 그들의 과거 실적과 당신의 관찰 결과를 바탕으로 그들에게 피드백을 주라. 그들 자신에 대한 잘못된 판단을 떨쳐내도록 도와주고, 그들의 강점을 최대한 활용할 수 있는 책임을 부여하라. 그들이 이미 강점을 파악하고 그 분야에서 일하고 있다면, 그들의 조직원들이 각자의 강점을 찾아내 개발하는 계획을 수립하도록 도와주고, 그 계획에 따른 진척사항을 보고받아라.

LEADERSHIP
GOLD

8

리더의 첫 책임은
현실을 직시하는 데 있다

— 현실적인 리더는 객관적이어서 착각을 최소화시킨다. 자기기만이 그의 비전마저 빼앗아간다는 것을 알고 있다.(빌 이어섬)

— 혼란한 시기가 위험한 시기이기는 하지만, 그런 시기에 가장 위험한 것은 현실을 부인하고 싶은 유혹이다.(피터 드러커)

— 위대한 기업을 끌어가는 훌륭한 리더는 현실을 직시하고 그에 따라 변화를 시도한다.

"리더의 첫 책임은 현실을 직시하는 데 있다."라는 말을 나는 리더십 전문가인 맥스 드프리Max Depree에게 처음 들었다. 그의 주장은 곧바로 내 가슴을 파고들었고, 나는 그 말에 전적으로 동의하지 않을 수 없었다. 그렇다고 내가 그 원칙에 충실했다는 뜻은 아니다.

내가 리더십에 대해 배운 모든 교훈 중에서, 이 교훈이 실천하기 가장 어려웠다. 나는 어떤 고난을 맞아서도 긍정적으로 생각하고, 남들에게 희망과 용기를 주는 데 열중한다. 또 그런 부분에 남다른 재능도 있다. 따라서 내 철학은 "때로는 현실을 똑바로 보고 부인해야 한다."고 말한 유머작가 개리슨 케일러Garrison Keillor의 철학과 약간 비슷한 편이다. 그러나 현실을 인정하는 것을 싫어하고, 리더의 첫 책임은 현실을 직시하는 것이란 교훈을 받아들이지 않은 까닭에 혹독한 대가를 치러야 했다. 결국 54세가 되어서야 나는 이 교훈의 중요성을 깨달았다.

보지 않는 문제는 해결할 수 없다

나는 사람들에게 상처를 받아야 할 만큼 받고, 원하는 만큼 배우고, 받아들일 수 있을 만큼 받아들여야만 변한다고 가르친다. 내 경우도 그랬다. 끔찍한 고통을 당한 후에야 변하기로 결심했다. 2001년, 고통스런 현실이 내게 닥쳤다. 내가 운영하는 회사 하나가 적자의 늪에 빠져들었고, 온갖 방향에서 문제가 깊어지는 것 같았다. 그 문제는 갑자기 불거진 것이 아니었다. 5년 전부터 변화를 모색해야 한다는 징후가 있었지만, 나는 별다른 조치를 취하지 않았다. 나는 리더십 팀을 바꿔야 했지만 그렇게 하고 싶지 않았다. 나는 내 측근들을 좋아했다. 그래서 매년 그 회사의 적자를 기꺼이 감수했다. 그러나 5년이 지나 적자가 누적돼 감당하기 힘들 지경이 됐다.

사업 수완이 뛰어나고 현실을 직시하는 동생 래리는 내게 진실을 외면하지 말고 단호한 결정을 내려야 한다고 끊임없이 조언했다. 리더로서 내 원칙은 '나를 속이지 마라'였다. 그러나 현실을 직시하지 않고, 불편한 변화를 외면하면서 나는 나 자신을 속이고 있었다. 나는 실망하고 좌절하기 시작했다. 그래서 나는 마가렛과 함께 보름을 예정으로 런던을 방문하는 동안, 그 문제를 따져보고 어떤 식으로든 결론을 내리기로 결심했다. 그리고 결정을 내리기 전에 사태를 정리하는 데 도움을 얻기 위해, 잭 웰치의《잭 웰치: 끝없는 도전과 용기》를 읽었다. 그 책에서 나는 성공한 리더십을 위한 6가지 원칙을 찾아냈다.

- 당신의 운명을 지배하라, 그렇지 않으면 다른 사람이 당신의 운명을 지배하게 된다.
- 현실을 그대로 직시하라. 당신이 바라는 모습으로 현실을 왜곡해 해석하지 마라.
- 누구에게나 솔직하라.
- 조종하지 말고 인도하라.
- 상황이 당신을 변화시키기 전에 먼저 변하라.
- 경쟁우위에 있지 않다면 경쟁하지 마라.

최고의 최고경영자로 손꼽히는 잭 웰치의 조언을 읽으면서, 그가 성공적인 리더십으로 제시한 6가지 원칙 중 5가지가 현실을 직시하는 데 관련된 원칙이란 사실을 깨달았다. 나는 얼굴에 찬물을 뒤집어쓴 기분이었다. 귀국하자마자 나는 핵심 측근들을 소집해 6가지 원칙을 읽어주고, 그 회사를 어떤 방향으로 바꾸겠다고 발표했다.

그 후 3년 동안 나는 웰치의 6가지 원칙을 서류가방에 넣어 다녔고, 틈날 때마다 꺼내 읽고 또 읽었다. 특히 리더로서 어려운 결정을 내려야 할 때마다 현실을 직시하게 위해 그 원칙들을 읽었다.

비전은 환상이 아니다

전도유망한 리더들이 흔히 빠지는 함정은 현실을 직시하지 않고 비전에만 초점을 맞추려는 욕심이다. 그러나 훌륭한 리더는 미래지향적이면서도 현실적이다. 《팀워크를 혁신하는 17가지 불변의 법칙》에서 언급한 '점수판의 법칙Law of Scoreboard'에 따르면 "팀은 현재의 위치를 파악할 때 변할 수 있다." 달리 말하면, 현실 직시가 긍정적 변화를 위한 발판이다. 현실을 직시하지 못하면 필요한 변화를 도모할 수 없다.

이어섬 번디 어소시에이츠의 사장이며 수석 경영 파트너인 빌 이어섬Bill Easum은 "현실적인 리더는 객관적이어서 착각을 최소화시킨다. 자기기만이 그의 비전마저 빼앗아간다는 것을 알고 있다."라고 말했다. 나를 두고 지적한 조언과도 같았다. 나는 사람을 믿고, 내가 좋아하는 사람을 지키고 싶은 욕심에 진실을 직시하지 못하는 경향이 있었다. 따라서 그들의 성과가 회사에 피해를 주고 있을 때도 그들에게 정직하지 못했다.

당신도 나처럼 낙관적으로 생각하고 주변 사람을 일단 격려부터 하는 사람이라면, 현실을 직시하고 객관적으로 판단하기 위해서 의식적인 노력을 기울여야 한다. 다음의 3가지를 현실적인 관점에서 보려고 끊임없이 애써야 한다.

- 상황 – 당신 생각보다 더 나쁠 수 있다.
- 과정 – 당신 생각보다 더 오래 걸릴 수 있다.
- 대가 – 당신 생각보다 훨씬 더 가혹할 수 있다.

오늘 현실을 직시하지 못하면 내일 다른 사람들에게 믿음을 상실할 수 있다. 내 친구 앤디 스탠리Andy Stanley가 말했듯이 "현실을 직시하는 것이 불쾌할 때도 있지만 반드시 필요하다."

현실을 점검하라

피터 드러커는《험난한 시대의 경영Managing in Turbulent Times》에서 "혼란한 시기가 위험한 시기이기는 하지만, 그런 시기에 가장 위험한 것은 현실을 부인하고 싶은 유혹이다."라고 말했다.[8] 나는 이런 위험에 빠지지 않기 위해서 오래 전부터 다음과 같은 질문을 나 자신에게 던졌다. 덕분에 나는 현실을 직시하며 불쾌하지만 필요한 조치를 취할 수 있었다.

현실을 정확히 판단하기 위한 질문들

- 이 상황에서 현실은 무엇인가? 내 평가에 다른 사람들도 동의하는가?
- 나는 각 쟁점을 분명히 파악하고 있는가? 나는 현실을 분석해서 정확히 이해하고 있는가?
- 그 쟁점들은 해결될 수 있는가? 해결할 수 있는 문제와 그렇지 않은 문제를 구분하라.
- 해결을 위한 선택 방안들은 무엇인가? 문제 해결을 위한 계획을 수립하라.
- 나는 계획을 순차적으로 추진할 의지가 있는가? 리더로서 내가 헌신하는 자세를 보여줘야 한다.
- 내 리더십 팀도 계획대로 움직여줄 것인가? 그들도 리더로서 헌신하

는 자세를 보여줘야 한다.

이런 질문을 나 자신에게 던질 때, 당면한 쟁점들을 대충 얼버무리거나 애써 긍정적인 방향으로 생각하지 않고 현실적으로 파악할 수 있다.

리더로서 우리가 취한 행동, 혹은 우리가 취하지 않은 행동에는 결과가 따르게 마련이다. 비현실적인 전망을 고집하고, 낭만적인 삶을 꾸려가고 싶겠지만 언젠가는 그 대가를 호되게 치러야 한다. 그런 인과관계는 누구도 피할 수 없었다. 나도 예외가 아니었다. 회사에 수년간 누적된 적자를 만회하기 위해서 나는 상당한 규모의 투자 이익을 포기해야 했다. 한 푼 한 푼을 아껴서 마련한 돈이었다. 누군가 말했듯이 "우리는 일부의 사람을 처음부터 끝까지 속일 수 있고, 모든 사람을 잠깐 동안은 속일 수 있다. 하지만 그것으로 끝이다." 리더로서 나는 그렇게 속임을 당했다. 더구나 내가 나를 속였다. 세상에서 가장 어리석은 사람은 자신을 속이는 사람이다.

리더로서 현실을 규정하고 파악하려면 현실적인 사고방식을 가져야 한다. 리더에게 요구되는 능력이기도 하다. 그래야 리더로서 우리가 내린 결정이 훗날 가져올 결과를 주변 사람들보다 포괄적인 안목에서 명확하게 예측할 수 있기 때문이다. 이런 예측이 왜 중요할까? 많은 사람의 앞날이 리더에게 달려 있기 때문이다. 내 조직의 현실을 정확히 파악하지 못했기 때문에 나는 나 자신에게는 물론이고, 다른 사람들에게도 피해를 주었다. 적잖은 사람이 직장을 잃었고, 팀들이 해체됐으며 꿈도 무산됐다. 무엇보다 안타까웠던 일은 몇몇 친구까지 잃어버린 것이다.

비현실적인 사고방식을 경계하려면

'현실을 직시하라'는 교훈의 중요성을 결국 깨우치기는 했지만 나는 아직도 이 부분에서 나를 완전히 믿지 못한다. 머리와 가슴의 성향 때문에 나는 여전히 좋은 방향으로 생각하고, 부정적인 면을 간과하려 할 것이기 때문이다. 따라서 나는 이런 타고난 성향을 경계해야 한다. 현실을 파악하기 위해 앞에서 제시한 질문들로는 부족하다. 그 이상의 대책이 내게는 필요하다. 그래서 나는 다음과 같은 4가지 원칙을 세웠다.

내 약점을 인정하라

알코올중독자가 AA(Alcoholics Anonymous, 알콜중독방지회)의 모임에 참석해 "나는 알코올중독자입니다."라고 고백할 때 도움을 얻을 수 있듯이, 나도 사람들에게 "나는 비현실적인 사람입니다."라고 고백해야 한다. 내 약점을 인정하는 것이 약점을 극복할 수 있는 첫걸음이다. 현실을 맞닥뜨리지 않으면 현실을 정확히 파악할 수 없다.

현실적인 사람들을 포용하라

'유유상종'이란 말은 진리다. 나는 나와 비슷한 사람들과 어울리고 싶어한다. 세상을 재밌게 보내고 싶다면 그렇게 지낼 수 있다. 그러나 리더로서 조직원들을 올바로 이끌어가려면 결코 바람직한 방향은 아니다. 나를 보완해줄 사람, 내가 약한 부분에서 강한 사람이 있어야 한다. 유능한 팀은 서로 보완적인 역할을 하는 사람들로 구성된다.

조직원들에게 솔직한 의견을 구하라

리더는 자신의 생각을 솔직하게 말하는 사람들을 주변에 두어야 한다. 리더의 말에 무조건 따른다고 좋은 조직원은 아니다. 리더가 솔직한 피드백을 구하려면 조직원들에게 솔직한 의견을 묻고, 그런 의견을 피력한 조직원을 공평하게 대해야 한다. 다른 방법은 없다! 하지만 많은 리더가 불안한 때문인지 조직원들에게 솔직한 의견을 구하지 못하고 그런 의견에는 변명하기 일쑤이다. 우리는 진실을 들어야 하지만, 그런 목소리를 듣고 싶어하지 않는다. 대다수의 사람이 현실을 직시하고 싶어하지 않는 것이 사실이다. 따라서 다른 사람에게 도움을 청하는 것도 좋은 방법이다.

나를 점검해줄 '새로운 눈'을 초대하라

놀랍게 들리겠지만, 우리는 어떤 환경에 익숙해지면 그 환경을 제대로 파악하지 못한다. 나는 리더로서 오랫동안 살아오면서, 조직 밖에서 나와 내 조직을 냉정하게 점검해줄 사람이 필요하다는 사실을 절감했다. 그런 이유에서 나는 외부 컨설턴트를 종종 초빙해 우리 조직을 점검하고, 그 결과를 알려달라고 부탁한다. 그리고 그들의 판단을 존중한다.

"아이쿠, 할 일이 너무 많아. 잭 웰치의 원칙도 지켜야 하고, 현실을 파악하기 위한 질문들도 해봐야 하고, 비현실적인 생각을 경계하기 위한 4가지 원칙도 지켜야 하고! 너무 지나친 게 아닐까?"라고 생각할 수도 있다. 당신에게는 지나치게 보일 수도 있겠지만 나에게는 그렇지 않다. 내 약점은 현실적으로 생각하지 못하는 것이기 때문에, 내 약점을 보완하기 위해서라도 나는 다양한 관점에서 나를 점검하고 내 행동과 결정을 수정하기 위한 장치가 필요하다.

현실 직시는 훌륭한 리더십의 출발점이다. 탐험을 떠나기 전에 지도에서 '현지 위치'를 파악하는 것과 같다. 짐 콜린스^{Jim Collins}는《좋은 기업을 넘어 위대한 기업으로》에서, 위대한 기업을 끌어가는 훌륭한 리더는 현실을 직시하고 그에 따라 변화를 시도한다며, "가혹한 현실을 먼저 직시하지 않고는 누구도 적절한 결정을 연속해서 내릴 수 없다."라고 말했다.[9] 현실을 어떻게 규정하느냐에 따라 리더의 행동 방향이 달라지고, 리더가 어떻게 행동하고 결정하느냐에 따라 추종자들의 앞날도 달라진다. 달리 말하면, 리더가 현실을 어떻게 인식하느냐에 따라 많은 것이 달라진다.

EXERCISE
FOR
LEADER
훌륭한 리더는 미래지향적이면서도 현실적이다

—— 1　당신은 어떤 식으로 생각하는 사람인가? 현실주의를 1이라 하고, 낙관주의를 10이라 할 때, 당신은 어디쯤에 위치하는가? 당신은 (나처럼) 선천적으로 좋은 방향으로 생각하고 말하는 사람인가, 아니면 최악의 경우를 염두에 두고 생각하는 사람인가? 친구와 동료, 배우자에게 당신을 평가해달라고 부탁해보라. 남들이 당신을 몽상가라고 부를 정도로 지나치게 낙관적인 사람이라면, 추종자들을 잘못된 방향을 끌어가지 않기 위한 장치들을 마련해주어야 한다.

—— 2　누가 당신에게 바른말을 해주는가? 모든 리더에게는 바른말을 기탄없이 말해줄 수 있는 사람이 옆에 필요하다. 당신이 반드시 들어야 할 말을 누가 당신에게 그렇게 말해주는가? 바른말을 해주는 사람이 옆에 있다면, 그에게 그런 사실을 확인시켜주고 앞으로도 계속 그렇게 해달라고 부탁하라. 그런 사람이 없다면 당장에 찾아 나서라. 그렇다고 당신의 기를 죽여버릴 사람이 필요한 것은 아니다. 당신에게 현실감각을 갖고 객관적으로 판단하게 도와줄 사람이 필요할 뿐이다.

—— 3　어떤 부분에서 당신은 현실 점검이 필요한가? 당신이 주도하는 분야에서 긍정적인 성과를 거두지 못하고 있다면, 앞에서 제시한 질문들을 이용해 당신이 상황을 현실적으로 파악하고 있는지 점검해보라.

- 이 상황에서 현실은 무엇인가? 내 평가에 다른 사람들도 동의하는가?
- 나는 각 쟁점을 분명히 파악하고 있는가? 나는 현실을 분석해서 정확히 이해하고 있는가?
- 그 쟁점들은 해결될 수 있는가? 해결할 수 있는 문제와 그렇지 않은 문제를 구분하라.
- 해결을 위한 선택 방안들은 무엇인가? 문제 해결을 위한 계획을 수립하라.
- 나는 계획을 순차적으로 추진할 의지가 있는가? 리더로서 내가 헌신하는 자세를 보여줘야 한다.
- 내 리더십 팀도 계획대로 움직여줄 것인가? 그들도 리더로서 헌신하는 자세를 보여줘야 한다.

🖒 Mentoring Point ——

당신의 지도를 받는 신규 리더들에게, 당신의 리더십에 대해 갖는 의문점을 허심탄회하게 말해보라고 하라. 이때 당신은 꾸미지 말고 솔직하게 대답해야 한다. 이번에는 당신이 그들의 리더십 상황에 대해 갖는 의문을 제기해보라. 그들의 대답에 따라 보충 질문을 하고, 당신이 경험에서 얻은 지혜를 알려주며, 변할 수 있는 것과 효율적인 리더십을 통해 교정해갈 수 있는 부분을 구분하도록 도와주라. 그들이 조직원과 조직의 개선을 위해 변할 수 있는 것을 변화시키기 위한 계획을 수립하도록 도와주라.

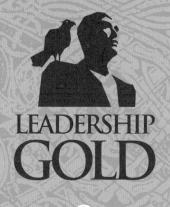

LEADERSHIP GOLD

9

조직원들을 보면
리더의 됨됨이가 보인다

―――― 탁월한 리더십의 증거는 추종자들의 모습에서 가장 먼저 찾을 수 있다.(맥스 드프리)

―――― 모든 리더에게는 2가지 공통된 특징이 있다. 하나는 어떤 목표를 지향한다는 것이고, 다른 하나는 다른 사람들에게 그 목표를 함께 추구하자고 설득하는 것이다.

―――― 훌륭한 리더는 추종자들에게 '그'를 믿고 따르게 한다면, 위대한 리더는 추종자들에게 자신에 대한 믿음을 갖도록 자극하고 용기를 북돋워준다.

―――― 조직원들의 성장과 발전이 리더에게 주어진 가장 큰 소명이다.(데일 갤러웨이)

―――― 리더는 성공할 때 조직원들에게 감동을 준다. 그러나 리더가 추종자들에게 깊은 영향까지 주려면 추종자들까지 성공해야 한다.

1970년대 중반, 나는 리 로버슨 Lee Roberson의 강연을 들었다. 그는 "리더십에 따라 성패가 결정된다."고 말했다. 그 말은 내게 깊은 감명을 주었고, 결국에는 내 삶을 변화시켰다. 로버슨은 리더의 태도에 따라 추종자들의 운명도 결정된다는 뜻으로 말했다. 당신이 훌륭한 리더라면 팀과 조직이 나아진다. 한 마디로 당신이 관련된 모든 부분이 한결 나아진다. 그러나 당신이 서툰 리더라면, 당신에게 영향을 받는 모든 사람이 힘든 시간을 맞는다. 요컨대 리더십에 따라 모든 노력의 성패가 갈린다.

그 말을 처음 들었을 때 나는 그 말이 불변의 진리라고 직관적으로 느꼈다. 그 후로 나는 그 말을 내 좌우명으로 삼았다. 또한 그 후로 거의 30년 동안 나를 다잡아주고 내게 의욕을 북돋워준 말이었고,《리더십의 21가지 불변의 법칙》을 쓰게 된 동기이기도 했다. 특히 "리더십 능력이 한 사람의 성공 수준을 결정한다."라는 '수준의 법칙Law of the Lid'은 그 말을 재정리한 것이다. 여하튼 그 말을 들은 순간부터 나는 주변 모든 것을 다른 눈으로 보기 시작했다.

모든 것이 리더의 책임이다

리더십에 대한 이해가 깊어갈수록, 리더가 조직원들에게 어떻게 영향을 미치는가에 대한 이해도 넓어지고 깊어진다. 로버슨의 말을 처음 듣고 수년이 지난 후, 수많은 미국인들과 마찬가지로 나도 1980년 대통령 선거를 앞두고 지미 카터와 로널드 레이건의 토론을 지켜보았다. 대부분의 사람이 인정했듯이, 토론은 레이건이 미국 국민에게 제기한 질문에 맞춰졌다. 그날 레이건은 이렇게 말했다.

다음 주 화요일이 선거일입니다. 다음 주 화요일, 여러분 모두가 투표하러 갈 겁니다. 기표소 안에 들어가 결정을 내려야 합니다. 제 생각엔 여러분이 결정을 내리기 전에 "우리가 4년 전보다 나아졌는가? 4년 전보다 상점에서 물건을 사기가 편해졌는가? 4년 전보다 이 나라의 실업률이 줄었는가?"라고 스스로에게 물어보는 게 좋을 것입니다. 그 질문들에 모두 "그렇다."라고 대답할 수 있으면, 여러분이 누구에게 표를 던져야 하는지 어렵지 않을 거라 생각합니다. 그렇지 않다면, 즉 지난 4년 간 겪었던 어려움을 앞으로 4년 간 다시 겪고 싶지 않다면, 저는 여러분에게 다른 선택을 하라고 말씀드리고 싶습니다.[10]

"우리가 4년 전보다 나아졌는가?"라는 질문이 그처럼 엄청난 충격을 주었던 이유가 무엇이겠는가? 미국 국민이 그들에게 닥친 현재 상황이 리더가 누구였느냐에 따른 결과라는 것을 알았기 때문이다. 미국인들은 당시 상황을 탐탁하게 생각하지 않았고, 그래서 리더를 바꾸었다. 그래서 레이건이 당선됐다. 그래서 나는 "리더의 됨됨이를 보려면 조직원을 봐야 한다."고 말하는 것이다. 리더십 전문가 맥스 드프리는 "탁월한 리더십의 증거는 추종자들의 모습에서 가장 먼저 찾아볼 수 있다."라고 말했다.

조직이나 팀이 성공한 이유로 기회와 경제 상황, 팀원들과 팀워크, 자원과 시기, 친화력과 행운 등 많은 것이 거론된다. 이런 요인들의 역할도 무시할 수 없지만, 모든 훌륭한 조직에서 발견된 공통점 하나는 훌륭한 리더십이다.

우리는 새로운 의사를 찾아갈 때마다 기본 양식을 채우고 많은 질문에 답해야 한다. 대부분의 질문이 하찮고 불필요한 듯하지만, 가족력과 관련된 질문은 무척 중요하다. 그 이유가 무엇일까? 우리의 육체적 건강은 부모의 육체적 건강에 많은 영향을 받기 때문이다. 부모 중 하나가 심장질환, 당뇨, 암에 걸렸다면 우리도 언젠가 그런 질병에 걸릴 확률이 무척 높다. 쉽게 말해서, 우리는 건강을 부모에게 물려받는다.

리더십도 거의 비슷하다. 리더가 건강하면 추종자들도 건강할 가능성이 높다. 그러나 리더가 불안하면 추종자들도 건강하지 못하다. 우리는 아는 것을 가르치지만, 우리의 됨됨이를 고스란히 아랫사람들에게 물려준다.

최근에 나는 얼라이드시그널의 전 최고경영자였고, 《실행에 집중하라Execution》를 쓴 래리 보시디Larry Bossidy와 함께 강연을 했다. 보시디는 리더와 추종자 간의 관계를 다루며, 리더가 추종자에게 미치는 중요한 역할을 강조했다.

새로운 리더의 양성은 수익성을 위해서도 중요하지만, 그런 손익 계산서만이 아니라 유산을 남긴 것처럼 흐뭇한 기분을 안겨주기도 한다. "리더로서 어떻게 행동합니까?"라는 질문을 받으면, 당신의 추종자들이 어떻게 행동하는지 지켜보면 답이 나온다. 그들이 뭔가를 배우고 있는가? 그들이 갈등을 원만하게 해결하는가? 그들이 변화를 자발적으로 주도하는가? 당신이 은퇴할 쯤에는 1994년 일사분기에 무엇을 했는지 기억하지 못할 것이다. 하지만 당신이 얼마나 많은 리더를 키워냈는지는 분명히 기억할 수 있을 것이다.

최고의 리더는 추종자들을 계발시키는 데 힘쓴다. 훌륭한 리더나 어리석은 리더나 추종자들에게 영향을 미친다. 어떤 리더가 팀을 성공적으로 유능하게 끌어가는지 확인하고 싶다면, 리더의 말을 듣지 말고 추종자들을 보기만 하면 된다.

추종자들에게서 무엇을 확인해야 할까?

볼티모어 오리올스 야구팀의 전 감독, 얼 위버Earl Weaver는 끊임없이 심판들을 괴롭히고 그들과 입씨름을 벌였던 감독으로 유명했다. 경기가 시작되고 한두 회가 지나면, 위버 감독은 심판에게 "경기가 앞으로 더 나아질 것 같소, 아니면 지금도 괜찮게 진행되는 것 같소?"라고 물었다. 모든 리더가 자신에게 던져야 할 질문이기도 하다. 그 이유가 무엇일까? 리더의 성과가 팀의 성과에 큰 영향을 미치기 때문이다.

당신이 리더로서 어떻게 행동하고 있는지 알고 싶다면, 혹은 당신의 조직에서 누군가의 리더십을 분석하고 싶다면, 다음의 4가지 질문을 차근차근 분석해봐야 한다.

질문1: 추종자들이 제대로 따르고 있는가?

모든 리더에게는 2가지 공통된 특징이 있다. 하나는 어떤 목표를 지향한다는 것이고, 다른 하나는 다른 사람들에게 그 목표를 함께 추구하자고 설득하는 것이다. 실질적인 측면에서 보면, 두 번째 특징에서 진정한 리더와 거짓 리더가 구분된다. 리더의 위치에 있는 사람에게 추종자가 없다면, 그 사람은 지위만 있을 뿐 실질적인 리더가 아니다. 추종자가 없는 리더를 리더라 할 수 있겠는가!

그렇다고 추종자를 갖는다고 반드시 훌륭한 리더라 할 수는 없다. 추종자는 리더의 필요조건일 뿐이다. 목사 스튜어트 브리스코[Stuart Briscoe]는 전쟁 참전용사의 장례식을 집전한 한 젊은 목사에 대한 얘기를 즐겨 한다. 고인이 전우들은 장례식을 조금이라도 돕겠다며, 그들이 관을 메고 시체 안치소까지 가서 고인을 위한 예배에 참석한 후에 목사를 따라 옆문으로 나오겠다고 말했다.

젊은 목사는 그들의 요청을 받아들였다. 그런데 문제가 터지고 말았다. 목사가 옆문으로 잘못 들었다. 목사는 군인처럼 절도 있게 걸으며, 고인의 전우들을 벽장 안으로 데리고 들어갔다. 잠시 후, 조문객이 지켜보는 앞에서 그들은 혼비백산해서 뛰쳐나왔다.[11]

리더가 어디를 목표로 삼아 가야 하는지 안다면, 또 추종자들이 리더가 어디를 목표로 가는 것인지 안다면, 추종자들은 리더를 향한 건전한 믿음을 키워가게 마련이다. 리더가 그런 역량을 꾸준히 보여줄 때 그런 신뢰 관계는 더욱 돈독해진다. 훌륭한 리더가 올바른 동기로 올바른 방향으로 움직여갈 때, 리더와 추종자의 관계는 강해지고 조직도 더불어 발전한다.

1930년대와 1940년대에 제너럴 푸즈General Foods에서 리더로 일했던 클라렌스 프랜시스Clarence Francis는 "사람의 시간은 돈을 주고 살 수 있다. 돈을 주면 주어진 장소에 사람을 배치할 수도 있다. 시간당 임금을 주고 숙련된 근육노동을 살 수도 있다. 그러나 열정을 살 수는 없다 … 충성심도 살 수 없다 … 헌신적인 마음과 정신과 영혼은 돈을 주고도 살 수 있다. 그런 열정과 충성심은 얻어야만 하는 것이다."라고 말했다.

리더로서 당신이 관계를 구축하고 신뢰를 얻기 전에는 추종자들에게 충성심을 기대할 수 없다. 리더가 충성심을 미리 요구한다고, 진정한 충성심을 보여줄 추종자는 거의 없다. 추종자들의 충성심은 추종자들에게 신뢰를 얻은 리더에 보상으로 주어지는 것이다. 충성심을 열망한다고 주어지는 것이 아니다. 추종자들의 팔로워십은 리더의 성과와 동기에 따른 것이지, 지위에서 자동으로 주어지는 것이 아니다. 성공한 리더는 추종자들의 이익을 최우선으로 한다. 그렇게 행동하고 판단할 때 리더는 추종자들에게 존경받고, 추종자들의 팔로워십도 성장한다. 리더가 솔선수범하면, 추종자들은 끝없는 충성심으로 보답한다.

질문2: 추종자들이 변하고 있는가?

리더의 됨됨이를 알기 위해서 추종자들에게 확인해야 할 두 번째 질문은 추종자들의 변하려는 의지와 관계가 있다. 성장을 위해서는 변해야 한다. 변하지 않고는 성장할 수 없다. 해리 트루먼^{Harry S. Truman} 대통령은 "인간은 역사를 만든다. 역사가 인간을 만들지는 않는다. 리더십이 없는 시대에 사회는 현상을 유지할 뿐이다. 용기 있고 노련한 리더가 사회를 더 나은 쪽으로 변화시키기 위한 기회를 잡을 때 성장이 가능하다."라고 말했다.

추종자들이 적극적으로 변하려 해야만 리더들은 기회를 움켜잡을 수 있다. 따라서 리더십은 추종자들에게 원대한 약속을 믿고 미지의 세계까지 리더를 따르겠다는 의지를 심어주는 것이라 말해도 과언이 아니다. 변화가 없이는 어떤 발전도 없다. 모순처럼 들리겠지만 리더가 추종자를 변화시키는 것은 아니다. 리더는 변화를 유도하고, 추종자들이 변하겠다고 결심하도록 촉구하는 환경을 조성하는 사람이다.

그럼, 추종자들을 변화시키기 위해 리더는 어떻게 해야 할까? 첫째, 추종자들에게 활력을 주어야 한다. 훌륭한 리더는 추종자들에게 '그'를 믿고 따르게 한다면, 위대한 리더는 추종자들에게 자신에 대한 믿음을 갖도록 자극한다. 이런 자신감이 사기를 높여주고, 추종자들에게 한 발이라도 전진해서 더 나은 삶을 위해 변하겠다는 의욕을 북돋워 준다.

둘째, 유능한 리더가 변화를 유도하기 위해 사용하는 또 하나의 방법은 기대감을 갖게 하는 환경을 조성하는 것이다. 마이애미 대학의 풋볼팀을 전국 정상에 올려놓았고 댈러스 카우보이 팀을 이끌고 두 번이나 슈퍼볼을 차지한 지미 존슨Jimmy Johnson 감독은 적절한 환경을 조성해야 할 이유를 다음과 같이 설명했다.

나는 감독으로서 3가지 역할을 해냈다. 첫째, 최고 중 최고가 되겠다는 확고한 의지가 있는 선수를 데려오는 것이었다. 둘째, 최고 중 최고가 되겠다는 확고한 열의가 없는 선수를 배제하는 것이었다. 셋째는 가장 중요한 역할로 선수들이 각자의 목표만이 아니라, 하나의 팀으로서 우리가 세운 목표를 성취할 수 있는 분위기를 조성하는 것이었다. 나는 선수들에게 적절한 환경을 조성해주고, 각자의 능력 범위 내에서 최고가 돼야 한다는 책임의식을 심어주었다.

추종자들이 각자의 능력 범위 내에서 최고가 되려면 변해야 한다. 그러나 유능한 리더가 그 과정을 돕지 않으면 추종자들이 변할 가능성은 거의 없다.

질문3: 추종자들이 성장하고 있는가?

추종자들이 변하겠다는 의지를 가지면 조직의 발전에도 도움이 된다. 그러나 조직이 잠재된 가능성을 최대한 발휘하려면 조직원들의 변하겠다는 의지만으로는 부족하다. 조직원들이 지속적으로 성장해야만 그런 목표에 이를 수 있다.

데일 갤러웨이Dale Galloway 는 "조직원들의 성장과 발전이 리더에게 주어진 가장 큰 소명이다."라고 말했다. 나는 이 말에 동감이다. 기업계에는 좋은 직원을 찾아내 채용하는 방법들이 주로 논의된다. 나도 좋은 직원의 발굴이 중요하다고 인정한다. 그러나 당신이 최고로 유능한 직원들을 채용했더라도 그들을 계속 성장시키지 못한다면, 직원들을 꾸준히 성장시키는 경쟁자에게 뒤처지고 말 것이다.

조직원들을 계발하는 책임은 리더의 몫이다. 조직원이 일하는 기술을 배우도록 돕는 데서 그쳐서는 안 된다. 최고의 리더는 조직원들을 업무에서 돕는 데 그치지 않고, 그들의 삶에서도 돕는다. 최고의 리더는 조직원이 더 나은 일꾼이 되도록 도울 뿐 아니라, '더 나은 인간'이 되도록 돕는다. 최고의 리더는 추종자의 됨됨이를 향상시킨다. 조직원이 성장할 때 조직도 성장하기 때문에 리더의 이런 역할을 무척 중요하다.

서킷 시티 스토어Circuit City Stores의 부사장을 지낸 월터 브러카트Walter Bruckart는 탁월한 조직을 만드는 5가지 결정적 요인을 조직원, 조직원, 조직원, 조직원, 조직원이라 역설했다. 나는 이 말을 굳게 믿는다. 그러나 조직원들이 성장해서 그들의 잠재력을 발휘할 때만 조직은 탁월한 수준에 오를 수 있다. 리더에게 쉬운 일은 아니다. 리더에게 큰 희생을 요구할 수도 있다. 리더로서 조직원들을 양성하는 데 성공하기 위해서는 5가지 원칙을 만족시켜야 한다.

- 조직원을 소중하게 생각하라 – 마음가짐의 문제
- 조직원에게 헌신하라 – 시간의 문제
- 조직원에게 정직하고 성실하라 – 인품의 문제
- 조직원에게 높은 기준을 제시하라 – 목표 설정의 문제
- 조직원에게 영향을 미쳐라 – 리더십 문제

인간개발을 위한 이런 원칙의 밑바탕에는 조직원에 대한 리더의 믿음이 있어야 한다. 리더가 조직원을 믿지 못하면 조직원들도 자신을 믿지 못한다. 조직원들이 자신을 믿지 못하면 성장하기도 어렵다. 따라서 리더의 책임이 막중한 것처럼 들리지만, 리더의 역할이 워낙에 그런 것이다. 조직원이 성장하지 못하면 전적으로 리더의 책임이다.

질문4: 조직원들이 성공하고 있는가?

두 프로 농구팀을 NBA 정상에 올려놓은 농구 감독 팻 라일리^{Pat Riley}는 "리더가 자신의 역할을 제대로 해내고 있는가를 평가하는 방법으로는 (1) 승리와 패배, (2) 최종 결과, (3) 팀원들의 기량 향상과 성장에 대한 주관적이고 객관적인 분석이 있다."라고 말했다. 리더십의 최종 결과는 언제나 성과물이다. 리더는 성공할 때 조직원들에게 감동을 준다. 그러나 리더가 추종자들에게 깊은 영향까지 주려면 추종자들까지 성공해야 한다. 팀이든 조직이든 성공하지 못하면 궁극적인 책임은 리더의 몫이다.

내 경험에 따르면, 타고난 리더십 없이 성공한 사람들은 리더로 변신할 때 큰 어려움을 겪는다. 그들은 탁월한 업무 능력을 보여주며 목표를 성취하고 금전적으로 성공을 거둔다. 이처럼 높은 성과를 거두기 때문에 그런 기준에서 성장을 판단한다. 따라서 그들이 리더가 되면 다른 사람들도 똑같이 해내기를 바란다. 따라서 조직원들이 예상만큼 성과를 거두지 못하면 "저 친구들에게 무슨 문제가 있을까?"라는 의문을 갖는다.

리더는 다른 식으로 생각해야 한다. 리더의 역할은 조직원들의 성취를 돕는 것이고, 리더로서의 성공은 조직원들의 성과로 평가된다는 사실을 깨달아야 한다. 조직원들이 리더를 따르지 않고 변하지도 않으며, 성장하지도 않고 성공하지도 못하면 리더는 "내게 무슨 문제가 있을까?", "팀을 성공으로 끌어가기 위해서 내가 어떻게 달라져야 할까?"라는 의문을 가져야 한다.

나는 다른 사람들이 성공하는 걸 돕는 것을 좋아한다. 그만한 보상이 따르기 때문이다. 얼마 전에 나는 타고난 리더로 내게 지도를 받는 데일 브로너Dale Bronner에게 편지를 받았다. 그 편지에서 브로너는 이렇게 말했다.

선생님은 제게 많은 가치를 더해주셨습니다. 제가 경험하지 못했던 교훈들을 알려주셨고, 제 생각을 넓힐 수 있는 지혜를 주셨습니다. 또 제 삶의 안전판 역할을 하는 원칙들을 가르쳐주셨고, 제가 믿고 걸을 수 있는 방향을 제시해주셨습니다. 선생님, 선생님께서 제 머리와 가슴, 또 제 손에 심어주신 가르침 덕분에 저는 다른 사람들을 섬기는 소중한 사람으로 거듭 태어날 수 있었습니다.

내가 다른 사람들을 인도하고 가르치는 이유가 위의 편지에 요약돼 있다.

리더십은 다른 사람을 더 나은 사람으로 키워내는 데 목적이 있다. 피터 드러커는 "리더십은 조직원들에게 더 높은 곳을 보고, 성과 기준을 더 높은 곳에 두며, 일반적 한계 너머까지 품성을 키워가는 것이다."라고 말했다. "조직원들을 보면 리더의 됨됨이가 보인다."라는 말을 다른 식으로 표현한 것일 뿐이다. 그래서 조직원들이 당신을 평가한다는 것이다. 당신은 자신을 어떻게 평가하겠는가?

EXERCISE
FOR
LEADER

조직원이 성장하지 못하면 전적으로 리더의 책임이다

—— **1**　조직원들이 당신을 따르고 있는가? 이 질문부터 시작하자. 이 질문의 대답이 '아니다'이면, 리더십에 관련된 그 밖의 다른 질문들은 중요하지 않다. 당신이 앞장서면 추종자들이 따르는가? 당신이 의견을 제시하면 추종자들이 받아들이는가? 당신이 팀에게 위험을 무릅쓰자고 요구하거나, 높은 성과 기준을 제시하면 팀원들이 긍정적으로 반응하는가? 이런 질문들에 확실히 대답할 수 없다면, 당신의 권위 밖에 있는 사람에게 평가해달라고 부탁하라. 그래서 '아니다'라는 결론이 내려지면 당신은 팀을 제대로 끌어가지 못한다는 뜻이다. 팀원들과의 관계를 재정립하고, 당신의 인품과 역량을 지금보다 솔직하게 보여주면서 신뢰를 쌓아가야 한다. 지금부터 다시 시작하라.

—— **2**　당신은 어떻게 고과를 평가하는가? 당신의 성공 여부를 평가할 때 당신 개인의 성과를 기준으로 하는가, 팀원의 성과를 기준으로 하는가? 확실하게 대답할 수 없다면 당신이 세운 연간 목표, 주간 목표나 월간 목표, 하루 일과표까지 점검해보라. 개인의 성취에 초점을 맞춘 목표가 몇 퍼센트이고, 팀의 성취는 몇 퍼센트를 차지하는가? 당신이 세운 목표가 주로 개인의 성취에 초점이 맞춰졌다면, 당신은 리더로 완전히 탈바꿈되지 않았다는 뜻이다. 팀원들이 변하고 성장하며 성공할 수 있는 원대한 목표를 세우고, 모든 차원에서 목표와 목적을 재설정하라.

—— **3** 　당신은 조직원들을 믿는가? 조직원들을 믿지 못하면 그들을 성장시킬 수도 없다. 인간개발을 위한 원칙들을 기준으로 당신을 1점(낮다)과 10점(높다) 사이에서 스스로 평가해보라

- 조직원을 소중하게 생각하라 – 마음가짐의 문제
- 조직원에게 헌신하라 – 시간의 문제
- 조직원에게 정직하고 성실하라 – 인품의 문제
- 조직원에게 높은 기준을 제시하라 – 목표 설정의 문제
- 조직원에게 영향을 미쳐라 – 리더십 문제

8점보다 낮은 점수를 받은 원칙이 있다면, 그 문제를 해결하기 위한 계획을 상세하게 써보라.

 Mentoring Point ——

리더십의 결과는 추종자들이 성공하느냐 않느냐에 달려 있다. 당신에게 지도를 받은 신규 리더들에게, 그들이 인도하는 사람들의 성공과 의욕에 대해 말해주라. 그들의 평가와 당신의 관찰 결과를 비교해주고, 그들이 인도하는 사람들의 성공을 기준으로 그들의 리더십을 계량적으로 평가해주라. 당신이 그들의 조직원들을 관찰하지 못했다면, 지금이라도 나서서 그들이 어떻게 일하는지 직접 지켜봐야 한다. 그들이 제대로 일하지 못하고 있다면, 앞에서 언급한 인간개발을 위한 5가지 원칙을 활용하는 법을 신규 리더들에게 가르치라.

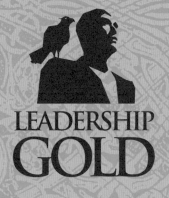

LEADERSHIP GOLD

10

오리를 독수리 학교에
보내지 마라

—— 리더십은 조직원들이 성공을 거둘 수 있도록 적재적소에 배치하는 능력이다.

—— 리더는 조직원들에게 안전지대에서 벗어나 새로운 도전을 시도하라고 자극해야 하지만, 강점 분야에서 벗어나라고 자극해서는 안 된다.

내 부인, 마가렛과 나는 크리스피 크림 도넛을 좋아한다. 크리스피 크림 매장을 지날 때마다 우리는 '지금 막 구운 뜨거운 도넛'이라 쓰인 빨간 네온간판에서 눈을 떼지 못한다. 뜨겁고 신선하며 맛있는 도넛이 오븐에서 막 구워져 나왔다며 고객들을 유혹하는 간판이다. 우리가 항상 그 도넛 매장을 들르는 것은 아니지만, 때로는 그 유혹에 견디지 못할 때도 있다. 붉은 네온간판에 반짝이는 것을 보고는 우리 둘 중 하나가 "우리에게 도넛을 사 먹으라는 하나님의 신호예요!"라고 소리친다.

어느 날 저녁 우리는 크리스피 크림 도넛 매장 앞을 지나가며 불이 켜지지 않은 것을 보고 이상한 생각이 들었다. 그래도 우리는 걸음을 멈추고 매장 안을 들여다보았다. 반가우면서도 놀랍게, 막 구워져 맛있게 보이는 도넛이 컨베이어 벨트를 따라 지나가고 있었다.

나는 매장에 들어가 종업원에게 말했다.

"간판에 불을 켜는 걸 잊은 것 같은데. 도넛이 이렇게 맛있게 구워진 걸 모르고 그냥 지나갈 뻔 했어요."

종업원이 대답했다.

"일부러 켜지 않은 거예요. 간판에 불을 켜면 곧바로 손님들이 몰려와 우리가 너무 바쁘거든요. 간판에 불을 켜지 않으면 그나마 좀 여유가 있어요."

나는 어리둥절했다. "왜 그렇게 생각할까?"라는 생각마저 들었다. 처음엔 도무지 그 여직원의 말이 이해되지 않았다. 하지만 조금 깊이 생각해보자, 그녀의 지위가 그런 생각을 하도록 만들었다는 사실을 깨달았다. 그녀는 바쁘게 일하면서 불편을 자초하고 싶지 않은 직원에 불과했다. 만약 주인이었다면 틀림없이 간판에 불을 켰을 것이다. 주인이었다면 편하기만을 바라지 않았을 것이다. 주인이었다면, 기업의 성공을 위해 직원들이 헌신적으로 일해주기를 바랐을 것이다.

도약하지 못하는 이유

30년 이상 동안 나는 사람들에게 가치를 더해줄 목적에서 많은 강연회를 주최했고, 많은 책을 썼다. 이 과정에서 내가 경험적으로 터득한 소중한 교훈 하나는 "내가 무엇을 하고, 사람들을 도와주려고 애를 써도 모두가 똑같은 식으로 반응하지 않는다."라는 것이다. 강연회에 참석해 삶의 방식을 바꿔가기 시작하는 사람이 있는 반면에, 내가 말한 모든 것을 부인하는 사람도 있었다. 또 변하는 사람도 있었지만 그렇지 않은 사람도 있었다. 그 때문에 나는 실망하고 좌절하기도 했다. 나는 모두가 배우고 변해서, 성장하고 더 나아지기를 바랐는데!

그런데 얼마 전에 강연자이며 컨설턴트인 짐 론의 글을 읽으면서 무릎을 치지 않을 수 없었다. 그야말로 "유레카!"를 외치고 싶었다. 그의 글은 이 문제에 대한 내 고민을 단숨에 해결해주었다.

경영의 첫 원칙은 '오리를 독수리 학교에 보내지 마라!'는 것이다. 그 이유가 무엇일까? 아무런 효과를 기대할 수 없기 때문이다. 훌륭한 직원은 발견되는 것이지, 평범한 직원을 훌륭한 직원으로 변화시킬 수는 없다. 훌륭한 사람은 스스로 변하는 것이지, 당신이 그렇게 바꿀 수는 없다. 훌륭한 직원을 원하면 그런 직원을 찾아내야 한다. 의욕적인 직원을 원하면 그런 직원을 찾아내야지, 평범한 직원에게 동기를 억지로 부여할 수는 없다.

언젠가 나는 뉴욕에서 우연히 집어든 잡지에서 한 호텔 체인의 전면 광고를 보았다. 광고의 첫 줄은 "우리는 직원들에게 친절하라고 가르치지 않습니다."로 시작했다. 그 광고 구문에 나는 눈이 번쩍 뜨였다. 두 번째 줄에는 "우리는 친절한 사람을 고용합니다."라고 쓰여 있었다. 나는 "정말 기막힌 방법이군!"이란 생각이 들었다.

동기부여는 정말 불가사의하다. 왜 어떤 사람은 동기를 부여받는데 어떤 사람은 그렇지 않을까? 왜 어떤 영업사원은 아침 7시에 첫 잠재 고객을 만나는데 어떤 영업사원은 11시에야 첫 잠재 고객을 만나는 것일까? 왜 어떤 직원은 7시에 일을 시작하는데 어떤 직원은 11시에야 일을 시작하는 것일까? 나는 그 이유를 모르겠다. 그래서 나는 그런 현상을 '정신의 미스터리'라 부른다.

나는 한 번에 거의 1,000명을 상대로 강연한다. 강연이 끝나면, 내게 찾아와 "이제부터 다른 식으로 살겠습니다."라고 다짐하는 사람이 있는 반면에, 하품을 하며 강연장을 빠져 나오면서 "전에도 들었던 얘기야." 라고 말하는 사람도 있다. 왜 이렇게 다를까?

부자가 1,000명에게 "나는 이 책을 읽었습니다. 이 책이 나를 부자로 이끌어주었습니다."라고 말하면, 1,000명 중 몇 명이나 밖에 나가 그 책을 살까? 극소수에 불과하다. 거짓말처럼 들리지 않는가? 왜 모두가 그 책을 사지 않는 것일까? 그래서 '정신의 미스터리'라 하는 것이다.

어떤 사람에게 "조금만 느긋하게 사십시오. 그렇게 오랜 시간을 일하면 안 됩니다. 그렇게 많은 일을 하다 보면 곧 심장마비가 닥칠 거고 죽고 말 겁니다."라고 말해야 하지만, 어떤 사람에게는 "언제나 침대에서 내려올 겁니까?"라고 말해야 한다. 왜 이런 차이가 있는 것일까? 왜 모든 사람이 넉넉하고 행복하게 지내려 노력하지 않는 것일까?

그래서 '정신의 미스터리'라는 것이다. 오리를 독수리로 바꾸려고 시간을 낭비하지 마라. 독수리가 돼 하늘 높이 비상하려는 의욕과 진취성을 가진 직원을 고용하라.

짐의 글에서, 크리스피 크림의 직원이 간판에 불을 켜지 않은 이유가 설명된다. 또 그것을 보고 내가 놀란 이유도 설명된다. 나는 수입과 이윤을 극대화하는 방향으로 생각한 반면에, 그 여직원은 복잡한 일을 피하는 방향으로 생각했던 것이다.

오리를 독수리 학교에 보내지 말아야 하는
3가지 이유

열심히 노력하고 올바로 가르치면 나는 오리를 독수리로 변화시킬 수 있다고 오랫동안 믿었다. 잘못된 믿음이어서, 내 노력은 별다른 성과를 거두지 못했다. 솔직히 말해서, 나는 그런 믿음을 쉽게 떨쳐내지 못했다. 나는 누구나 무엇이라도 배울 수 있다고 믿었던 것이 사실이다. 따라서 나는 내 오리들을 독수리 학교로 보내는 실수를 되풀이했다. 그러나 이제는 그런 실수를 반복하지 않는다. 그 이유가 무엇일까?

오리를 독수리 학교에 보내면 오리를 실망시킬 뿐이다

현실을 직시해야 한다. 오리는 독수리가 될 수 없다. 또 오리는 독수리가 되기를 바라지도 않는다. 누구에게나 각자의 역할이 있는 법이다. 오리에게는 오리만의 강점이 있고, 그 강점으로 평가받아야 한다. 오리는 헤엄을 잘 치고, 탁월한 팀워크를 보이며 서로 협조해서 일하고, 함께 먼 거리를 여행할 수 있다. 그러나 독수리에게 헤엄을 치거나, 수천 킬로미터를 이동하라고 하면 혼란에 빠져 어쩔 줄을 모른다.

리더십은 조직원들이 성공을 거둘 수 있도록 적재적소에 배치하는 능력이다. 리더라면 조직원이 어떤 유형의 사람인지 파악해서, 그의 강점을 살릴 수 있는 일을 맡겨야 한다. 오리에게는 아무런 잘못도 없다. 오리에게 하늘 높이 올라가 높은 곳에서 사냥하라고 요구해서는 안 된다. 오리는 애초부터 그런 일을 해낼 수 없다.

댈러스 신학교 총장, 찰스 스윈돌Charles R. Swindoll은《한창 때 강하게

《성장하라Growing Strong in the Seasons of Life》에서 이 원칙을 다음과 같이 설명했다.

옛날에 동물들은 새로운 세계에 닥친 문제를 해결하기 위해서 각자 의미 있는 역할을 하기로 결정했다. 그래서 그들은 학교를 세웠다.

그들은 달리기, 기어오르기, 헤엄치기, 날기 등과 같은 과목을 채택했다. 편하게 관리하려고 모든 동물이 모든 과목을 공부하게 했다.

오리는 수영을 잘했다. 오히려 선생보다 수영 실력이 뛰어났다! 하지만 오리는 날기 과목에서 겨우 낙제를 면했고, 달리기에서는 형편이 없었다. 너무 늦게 달렸기 때문에 오리는 수영마저 포기하고, 수업이 끝난 후에도 학교에 남아 달리기를 연습해야 했다. 그 때문에 물갈퀴가 달린 발이 찢어져서 수영마저 '보통' 수준으로 떨어졌다. 그러나 '보통'이면 합격이었기 때문에, 오리를 제외하고는 누구도 그 문제를 걱정하지 않았다.

토끼는 달리기에서는 반에서 으뜸이었다. 그러나 수영하는 데 필요한 운동을 너무 많이 해서 다리 근육이 욱신거리고 아팠다.

다람쥐는 기어오르기에서는 뛰어난 실력을 발휘했지만, 날기 수업을 할 때마다 좌절감에 빠졌다. 선생이 나무 꼭대기에서 내려오는 것을 허락하지 않고, 땅에서부터 날아오르라고 요구했기 때문이었다. 다람쥐는 다리에 너무 힘을 줘서 쥐가 날 지경이었다. 그래서 기어오르기에서는 '미', 달리기에서는 '양'밖에 받지 못했다.

독수리는 문제아였다. 규칙을 따르지 않아 엄한 훈련을 받았다. 기어오르기 반에서 독수리는 다른 모든 동물들을 물리치고 1등을 했지만, 규칙을 어기고 자기만의 방식으로 꼭대기까지 날아 올라갔다!

누구나 조직에 기여할 수 있는 자기만의 강점을 갖는다.《팀워크를 혁신하는 17가지 불변의 법칙》에서 내가 "어떤 팀원에게나 최고의 능력을 발휘할 수 있는 업무가 있다."라는 '적소의 법칙Law of Niche'을 언급했던 이유도 여기에 있다. 성공한 사람은 자신의 강점을 발휘할 수 있는 일을 찾아낸 사람이다. 리더로서 성공하려면, 조직원들이 자신의 강점을 찾도록 도와줘야 한다. 리더는 조직원들에게 안전지대comfort zone에서 벗어나 새로운 도전을 시도하라고 자극해야 하지만, 강점 분야에서 벗어나라고 자극해서는 안 된다. 강점 분야에서 벗어나면 조직원은 강점도 발휘하지 못할 뿐 아니라 편안하고 능률적으로 일하지도 못한다.

오리를 독수리 학교에 보내면 독수리까지 실망시킨다

내 어머니는 '유유상종'이란 말을 즐겨 사용했다. 맞는 말이다. 독수리는 오리들과 어울리고 싶어하지 않는다. 앞마당에서 서성대거나, 연못에서 헤엄치고 싶어하지도 않는다. 하늘 높이 날지 못하는 오리들이 독수리에게는 짜증스럽게만 여겨질 뿐이다.

빨리 움직이며 높이 나는데 익숙한 사람은 그렇지 못한 사람들에게 금세 욕구불만을 느낀다. 전 매사추세츠 주지사, 크리스천 허터Christian Herter가 두 번째 임기에 출마했을 때였다. 선거운동을 하느라 아침을 바쁘게 지내고 점심 식사까지 건너뛴 터라, 바비큐 파티가 열린 교회 마당에 몹시 시장해서 들어섰다. 주지사는 줄을 서서 기다렸고, 마침내 음식을 나눠주는 아주머니에게 접시를 내밀었다. 아주머니는 주지사의 접시에 닭 조각 하나를 얹어주고 다음 사람으로 넘어가려 했다. 주지사가 말했다.

"잠깐만요. 죄송하지만 한 조각 더 얻을 수 있을까요?"

"죄송합니다. 한 사람에게 한 조각만 주도록 돼 있습니다."

"하지만 내가 몹시 시장하거든요."

하지만 그 아주머니는 요지부동이었다.

"죄송합니다. 한 사람에게 한 조각밖에 줄 수 없습니다."

주지사는 신중한 사람이었지만, 몹시 배가 고팠던 터라 자기의 권위를 앞세워서라도 한 조각을 더 얻고 싶었다.

"아주머니, 내가 누군지 아십니까? 내가 이 주의 주지사입니다."

그 아주머니가 엄숙한 목소리로 말했다.

"당신은 내가 누군지 아십니까? 나는 닭고기를 책임진 사람입니다. 저리 가세요, 다음 손님!"

이때 허터 주지사는 오리에게 적절한 답을 구해야 하는 독수리와도 같은 심정이었을 것이다.

내친 김에 비슷한 얘기를 하나 더 해보자. 절친한 친구, 빌 하이벨스 Bill Hybels가 나와 며칠을 함께 보낼 예정으로 애틀랜타까지 찾아왔다. 첫날 아침, 그가 "존, 골프장을 한 바퀴 뛸까?"라고 말했다.

빌은 달리기를 좋아했다. 그래서 균형 잡힌 몸매가 보기에도 좋았다. 그는 한번에 8~10킬로미터를 달렸다. 반면에 나는 걷기를 좋아했다. 그래서 우리는 오르막길에서는 걷고, 내리막길에서는 뛰기로 합의를 보았다.

우리는 출발해서 골프장을 천천히 한 바퀴 돌았다. 거의 끝에 이르렀을 때 나는 마침내 집에 돌아가 편히 쉬어야겠다는 생각밖에 없었다. "조그만 더 가면 집이야!" 나는 피곤했지만 빌에게 피곤한 기색을 보여주고 싶지 않았다.

마침내 집에 도착하자 나는 안도의 한숨을 몰래 내쉬었지만, 빌은 "정말 재밌었네. 한 바퀴 더 돌자고!"라고 말했다. 그래서 우리는 한 바퀴를 더 돌았고 나는 거의 초주검이 됐다. 그 후로 나는 빌과 함께 운동할 생각은 꿈에도 하지 않는다. 어쩌면 빌도 나와 함께 운동할 생각은 그 후로 접었을 것이다. 그는 독수리였고, 나는 오리였다!

오리를 독수리 학교에 보내면 당신까지 실망한다

당신의 기대에 미치지 못하는 조직원을 이끌어본 적이 있는가? 당신이 동기를 부여하고 훈련을 시켜도, 또 지원을 아끼지 않고 기회까지 제공해도 조직원들이 당신의 기대에 부응하는 성과를 거두지 못한 적이 있는가? 내게는 그런 경우가 비일비재했다.

그런 결과는 그들만의 문제가 아닐 수 있다. 당신이 문제의 원인일 수 있다! 유명한 '마더 구스^{Mother Goose}'란 전래 동요를 보면,

야옹아, 야옹아, 어디 갔다 왔니?
여왕님을 만나러 런던에 다녀왔지.
야옹아, 야옹아, 거기서 뭐했니?
의자 밑에 숨은 생쥐를 놀라게 해주었지.

왜 고양이가 일생에 한번 있을까 말까 한 기회인데, 여왕을 만나러 런던까지 가서 생쥐를 쫓아다녔을까? 고양이였기 때문이다! 우리가 고양이에게 다른 어떤 역할을 기대하겠는가?

고양이는 고양이가 할 일을 하고, 오리는 오리가 할 일을 하며, 독수리는 독수리가 해야 할 일을 해야 한다. 오리를 데려다가 독수리의 역할을 하라고 요구하면, 전적으로 리더의 잘못이다. 리더의 역할은 오리를 더 나은 오리로, 독수리를 더 나은 독수리로 향상시키는 것이다. 요컨대 팀원들을 적재적소에 배치해 모두가 잠재능력까지 발휘할 수 있도록 돕는 것이 리더의 역할이다.

앞에서도 말했지만 나도 오리를 독수리로 바꿔보려는 실수를 되풀이했다. 따라서 그들만이 아니라 나까지 실망하는 결과를 낳았다. 타고난 재능이 없는 분야에서는 누구도 성장하기 힘들다. 왜 그럴까? 우리가 선택할 수 있는 분야이냐 아니냐에 따라 성장하고 변하는 능력의 편차는 무척 크다. 자세히 설명해보자. 우리가 선택할 수 있는 부분에서는 성장 잠재력이 거의 무한하다. 마음가짐은 선택이다. 성품이나 책임은 선택이다. 따라서 내가 끔찍한 마음가짐, 예컨대 10점 만점에서 1점에 불과한 마음가짐을 가졌다면, 올바른 선택을 해서 10점까지 끌어올릴 수 있다. 요컨대 나는 올바른 마음가짐을 가겠다고 선택하고, 그렇게 결심할 수 있다.

반면에 타고난 능력은 선택 사항이 아니다. 타고난 능력은 하늘의 선물이다. 이 부분에서 우리는 그 능력을 개발할 것인가 아닌가를 선택할 수 있을 뿐이다. 개발하기로 선택하더라도 그 능력이 크게 성장하지는 않는다. 40년 동안 수많은 사람을 훈련시키고 지도한 경험에 비추어보면, 대부분의 사람이 주어진 재능에서 2점 성장하는데 그쳤다. 예컨대 어떤 분야에서 타고난 재능이 3점에 불과한 사람은 5점까지는 성장할 수 있어도, 3점에서 10점까지 훌쩍 성장하지는 못한다. 따라서 헤엄을 잘 치고 펄떡펄떡 날기를 좋아하는 사람이 있으면 그를 오리 학교에 보내라. 그가 아무리 영리하고 적극적이어도 독수리가 될 수는 없다. 하느님이 우리에게 주지 않은 재능은 개발하려고 애써 봐도 크게 달라지지 않는다.

어떤 사람을 찾아야 하는지 알아야 한다

몇 년 전, 나는 칙필라 외식업체의 전국 회의에 초대를 받아 강연을 했다. 그때 한 식당 관리자가 내게 "훌륭한 리더를 양성하려면 어떻게 해야 합니까?"라고 물었다.

나는 "훌륭한 리더가 될 잠재력을 가진 사람을 찾아야 합니다."라고 대답했다.

그가 다시 물었다.

"훌륭한 리더가 될 잠재력을 가진 사람을 어떻게 찾아야 합니까?"

"어떤 사람이 훌륭한 리더가 될 잠재력을 가졌는지 알아야 합니다."

내가 빈정대고 대충 얼버무리려고 그렇게 대답한 것은 아니다. 어떤 사람을 찾아야 하는지 아는 것도 리더의 책임이다. 당신이 종사하는 업계에서 성공한 리더들의 공통된 특징과 자질이 무엇인지 알아야 한다. 요컨대 성공한 리더들을 연구해야 한다. 당신이 존경하는 사람들을 만나 얘기를 나눠보고, 그들이 어떻게 성장했는지 물어봐야 한다. 그들이 처음 출발할 때는 어떤 모습이었는지 알아내야 한다. 리더십에 대해 많이 알아갈수록, 리더가 될 재목을 찾아내기가 쉽다.

리더는 적합한 사람을 구해 적절한 업무를 맡길 수 있어야 한다. 조직의 발전을 위해, 리더에게 이보다는 중요한 역할은 없다고 말해도 과언이 아니다. 조직에 독수리가 필요하면, 다른 독수리들에서 보았던 특징을 보유한 사람을 찾아내는 것이 리더의 사명이다. 독수리를 찾아 모든 계층을 눈여겨보라. 당신 조직에서 독수리를 찾아내지 못하면, 밖으로 눈을 돌려서라도 찾아내야 한다. 달리 말하면, 위대한 독수리가 조직에 필요하면, 잠재력을 지닌 독수리를 찾아 나서라. 그래야만 그를 위대한 독수리로 성장시킬 수 있다. 시간이 없다는 이유로 오리로 대체해서는 안 된다. 아무리 훈련시켜도 그에게서는 "꽥!" 소리밖에 듣지 못한다.

EXERCISE
FOR
LEADER

위대한 독수리가 조직에 필요하면 잠재력을 지닌 독수리를 찾아라

—— **1** 조직원을 잘못 배치하지는 않았는가? 당신이 어떤 조직이나 팀의 리더라면, 조직원들에게 각자의 강점을 살릴 수 있는 업무를 맡겨야 한다. 오리를 독수리로 바꾸려고 애쓰면서, 그 과정에서 모두를 실망시킨 적이 있는가? 시간을 내서, 조직원들의 타고난 재능을 조사해보라. 그들의 희망과 꿈과 열정에 대해 얘기를 나눠보라. 그들이 누구인지 정확히 알지 못하면 그들을 성공의 길로 끌어갈 수 없다.

—— **2** 독수리에게는 비상하고 오리에게는 헤엄을 치도록 해주고 있는가? 당신이 독수리를 옭아매고, 오리를 독수리로 바꿔보려고 애썼다면 당장 두 가지 조치를 취해야 한다. 첫째, 그들이 강점을 살려 일할 수 있도록 업무를 재배치해야 한다. 둘째, 그들에게 신뢰를 회복해야 한다. 그들의 타고난 재능을 알아내서, 그들이 강점을 발전시킬 수 있도록 도와주고, 그들이 어떻게 조직을 위해 기여할 수 있는지 알려줘야 한다.

—— **3** 리더가 될 재목이 어떤 특징을 갖는지 아는가? 지금까지 나는 적재적소에 훌륭한 리더들로만 채워진 조직을 보지 못했다. 이런 이유에서 훌륭한 리더는 리더로 키울 만한 재목을 항상 찾아 다닌다. 리더십의 특징을 나름대로 연구해보았다면, 지금까지 연구한 결과를 바탕으로 그런 재목의 특징을 정리해보라. 아직 그런 수준에 이르지 못했다면, 아래에 제시한 목록을 사용해

보라. 이 목록은 내 책《360도 리더The 360° Leader》에서 인용한 것이다. 내 경험에 따르면, 훌륭한 리더와 잠재적 리더는 똑같이 다음과 같은 특징을 보여준다.

- 적응성 – 변화에 신속하게 적응한다.
- 인식력 – 당면한 과제를 신속하게 파악한다.
- 균형 잡힌 시각 – 유리한 관점에서만 상황을 분석하지 않는다.
- 의사소통력 – 조직의 모든 차원과 긴밀한 관계를 갖는다.
- 자신감 – 지위를 앞세우지 않는다.
- 서번트 정신 – 맡겨진 일을 무엇이나 한다.
- 창의력 – 창의적인 방법을 찾아 일한다.
- 성숙함 – 자기보다 팀을 앞세운다.
- 인내력 – 장시간 지루한 일을 해도 일관된 성품과 역량을 유지한다.
- 신뢰성 – 중요한 일을 믿고 맡길 수 있다.

뛰어난 리더로 성장할 잠재력을 지닌 사람에게는 이런 특징들이 공통적으로 나타난다.

 Mentoring Point ——

추종자들의 리더에서 리더들의 리더로 승진할 때가 리더에게는 가장 어려운 전환점 중 하나이다. 당신에게 지도를 받는 신규 리더들이 이런 전환점을 원만하게 넘길 수 있도록 도와주라. 예컨대 그들이 잠재적 리더를 알아보고 채용해 성장시킬 수 있도록 도와주라. 그들에게 위에서 제시한 특징 목록을 사용해, 잠재력을 지닌 재목감에 대해 얘기해보게 하라. 그리고 가장 큰 잠재력을 지닌 조직원을 본격적으로 키워보라고 권하라.

LEADERSHIP
GOLD

11

중요한 것에
집중하라

——— 경영대학원에서는 단순한 행동보다 복잡하고 어려운 행동을 높이 평가하지만, 단순한 행동이 더 효율적이다.(워렌 버핏)

——— 리더는 모든 것을 아는 것보다 중요한 것을 아는 것이 낫다.

——— 우리가 어느 부분에 약한지만 알아도 반은 성공한 것이다.

——— 복잡한 것을 단순하게 줄이는 능력이 비범한 능력이다.(C. W. 세란)

이 책에서 언급한 모든 교훈을 통해서 나는 성장할 수 있었다. 내 삶을 가장 크게 바꿔놓은 교훈은 '중요한 것에 집중하라'는 교훈이었다. 지금도 내가 목사로 처음 리더의 역할을 맡았을 때 겪었던 좌절감을 뚜렷이 기억하지만, 그때는 내가 열심히만 일할 뿐 효율적으로 일하지 못하던 때였다. 신도들을 상담하는 데 대부분의 시간을 보냈고, 자질구레한 행정 업무에도 신경 써야 했다. 나는 많은 시간을 투자했지만 긍정적인 결과를 거의 끌어내지 못했다. 시간을 보람 없이 보낸 것이었다.

대학에서 경영학 강의를 들을 때 나는 속으로 '유레카!'라고 외치고 싶었다. 교수는 '80대20의 법칙'으로도 알려진 파레토 법칙을 강의하고 있었다. 그의 설명을 들으면서 나는 새롭게 눈을 떴다. 그의 설명에 따르면,

- 20퍼센트의 도로에서 교통 체증의 80퍼센트가 일어난다.
- 20퍼센트의 애주가가 80퍼센트의 맥주를 소비한다.
- 20퍼센트의 학생이 80퍼센트의 수업 참여를 차지한다.
- 우리는 가진 옷의 20퍼센트를 80퍼센트의 시간 동안 입는다.

- 20퍼센트의 소비자가 이윤의 80퍼센트에 기여한다.

- 20퍼센트의 직원이 80퍼센트의 문제를 일으킨다.

- 20퍼센트의 영업사원이 80퍼센트의 판매를 담당한다.

- 수집한 정보의 20퍼센트만으로 80퍼센트의 결정이 이루어진다.

놀랍지 않은가! 20퍼센트가 나머지 80퍼센트보다 생산성이 16배나 높다는 뜻이다. 삶을 단순화시키면서도 생산성을 높이려면 최고의 20퍼센트에 집중해야 했다. 그날 그 수업에서 나는 2가지를 깨달았다. 하나는 내가 너무 많은 일을 한다는 것이었고, 다른 하나는 내가 엉뚱한 일을 한다는 사실이었다. 따라서 나는 비효율적으로 살 수밖에 없었다.

중요한 것을 찾아내라

나는 시간을 어떻게 보내는지 점검하기 시작했다. 내 일정표에서 우선순위를 정해야 했다. 그래서 3가지 질문을 내게 던졌다. (1) 무엇이 내게 가장 큰 보상을 주는가? (2) 어떤 일이 가장 보람있는가? (3) 어떤 일이 내게 필요한가? 모두가 쉽게 대답할 수 있는 질문은 아니었다. 사회생활을 갓 시작한 사람에게 가장 대답하기 쉬운 질문은 대체로 3번 질문이다. 내게 필요한 것을 알면, 업무 설명서에 맞춰 일하면 된다. 그러나 대부분의 사람은 30대에 이르러서야 노력에 따른 보상이 가장 큰 일이 무엇인지 어렴풋이 깨닫기 시작한다. 때로는 그보다 훨씬 후에야 깨닫는 사람도 있다. 반면에 가장 보람 있는 일은 세상을 살아가는 과정에서 변한다.

나는 일하며 반성하고 성장하면, 앞의 세 질문에 대한 대답을 천천히 찾아갔다. 기본 원칙은 "모든 일의 목적은 결과이다."였다. 목표를 성취하고 생산적으로 일하기 위해서는 내가 하는 모든 일을 신중하고 체계적이며 조직적으로 생각해서 계획을 세워야 했다. 또한 영리하게 일을 추진하고 정직해야 했다. 그러나 일을 단순화시켜야 한다는 것도 알았다. 39곳의 중견기업을 분석한 연구서를 읽었고, 성공한 기업과 그렇지 못한 기업이 단순성에서 차별화된다는 사실도 알아냈다. 동일한 산업 분야에서 상대적으로 적은 고객에게 적은 상품을 팔며, 적은 납품업자를 둔 기업의 이익률이 높았다. 단순화시켜 집중할 때 더 나은 결과를 창출했다. 워렌 버핏Warren Buffet이 말했듯이, "경영대학원에서는 단순한 행동보다 복잡하고 어려운 행동을 높이 평가하지만, 단순한 행동이 더 효율적이다." 단순화시키려 애쓴 덕분에 나는 중요한 일에 집중할 수 있었다.

그 시기에 나는 많은 일에 손대는 행동가에서 적은 일을 하는 리더로 변신했다. 내가 집중하고 생산적으로 일하기 위해 선택한 5가지 결정 덕분에 이런 변신이 가능했다.

나는 만물박사가 되지 않기로 결심했다

위대한 리더는 모든 의문의 답을 알고 있다고 생각하는 사람이 있을 것이다. 그렇지 않다. 성공한 리더라고 모든 것을 알지는 않는다. 모든 것을 아는 사람을 알 뿐이다. 가령 내 조직의 누군가에 대해 내게 질문하면, 나는 그 질문에 대답하지 못할 수 있다. 그러나 누구에게 물으면 그 사람에 대해 알 수 있는지 안다. 당신이 내 동업자들에 대해 질문하면 나는 그 질문에 곧바로 대답할 수 없을지 모르지만 한두 곳에 전화하면 그 답을 알아낼 수 있다. 또 내 일정에 대해서도 나는 정확히 모르지만, 내 비서는 정확히 꿰뚫고 있다.

내 삶을 단순화시켜 중요한 일에 집중하기 위해서 내가 내린 가장 중요한 결정은 똑똑한 비서를 고용하자는 것이었다. 지난 27년 중 24년 동안 나는 두 명의 뛰어난 비서에 도움을 받았다. 린다 에거스와 바바라 브루머긴이었다. 그들은 내게 너무나 소중한 사람이었다.

비서가 내게는 중요한 정보원이다. 모든 것이 비서를 통해 들어오고 나간다. 나는 그들이 모든 것을 안다고 믿기 때문에 나까지 모든 것을 알아야 필요가 없다. 무엇보다 그들이 정보를 분류해서 중요한 정보만을 골라낼 능력을 갖추었다는 것이 중요하다. 수집한 정보의 20퍼센트만이 적절한 결정을 내리는 데 필요한 정보의 80퍼센트를 차지한다. 린다 에거스는 나와 이런저런 얘기를 나누면서 중요한 정보를 내게 알려준다. 그 정보를 바탕으로 나는 다음 단계에 취할 행동을 결정하고, 당면한 과제를 해결하는 데 필요한 조치를 취한다. 리더는 모든 것을 아는 것보다 중요한 것을 아는 것이 낫다.

리더에게 훌륭한 비서나 보좌관이 없다면 곤경에 빠지기 십상이다. 어떤 의미에서 리더에게 가장 중요한 결정은 훌륭한 비서를 고용하는 결정이다. 적절한 사람을 비서로 둔다면 비서가 대부분의 잔무를 처리할 것이기 때문에 리더는 중요한 일에 집중할 수 있다.

내가 모든 일에 간섭하는 수준에서 벗어나면서 조직원들의 업무에서 내가 차지하는 비중도 크게 줄어들었다. 그러나 덕분에 나는 개인적으로 중요한 일에 더 많은 시간을 투자할 수 있다. 모든 일이 '내가 원하는 식'으로 항상 처리되는 것은 아니지만, 대부분의 일이 많은 점에서 효과적으로 진행되고 있다는 사실을 분명히 확인할 수 있었다.

나는 모든 것을 먼저 알아야 할 필요는 없다고 다짐했다

대부분의 사람에게는 내막을 알고 싶은 강렬한 욕망이 있다. 폭로 잡지와 선정적인 신문이 잘 팔리는 이유가 여기에 있다. 리더에게도 조직에 관련된 모든 것을 알고 싶은 강렬한 욕망이 있다. 어떤 리더도 허점을 보이고 싶지는 않을 것이다. 하지만 훌륭한 리더는 조직의 사사로운 일에 얽매일 여유가 없다. 그런 하찮은 일에 얽매이면 균형 잡힌 관점은 물론이고 조직을 끌어가는 지도력까지 상실한다. 그럼 해결책이 무엇일까? 모든 것을 먼저 알겠다는 생각을 과감하게 버리는 것이다.

어떤 조직에서나 문제는 아래에서 자체적으로 해결돼야 한다. 모든 문제를 리더와 먼저 상의해야 한다면 문제의 해결은 요원할 수 있다. 게다가 생산직 근로자이든 전선의 군인이든, 또 구호식품으로 연명하는 가난한 사람이든 간에 현장에 있는 사람이 해결책을 가장 잘 안다.

내 비서는 조직에서 일어나는 일을 나보다 먼저 안다. 비서가 내게는 정보의 창고이다. 좋은 소식과 나쁜 소식, 심지어 추악한 소식까지 알고 있으며, 내게 그런 소식들을 정리해서 가감 없이 알려준다. 내가 비서를 완전히 믿기 때문에 가능한 일이다. 특히 비서가 나쁜 소식을 전할 때 나는 비서에게 화풀이를 하지 않으려고 조심한다. 우리에게 나쁜 소식을 전해주는 사람에게 실망감이나 좌절감을 드러내면 원활한 의사소통이 그 자리에서 중단된다는 사실을 명심하라.

나를 대신할 사람을 두겠다고 결심했다

리더라면 꿈을 성취하기 위해서 자신의 역할을 줄이고, 조직원들에게 권한을 위임해가는 방법을 배우게 마련이다. 이 교훈을 배우지 못한 사람은 결코 유능한 리더가 될 수 없다. 그러나 다음 단계, 즉 조직원에게 그를 완전히 대신하도록 허용하는 단계까지 취하는 리더는 거의 없는 편이다. 그 이유가 무엇일까? 그렇게 하려면 깊은 신뢰가 필요하기 때문이다. 누군가 당신을 잘못 대리해서, 당신의 이름으로 일을 제대로 진행하지 않거나 비윤리적 행위까지 저지르면 그 결과가 당신에게 영향을 미치고, 당신의 평판에 먹칠할 수도 있기 때문이다.

얼마 전, 서너 개의 기업을 소유한 지인이 내게 찾아와 조언을 구했다. 한 부서를 맡긴 리더가 뒷거래를 한다는 사실을 알아냈다. 그가 그 사실을 알아냈을 쯤에 그 리더는 약 200만 달러를 뒤로 챙긴 뒤였다. 그 리더는 불법행위를 하지 않았다고 부인했지만, 그는 그를 해고시켰다. 그러나 그의 회사는 쉽게 씻을 수 없는 상처를 입은 뒤였다. 재정적인 손해도 회복하기 힘들었다. 서류로만 보면 그 리더의 자격은 흠잡을 데가 없었다. 그러나 그의 인품은 전혀 달랐다.

다른 사람을 당신의 대리인으로 삼겠다는 결정을 내리기 위해서는 많은 시간과 신뢰가 필요하다. 따라서 그런 결정을 가볍게 내려서는 안 된다. 당신은 전폭적으로 신뢰할 수 있는 사람을 찾아내고, 그 사람은 충분한 시간을 두고 성과로 입증해보이며 신뢰를 쌓아가야 한다. 당신이 그에게 투자하는 시간과 노력이 많을수록 위험은 줄어들고 보상은 커진다. 당신과 함께 일하는 사람들에 대한 신뢰가 일정한 수준을 넘어서면, 그때서야 당신은 자질구레한 일을 떨쳐내고 정말로 중요한 일에 집중할 수 있다.

이런 점에서 나는 복 받은 사람이다. 내 비서, 린다 에거스는 여러 모임에서 나를 대신하고, 내 일정표를 관리하며, 금전적인 문제와 편지까지 처리한다. 린다가 나를 대신해 다른 사람들에게 말할 때는 내 권위로 말하는 것이다. 내 원고를 정리해주는 찰리 웨첼Charlie Wetzel은 우리가 함께 작업하는 책에서 내 목소리와 내 생각으로 글을 쓴다. 이퀴프와 인조이 스튜워드십 서비스의 사장 겸 최고경영자인 존 헐John Hull은 나를 대신해서 전 세계의 리더와 조직에게 연설한다. 이퀴프의 개발담당 수석 부사장인 더그 카터Doug Carter는 나와 목표를 공유하며, 나보다 더 훌륭하게 이퀴프의 사명을 세상에 알린다.

위험할 수 있다는 압박감이 있지만, 당신을 대신할 사람인지 어떻게 판단해야 할까? 첫째, 그의 성품을 정말 믿을 수 있는지 판단하기 위해서는 그의 가슴을 알아야 한다. 둘째, 그의 가슴과 머리를 알기 위해서는 충분한 시간을 함께 보내야 한다. 셋째, 그의 능력을 믿을 수 있어야 한다. 그가 맡겨진 일의 80퍼센트를 당신만큼 잘 해낸다면 그는 당신을 대신할 자격이 있는 사람이다.

강점인 부분에 집중하고 약점을 멀리하기로 결심했다

우리가 어느 부분에 약한지만 알아도 반은 성공한 것이다. 이 교훈은

'강점을 찾아 강점에 집중하라'에서 충분히 얘기했기 때문에 여기에서 다시 반복하지는 않겠지만, '훌륭한 리더가 되기 위해서는 당신 자신, 즉 당신의 강점과 약점을 알아야 한다'는 사실만은 분명히 해두고 싶다. 언젠가 나는 〈갤럽 매니지먼트 저널Gallup Management Journal〉에서 다음과 같은 글을 읽었다.

> 위대한 리더들을 조사한 결과에서 가장 눈에 띄는 부분이라면, 유능한 리더들은 자신의 강점과 약점을 정확히 알고 있다는 점이다. 그들은 자신이 어떤 부분에서 강하고, 어떤 부분에서 약한지를 정확히 알고 있다. 그들은 모든 사람에게 만능인처럼 보이려고 애쓰지 않는다. 그들의 성격과 행동은 직장에서나 집에서나 똑같다. 그들에게는 꾸밈이 없다. 이처럼 꾸미지 않기 때문에 그들은 다른 사람들과 허물없이 지낼 수 있다.[12]

나는 강점에 집중하려고 항상 노력한다. 나는 선천적으로 집중력이 뛰어나기 때문에 이 교훈을 어렵지 않게 배웠다. 나는 대충하는 것을 싫어한다. 집중력을 최대한 발휘해서 어떤 일이든 탁월하게 해내고 싶어한다. 그렇게 해낼 자신이 없는 일이면 다른 사람에게 맡긴다. 나는 결코 다재다능한 사람이 아니다. 소수의 일만 잘 해낼 뿐이다. 그러나 강점인 분야에서는 집중력을 유지하기 때문에 거의 언제나 탁월한 성과를 거둔다.

나는 중요한 일에 집중하기 위한 첫 조치로 일정표를 조절했다. 내게는 쉬운 일이 아니었다. 나는 워낙에 다른 사람을 돕는 것을 좋아한다. 목사로 첫발을 내딛고 처음 몇 년 동안, 내 일정표는 다른 사람들의 일로 빈틈이 없을 지경이었다. 그러던 어느 날, 내가 그처럼 다른 사람들의 일을 처리하다가는 내 목적을 이루지 못할 거란 사실을 깨달았다.

모든 리더가 바쁘다. 리더에게 중요한 것은 '내 일정표가 채워져 있는가?'가 아니다. '누가 내 일정표를 채우고 있는가?'이다. 당신이 일과표를 제대로 조절하지 않으면 다른 사람들의 일을 처리하는 데 모든 시간을 빼앗길 것이다.

나처럼 하고 싶다면 당신이 하려는 일을 선택하는 방법부터 바꿔야 한다. 나도 처음에는 대학에서 배운 대로 모든 일을 처리했다. 일의 가치를 따지지 않았다. 그 후에는 다른 사람들이 내게 원하는 일을 하기 시작했다. 세상에 눈을 뜨고 성공의 가능성을 찾기 시작하면서 다른 리더들을 흉내 내기 시작했다. 그리고 마침내 내가 꼭 해야만 하는 일을 하기 시작했다. 그리고 더할 나위 없는 보상과 보람을 얻었다.

C. W. 세란C.W. Ceran은 "복잡한 것을 단순하게 줄이는 능력이야말로 비범한 능력이다."라고 말했다. 중요한 일에 집중하려면 단순화시킬 수 있어야 한다. 삶을 단순화시키면 더 집중할 수 있고, 스트레스도 덜 받는다. 당연히 활력도 넘친다. 우리 삶에서 모든 결정이 그렇듯이, 단순화도 교환이다. 우리가 모든 일을 해낼 수는 없다. 뭔가를 하겠다고 결정하면, 다른 일을 할 수 없다. 당신이 하고 싶은 일에도 '아니다!'라

고 말할 수 있어야 한다. 결국 양자택일이다. 당신이 단순화하겠다는 길을 선택하지 않으면 다른 사람이 그 길을 먼저 달려갈 것이다.

언젠가 풋볼팀 감독 회의에서, 전 그린베이 패커스의 빈스 롬바르디Vince Lombardi 감독이 경기에서 승리하기 위한 공격과 수비 전략에 대한 질문을 받았다. 다른 감독들은 똑같은 질문에 그림까지 그려가며 상당히 자세히 대답한 뒤였다. 매년 전지훈련을 시작하면서 풋볼 공을 쥐고 "이게 풋볼 공이다."라고 말하는 것으로 유명했던 롬바르디는 "두 가지 전략밖에 없습니다. 공격 전략은 단순합니다. 우리가 공격할 때는 상대를 때려눕히는 게 목표입니다! 수비 전략도 비슷합니다. 상대편이 공격할 때는 상대를 때려눕히는 게 목표입니다!"라고 말했다.[13] 무척 단순하게 들리겠지만, NFL(미식축구연맹)에서 승리하는 가장 확실한 방법인 것은 확실하다.

단순화 전략은 빈스 롬바르디와 그린베이 패커스에게 효과가 있었다. 내게도 효과가 있었다. 당신에게도 틀림없이 효과가 있을 것이다!

EXERCISE
FOR
LEADER

리더는 많은 일에 손대는 행동가가 아니다

—— 1 　어떤 일에 시간을 쓰고 있는가? 당신의 일정표를 자세히 살펴보고 지난달부터 어떤 일을 했는지 목록을 작성해보라. 당신이 시간을 어떻게 사용하고 있는지 점검해보라. 시간 단위마다 당신의 행위가 아래의 목록에서 어디에 해당하는지 살펴보라.

- 학교에서 내가 해야 하는 일이라고 배운 것
- 다음 사람이 내게 해주기를 바라는 것
- 다른 성공한 사람을 모방해서 한 것
- 내가 반드시 해야 할 일이라고 확신하는 것

이제부터라도 당신에게 필요한 일, 당신에게 높은 보상을 주는 일, 당신에 큰 보람을 주는 일에 시간을 할애해야 한다.

—— 2 　강점에 집중하고 있는가? 잠시 당신의 강점에 대해 생각해보라. 강점이 무엇인지 결정하는 데 도움이 필요하면 당신을 잘 아는 사람에 물어보라. 당신의 강점을 발휘할 수 있는 일이 무엇인지 알았다면 다음의 질문에 정직하게 답해보라.

- 나는 강점을 발휘할 수 있는 일을 하고 있는가?

- 나는 강점을 개발하고 있는가?
- 내 주변에는 그런 강점을 완전하게 해줄 사람들이 있는가?
- 내 약점을 보완해줄 사람을 직원으로 고용하고 있는가?

성공한 리더는 약점을 멀리하고 강점에 집중한다.

—— 3 중간에 끼어 모호한 위치에 있지는 않은가? 당신 조직이나 팀에서 진행되는 모든 일을 알겠다고 나서는가? 뭔가를 가장 먼저 안다는 기분에 가슴이 설레는가? "뭔가를 똑바로 해내고 싶으면 직접 하라!"를 좌우명으로 삼고 있는가? 그렇다면, 당신은 리더로서 크게 성공할 수 없다. 조직원들을 의지하고 그들에 대한 믿음을 키워가라. 당신이 의지할 만한 보좌관이 아직 없다면 그런 사람을 찾아내거나, 그럴 만한 사람을 키워가야 한다.

 Mentoring Point ——

당신이 지도하는 신규 리더들을 객관적으로 유심히 살펴보라. 그들이 각자 어떤 분야에서 강점을 발휘하는가? 당신이 관찰한 결과를 두고 그들과 얘기를 나누고, 그들의 업무에서 주요한 일에 집중하기 위해 어떻게 하는지 물어보라. 상대적으로 생산성이 떨어지는 일을 다른 사람에게 위임하기 위해 어떤 조치를 취하는지 구체적으로 얘기해보게 하라. 그들이 아직 그런 조치를 취하고 있지 않다면, 업무를 위임하는 방법을 그들에게 가르쳐라.

LEADERSHIP
GOLD

12

가장 큰 잘못은
어떤 잘못을 하고 있는지
묻지 않는 것이다

—— 정신을 최대한 집중하려면 큰 실수를 범하라. 엄청난 손해를 끼치고 싶다면 실수를 인정하지 마라!

—— 실패한 리더를 결정하는 기준은 '실수'를 얼마나 저질렀느냐가 아니라, '똑같은 실수'를 얼마나 저질렀느냐는 것이다.

—— 성공을 원하는 사람은 실패를 정상에 올라가는 과정에서 반드시 필요한 유익한 절차로 받아들일 수 있어야 한다.(조이스 브라더스)

—— 훌륭한 사람은 실패에서 지혜를 구하기 때문에 훌륭한 것이다. 성공에서는 지혜를 구하기 무척 어렵다.(윌리엄 사로이언)

—— "우리는 무엇을 놓치고 있는가?"라는 질문은 우리에게 숨을 고르고 생각할 여유를 준다는 점에서 무척 중요한 가치를 갖는다.

—— 확신을 갖고 시작하는 사람은 결국 의혹에 빠지지만, 온갖 의혹을 고려하며 시작하는 사람은 결국 확신에 이른다.(프랜시스 베이컨)

얼마 전, 나는 갈등을 해소하는 법을 강의했다. 쉬는 시간에 한 젊은이가 내게 다가와 "창업을 해볼 생각입니다."라고 말했다.

"잘 됐군."

"감사합니다. 창업할 바엔 '제대로' 해보고 싶습니다. 그러니까 어떤 문제도 애초부터 발생하지 않도록 해보고 싶습니다."

나는 심각한 목소리로 말했다.

"내가 보기엔 자네는 어떤 실수도 하지 않을 거라고 생각하는 잘못을 범하고 있구먼."

무지는 축복이 아니다

젊고 이상주의를 꿈꿀 때는 누구나 어떤 사람보다 멋진 리더가 될 수 있을 것이라고 생각한다. 나도 그렇게 생각했다. 사회에 첫발을 내딛었을 때 나는 긍정적이었고 적극적이었으며 낙천적이었다. 한 마디로 지극히 순진했다. 때로는 자기도취에 빠지기도 했다. 달리 말하면, 젊은 열정에 취해 모든 일이 순탄하게 진행되는 것을 당연하게 여겼다. 아니, 문제가 있으리라고는 생각지도 않았기 때문에 문제를 찾으려 하지도 않았다. 그 결과가 어땠을까? 나는 눈뜬 봉사가 됐다. 따라서 문제가 터질 때마다 나는 당황해서 갈피를 잡지 못했다. 어떻게 그런 일이 생겼지? 이렇게 생각할 뿐이었다.

네다섯 번쯤 허를 찔린 후에야 나는 경험 많은 리더들에게 필사적으로 도움을 청하기 시작했다. 한 리더의 말이 내 리더십을 완전히 바꿔놓았다. 그는 "존, 자네가 범할 수 있는 가장 큰 잘못은 자네가 어떤 잘못을 하고 있는지 묻지 않는 걸세."라고 말했다.

이 충고를 듣고 나는 리더십의 방향을 바꾸었다. 그때부터 나는 현실적으로 생각하기 시작했다. 그리고 나 자신을 점검한 결과, 내가 무엇을 잘못하고 있는지 알아냈다.

- 나는 무엇이든 잘못될 수 있다고는 전혀 생각하지 않았다.
- 나는 '옳은 길'을 취하면 실수도 없을 거라고 믿었다.
- 내가 나 자신이나 남에게 행한 실수를 인정하지 않았다.
- 나는 내 실수에서 교훈을 배우지 않았다.
- 나는 내 실수에서 배운 교훈을 남에게 가르치면서 남을 돕지 않았다.

더 나은 리더가 되기 위해서 나는 변해야 했다. 내가 어떤 실수를 저지르고 있는지 묻지 않는 실수에서 벗어나야만 했다.

실수를 성공으로 바꾸는 비법

지우개를 발명한 사람보다 인간을 정확히 판단한 사람이 있었을까! 누구나 크고 작은 실수를 한다. 정신을 최대한 집중하려면 큰 실수를 범하라. 엄청난 손해를 끼치고 싶다면 실수를 인정하지 마라! 리더로서 성공하지 않는 지름길이 있다면, 실수를 인정하지 않는 것이다. 실패한 리더를 결정하는 기준은 '실수'를 얼마나 저질렀느냐가 아니라, '똑같은 실수'를 얼마나 저질렀느냐는 것이다. 성공적으로 실수하고 싶다면, 그래서 실수에서도 최대한 보람을 구하고 싶다면 다음과 같이 해보라.

당신의 실수와 약점을 인정하라

얼마 전에 나는 최고경영자들을 상대로 강연을 했다. 나는 그들에게 실수와 약점을 추종자들에게 감추지 말라고 강조했다. 그러자 강연장에 갑자기 긴장감이 감돌았다. 그들이 내 충고를 달갑게 생각하지 않는다는 것을 눈치챌 수 있었다.

휴식 시간에 나는 내 책에 서명을 해주었다. 그때 어떤 회사의 사장이 나를 혼자서 만나고 싶어했다. 잠시 짬을 낼 수 있어 우리는 외진 곳을 찾아갔다. 그가 "우리가 실패한 얘기를 남들에게 할 수 있어야 한다는 강사님의 말에 나는 동의하지 않습니다."라고 말했다. 그리고 그는 직원들 앞에서 강하고 자신감에 넘치는 모습을 보이는 게 얼마나 중요한지 말하기 시작했다.

나는 그의 얘기를 끝까지 들었다. 하지만 그가 얘기를 끝내자마자 내가 말했다.

"당신은 잘못된 생각으로 직원들을 끌어가고 있습니다."

그가 화난 얼굴로 말했다.

"뭐라고요?"

"직원들이 당신의 약점을 모를 거라고 생각하는 게 잘못됐다는 겁니다. 내 말이 맞을 겁니다. 직원들은 당신의 약점을 알고 있습니다. 따라서 당신이 실수한 걸 인정해도 직원들은 놀라지 않을 겁니다. 틀림없습니다. 직원들이 서로 얼굴을 쳐다보면서 '저런! 사장도 알고 있었군. 그럼 우리도 모르고 있는 척 할 필요가 없잖아!'라고 말할 겁니다."

실패의 가능성을 미리 조치하고, 이미 저지른 실수에서 교훈을 배우기 위한 첫 단계는 당신 자신을 정직하게 직시하고 당신의 약점을 인정하는 것이다. 당신이 완벽한 척하는 데 연연한다면 리더로서 성공하기 힘들다.

전 해군 함장 마이클 에브라소프Michael Abrashoff는《용감한 항해It's Your Ship》에서, "내가 원하는 결과를 얻지 못할 때마다 분노를 꾹 참고, 내게 문제가 있지 않은지 나를 돌아보았다. 그리고 나 자신에게 3가지 질문을 던졌다. 내가 목표를 정확히 전달했는가? 부하들에게 그 일을 해내기에 충분한 시간을 할애하고 지원을 했는가? 부하들을 충분히 훈련시켰는가? 90퍼센트 가량, 내게도 문제가 있었다는 걸 깨달았다."라고 말했다.[14] 이렇게 우리의 잘못을 인정하고, 그 잘못에 대한 책임을 짊어질 때 우리는 다음 단계로 나아갈 수 있다.

실수를 성장의 발판으로 삼아라

심리학자 조이스 브라더스Joyce Brothers는 "성공을 원하는 사람은 실패를 정상에 올라가는 과정에서 반드시 필요한 유익한 절차로 받아들일 수 있어야 한다."라고 말했다. 누구도 완벽할 수 없다. 당신도 예외일 수 없다. 실패에 익숙해지는 편이 낫다. 앞으로 나아가고 싶다면 실수를 범해야 한다.

미식축구 명예의 전당에 헌액된 쿼터백 조 몬태나Joe Montana는 "수백만의 시청자가 지켜보는 앞에서 실수를 저지른 것도 부족했다는 듯이, 경기를 끝내고 월요일마다 나는 내 실수를 곱씹어 봐야 했다. 반복해서 슬로모션으로 천천히, 코치의 지적을 들어가면서! 우리가 승리한 때도 항상 우리의 실수를 되돌아보는 시간을 가졌다. 그렇게 실수를 되돌아볼 때 실수한 것에 자책할 필요는 없다. 나는 빨리 잊고, 실수에서 배우는 방법을 터득했다. 이미 지나간 일로 자책해서 무엇하겠는가? 다음에 더 잘하면 된다!"라고 말했다.

누구나 실수를 흔쾌히 되돌아보며 실수에서 교훈을 배우는 것은 아니다. 몬태나는 그랬기 때문에 NFL의 역사상 가장 위대한 쿼터백 중 하나가 됐다. 그는 뛰어난 리더십과 역경을 이겨내는 능력으로 '냉정한 조'라는 별명을 얻었다. 또 이런 자질을 발판으로 그는 자신의 팀을 슈퍼볼에서 4번이나 우승으로 이끌었고, 개인적으로는 최우수 선수상을 3번이나 차지했다. 당신도 리더로서 잠재력을 살리고 싶다면 실수와 실패를 두려워하지 마라.

실수에서 배우겠다고 다짐하라

리더십 전문가인 톰 피터스Tom Peters는 "작은 구멍가게부터 대기업에 이르기까지, 하루 일과를 끝내면서 근무일지에 '오늘 하루도 별 탈 없이 끝냈다.'라고 쓰는 직원만큼 쓸모 없는 직원은 없다."라고 말했다.

실패에 대한 반응은 크게 두 유형으로 나뉜다. 하나는 열등감을 느끼며 위축되는 유형이며, 다른 하나는 실수를 거듭하며 실수에서 배워 더 나아지는 유형이다. 실패에 마음의 상처를 입어 숨을 곳을 찾는 사람이 있는 반면에 실패에서 배우며 나날이 나아지는 사람이 있다. 무작정 실패를 잊으려 애쓰며 아무런 교훈도 얻지 못해 결국 똑같은 실수를 반복하는 사람이 있는 반면에, 실패에서 적극적으로 교훈을 얻으려는 사람은 결코 똑같은 실수를 되풀이하지 않는다. 소설가 윌리엄 사로이언William Saroyan은 "훌륭한 사람은 실패에서 지혜를 구하기 때문에 훌륭한 것이다. 성공에서는 지혜를 구하기 무척 어렵다."라고 말했다. 리더는 과학자에게 배워야 한다. 과학에서는 진실의 발견이 있기 전에 언제나 실수가 있었다.

"우리가 지금 무엇을 놓치고 있는가?"라고 물어라

걱정에 싸여 지내는 사람들이 있다. 그들은 항상 비관적으로 생각해서 좋은 면을 찾으려 하지 않는다. 반면에 나처럼 모든 것이 술술 풀릴 것이라고 생각하는 사람들도 있다. 그러나 두 사고방식 모두 리더에게는 바람직하지 않다.《영광의 문All That Was Ever Ours》을 쓴 엘리자베스 엘리엇Elizabeth Elliot은 "일반화는 좋지 않다. 그러나 우리는 끊임없이 일반화시킨다. 우리는 이미지를 만들어내고, 그 이미지는 마음에 새겨져 변하지 않는다. 우리는 사람이나 상품, 프로그램이나 광고 등을 섣부른 판단에 따라 받아들이거나 거부한다. 우리는 뭔가에 대해 조금밖에 모르면서도 모든 것을 아는 것처럼 그것을 대한다."라고 지적했다. 리더라면 신중하고 분별력을 가져야 한다.

우리가 아는 것이면 결정하기가 한결 쉽다. 그러나 우리가 모든 것을 아는 것은 아니다. 우리 눈에 보이는 것이면 방향을 선택하기도 쉽다. 그러나 세상에는 보이지 않는 것이 태반이지 않은가? 훌륭한 리더십을 위해서는 보이지 않는 행간을 읽어내야 한다. "우리는 무엇을 놓치고 있는가?"라고 자신에게 물을 때 행간을 읽어낼 가능성은 높아진다.

1990년대 닷컴 바람이 불었을 때, 모두가 장밋빛으로만 보이던 그 세계에 뛰어들고 싶어했다. 당시, 내가 운영하던 한 회사의 경영진도 리더들을 위한 닷컴 회사를 창업하려 했다. 누군가 그런 의견을 제시했을 때 회의장은 뜨거운 열기로 술렁거렸다. 그 벤처 사업이 성공이라도 한 것처럼 모두가 흥분했다. 그러나 그 안건이 본격적으로 논의되자, 내 동생 래리가 아주 간단한 질문을 경영진에게 던졌다. "초기 투자를 넘어서는 수익을 어떻게 거둘 겁니까?" 이 질문에 경영진 모두가 꿈에서 깨어났다. 누구도 만족스런 답변을 내놓지 못했다.

그럼 래리가 흥겨운 판을 깬 사람이었을까? 조직원들의 생각을 여지없이 짓밟고 기회를 빼앗는 걸 좋아하는 사람이었을까? 그렇지 않다, 래리는 철저한 현실주의자였다. 그는 "우리가 무엇을 놓치고 있는가?"라는 질문을 다른 식으로 던졌을 뿐이었다. 너도나도 물불을 가리지 않고 닷컴 창업에 뛰어들었을 때 우리는 그 질문을 끊임없이 제기하며 신중하게 처신했다.

"우리는 무엇을 놓치고 있는가?"라는 질문은 우리에게 숨을 고르고 생각할 여유를 준다는 점에서 무척 중요한 가치를 갖는다. 확실한 것은 누구나 볼 수 있다. 그러나 눈에 띄지 않는 것은 극소수에게만 보인다. 혹독한 질문을 받을 때 우리는 다른 방향에서 생각하게 된다. 가령 어떤 계획이 완벽해서, 신중하게 접근하면 어떤 문제도 발생하지 않는 것이라 생각하면, 그 계획에 아무런 의문도 제기하지 않겠지만 현실은 결코 그렇지 않다.

주변 사람들에게 반박할 기회를 주라

최근에 나는 어떤 영업소에 "여행하고 싶습니까? 새로운 친구를 만나고 싶습니까? 자유로운 미래를 살고 싶습니까? 한 번만 실수를 더 하면 이 모든 것을 누릴 수 있습니다."라고 쓰인 게시판을 보았다. 상당히 위협적인 게시판이었다. 많은 사람이 실수에 대한 두려움 때문에 자신의 능력을 완전히 펼쳐 보이지 못한다. 계획을 추진하는 과정에서 잠재되거나 불거지는 문제를 리더에게 솔직하게 전달하지 않기 때문에 많은 팀이 목표에 이르지 못한다. 훌륭한 리더라면 팀원들에게 팀에 관련된 의견을 솔직히 털어놓을 수 있게 유도할 수 있어야 한다.

리더가 팀원들의 의견을 받아들이지 않으면 팀 전체에 큰 불행이 닥칠 수 있다. 마이클 에브라소프는 《용감한 항해》에서 이 문제를 다루며 다음과 같이 말했다.

호노룰루 인근에서 미해군 잠수함 '그린빌' 호와 충돌한 일본 어선이 침

몰했다는 소식을 들었을 때, 나는 대부분의 사고가 그렇듯이 누군가는 충돌 가능성을 감지했지만 알리지 않았을 거라고 생각했다. 그린빌 사건의 조사가 시작됐을 때 나는 〈뉴욕 타임스〉에서 "그린빌 호의 승무원들이 함장의 판단을 지나치게 존중해서 함장의 판단에 누구도 의문을 제기하지 않았다."라는 기사를 보았다. 그런 것이 존중이라면 나는 그런 식의 존중을 조금도 원하지 않는다. 조직원들이 당신의 어깨를 툭툭 치며 "그게 최선일까요?", "침착하십시오.", "우리가 애꿎은 사람들을 죽음에 몰아넣거나 그들에게 피해를 주는 짓을 하는 건 아닐까요?"라고 말할 수 있어야 한다.

역사 기록을 살펴보면, 함장이나 조직의 관리자가 위압적인 자세로 현장을 다스리며 부하들의 입을 막아, 그들의 경고가 있었더라면 충분히 막을 수도 있었던 사고가 헤아릴 수 없이 많다. 부하들이 지휘관의 능력과 경험을 존중하는 까닭에 반론의 제기를 꺼릴 때도 이중 삼중으로 점검하기 위해서는 지휘관의 결정에 의문을 제기하는 분위기가 조성돼야 한다.

협동심을 갖고 함께 일할 때, 혼자 일하는 것보다 훨씬 낫다. 나는 이 교훈을 일찌감치 터득했기 때문에, 나쁜 소식을 외면하는 사람에서 나쁜 소식에도 귀를 기울이는 사람으로 변할 수 있었다. 그 후로 주변 사람들이 내게 곤혹스런 질문이라도 서슴지 않고, 나와 다른 의견이라도 서슴없이 개진할 수 있는 분위기를 조성하려 애썼다. 나는 실수하고 싶지 않았다. 팀원들이 사실을 지적한 후에 "당신 결정은 잘못된 것 같다."라고 말하면 내 결정을 재고했다. 나는 팀원들에게 준비 단계에서부터 조언을 구한다. 모든 것이 결정된 뒤에야 제기되는 반론은 아무런 도움도 되지 않는다. 최종 결정 전의 반론은 결코 불충행위가 아니다. 하지만 모든 것이 결정된 후에 제기되는 의문은 좋은 팀워크를 위해서도 바람직하지 않다.

훌륭한 리더라면 조직원들에게 곤혹스런 문제라도 제기하고 리더의 판단에 반론을 제기할 수 있는 분위기를 조성해줘야 한다. 이런 분위기는 리더가 앞장서서 만들어가야 한다. 많은 리더가 퉁명스런 혀를 가진 조직원보다, 눈을 가리고 말없이 따라오는 추종자를 좋아하는 것은 사실이다. 그러나 중요한 결정을 내릴 때는 모두가 침묵하겠지만, 일단 일이 시작되면 모두가 말없이 따라오지는 않는다. 영국의 철학자였고 정치인이었던 프랜시스 베이컨 Francis Bacon 은 "확신을 갖고 시작하는 사람은 결국 의혹에 빠지지만, 온갖 의혹을 고려하며 시작하는 사람은 결국 확신에 이른다."라고 말했다. 이 말을 리더들에게 적용하면, "나는 지금 어떤 실수를 하고 있는가?"라고 거듭해서 물어보라는 뜻이다.

EXERCISE
FOR
LEADER

정신을 최대한 집중하려면 큰 실수를 범하라

—— **1** 당신은 실수를 어떻게 생각하는가? 당신은 낙관주의자인가 비관주의인가, 아니면 현실주의자인가? 낙관주의자는 잠재된 문젯거리를 애써 찾고 싶어하지 않고, 비관주의자는 사방에 문젯거리만 있다고 생각한다. 이런 태도는 누구에게도 도움이 되지 않는다. 우리는 현실을 직시하는 현실주의자가 돼야 한다. 오늘부터라도 일하면서 당신 자신과 동료, 심지어 부하 직원에게도 (1) "잘못될 가능성이 있는 게 무엇인가?", (2) "우리가 무엇을 놓치고 있는가?"라고 물어라.

—— **2** 당신은 자신의 실수를 깨끗이 인정하는가? 당신은 실수를 친구라 생각하는가, 적이라 생각하는가? 리더가 자신의 실수를 받아들이고 친구로 삼는다는 증거는 실수를 얼마나 인정하는가에서 찾을 수 있다. 함께 일하는 사람들에게 당신이 실수를 얼마나 적극적으로 인정하는지 물어보고, 1점(마지못해 인정한다)과 10점(깨끗이 인정한다) 사이에서 점수를 매겨달라고 부탁해보라. 8점 이하라면 당신의 약점을 조직원들에게 털어놓고 실수를 깨끗이 인정하며, 실수에서 배우고 실수를 성공의 발판으로 받아들이기 위해 좀더 노력할 필요가 있다.

—— **3** 당신은 부하 직원들에게 최상의 의견을 구하고 있는가? 팀원들에게 어떤 쟁점에 대한 의견을 구하기 위해 얼마나 자주 그들에게 의견을 묻는

가? 정보수집과 의사결정 과정에 그들을 얼마나 자주 참여시키는가? 리더의 궁극적 책임은 최종 결정을 내리는 데 있고, 당신은 그 결과까지 책임져야 한다. 따라서 팀원들의 의견과 경험을 최대한 활용하지 못한다면 리더의 역할을 제대로 해내지 못한다는 뜻이다. 오늘부터라도 팀원들에게 의견을 구하라.

 Mentoring Point ——

당신이 지금 지도하는 신규 리더들의 직속상관인데 그들이 위험에 도전하지 않고 따라서 실수도 저지르지 않는다면 당신에게 문제가 있다는 뜻일 수 있다. 멘토링 리더라면 실수가 허용될 뿐 아니라 실수가 권장되고 성장의 징조로 받아들여지는 분위기를 조성해줘야 한다. 당신이 지도하는 리더들이 마음껏 실수를 저지를 수 있는 '공간'을 마련해주어라. 그들이 위험을 감수하고 도전하기를 바라며, 어떤 실수라도 용납되는 분야를 분명히 알려주라. 그리고 일정한 시간이 지난 후에, 그들의 리더십이 어떻게 변했는지 평가하는 시간을 가져라.

LEADERSHIP GOLD

13

시간을 관리하지 마라,
삶 자체를 관리하라

—— 시간의 신중한 관리야말로 유능한 경영자에게 가장 필요한 덕목이다.(피터 드러커)

—— 우리의 삶에서 가장 소중한 자산은 시간이다. 당신, 오직 당신만의 판단에서 그 자산을 어떻게 쓸 것인지 결정해야 한다. 당신을 대신해서 다른 사람이 그 자산을 멋대로 쓰지 않도록 경계하라.(칼 샌드버그)

—— 기껏 훈련시킨 직원을 잃는 것보다 더 나쁜 경우가 있다면, 직원들을 훈련시키지도 않고 계속 근무시키는 것이다.(지그 지글러)

나는 리더로 첫발을 내딛었을 때부터, 시간을 최대한 활용할 수 있어야 리더로서의 생산성과 효율성을 극대화시킬 수 있다는 것을 알았다. 피터 드러커도 "시간의 신중한 관리야말로 유능한 경영자에게 가장 필요한 덕목이다."라고 말하지 않았던가.

나는 이 부분의 능력을 향상시키고 싶어, 시간관리 세미나에 참석했다. 그날 많은 소중한 교훈을 배웠다. 내게 가장 큰 감명을 주었고, 그날 이후로 거의 30년 동안 내 머릿속을 떠나지 않았던 얘기 중 하나는 "우리의 하루하루는 똑같이 생긴 여행가방과 같다."는 강연자의 비유였다. 똑같은 크기이지만 다른 사람에 비해 훨씬 많은 것으로 가방을 가득 채우는 사람이 있다. 그 이유가 무엇일까? 그들은 가방을 어떻게 채워야 하는지 알기 때문이다. 그날 우리는 우리에게 주어진 시간을 어떻게 채워야 하는가를 배웠다.

관점을 바꾸라

나는 2가지 교훈을 가슴에 담고 강연장을 나왔다. 첫째, 시간은 누구에게나 똑같이 주어진다는 것이다. 모두에게 하루에 꼭 24시간이 주어진다. 더도 아니고 덜도 아니다. 그 24시간에서 모두가 똑같은 성과를 거두지는 못한다. 둘째, 엄격하게 말해서 '시간관리'라는 것은 없다는 것이다. '시간관리'라는 단어 자체가 모순이다. 시간은 관리의 대상일 수 없다. 어떤 식으로도 시간을 통제할 수는 없다. 우리가 어떤 수를 써도 시간은 흘러간다. 택시가 멈춰 있든 달리든 간에 요금계는 하염없이 올라가는 것과 똑같다. 누구에게나 하루에 똑같은 양의 시간이 주어진다. 아무리 똑똑한 사람도 오늘 1시간을 남겨 내일로 넘길 수 없다. 아무리 뛰어난 과학자라도 1분도 새롭게 창조해낼 수는 없다. 빌 게이츠와 같은 부자가 전 재산을 쏟아부어도 자신에 주어진 시간 이외에 추가 시간을 살 수는 없다. 우리는 흔히 '시간을 내라'고 말하지만 구태여 그럴 필요가 없다. 세상에 그보다 무리한 요구는 없다. 24시간은 우리 모두에게 주어진 최대의 시간이다.

우리는 시간을 관리할 수 없다. 그럼 무엇을 할 수 있을까? 우리 자신을 관리해야 한다! 성공한 사람과 그렇지 못한 사람을 구분해주는 기준은 '시간을 어떻게 활용하는가'이다. 성공한 사람은 시간이 세상에서 가장 소중한 자원이란 것을 깨달은 사람이다. 시간이 어떻게 흘러가는가를 아는 사람이다. 따라서 그들은 자신이 시간을 어떻게 사용하는지 끊임없이 분석하며, 자신에게 "내가 시간을 최대로 활용하고 있는가?"라고 묻는다.

시간이 유한하다는 것을 모르는 사람은 없겠지만, 내 생각에는 대다수의 사람이 시간의 가치를 제대로 인식하지 못하고 있는 듯하다. 찰스 스페자노Charles Spezzano는《탄생과 죽음 사이에 해야 할 것: 성장의 기술What to Do between Birth and Death: The Art of Growing Up》에서, "엄격하게 따지면 우리는 어떤 물건을 돈으로 사는 것이 아니다. 시간으로 그 물건을 사는 것이다. 예컨대 내가 어떤 별장을 사려고 5년 동안 돈을 알뜰살뜰 모았다고 해보자. 그 후엔 조금은 느긋해진다. 결국 나는 5년이란 비용을 치르고 별장을 구입한 셈이다. 5년이면 성인으로 살아가는 60년의 12분의 1이다. 이제부터라도 당신이 원하는 집, 자동차 등의 금전적 가치를 시간으로 환산해보고, 그만큼의 시간을 투자할 가치가 정말로 있는 것인지 생각해보라."고 했다.

훌륭한 리더치고 자기 관리를 못하는 사람이 없다

뭔가를 하고서도 긍정적인 성과를 거두지 못했다면 시간을 낭비한 셈이다. 조직원들이 그런 처지라면 안타까운 일이 아닐 수 없다. 결국에는 그들의 삶을 낭비하고, 잠재력마저 허투루 쓴 셈이기 때문이다. 그러나 리더가 그런 처지라면 더더욱 안타까운 일이다. 리더 자신에게도 손해이지만, 조직원들의 잠재력까지 낭비한 것이기 때문이다.

내 경험에 비추어보면, 자신을 제대로 관리하지 못하는 사람에게는 다음과 같은 3가지 결함이 있었다.

자기만의 고유한 능력을 과소평가하고, 다른 사람이 원하는 일을 한다

시인 칼 샌드버그Carl Sandburg는 "우리의 삶에서 가장 소중한 자산은 시간이다. 당신, 오직 당신만의 판단에서 그 자산을 어떻게 쓸 것인지 결정해야 한다. 당신을 대신해서 다른 사람이 그 자산을 멋대로 쓰지 않도록 경계하라."고 말했다. 7장에서도 말했듯이, 나는 리더로 첫발을 내딛었을 때 다른 사람들의 일로 내 시간을 많이 빼앗겼다. 따라서 나는 바쁘기는 했지만 별다른 실속이 없었다. 내가 정말로 해야 할 일을 하지 못하고, 주변 사람들의 기대를 채워주는 데 급급했을 뿐이었다.

리더이기 때문에 나는 세상을 조금이라도 바꿔가고 싶다. 세상에 작은 영향이라도 남기고 싶다. 당신은 그렇지 않은가? 다른 사람들의 기대에 부응하기보다는 내 꿈을 실현하는 데 집중하기 시작하면서 내 리더십은 새로운 차원에 올라섰다. 나는 뭔가 특별한 일을 하라고 이 땅에 태어난 것이라 믿는다. 다른 사람이 내게 원하는 일을 하는 데 급급하면 그 특별한 일을 해낼 수 없다. 설령 해내더라도 보잘것없는 수준에 불과할 것이다. 나만이 해낼 수 있는 특별한 업적을 남기고 싶다. 누구도 나를 대신해서 그 일을 해낼 수 없을 테니까.

내가 일정 관리를 무섭도록 철저하게 하고, 때로는 강연 청탁을 단호히 거절하는 이유를 이해하지 못하는 사람이 적지 않다. 그러나 나는 몰인정한 사람이 아니다. 사명감이 투철한 사람이기도 하다. 내가 무엇을 잘하고 무엇을 못하지는 잘 안다. 내게 주어진 시간은 한정돼 있다. 따라서 나는 그 시간을 최대한 유익하게 활용하고 싶을 뿐이다. 다른 사람들의 기대감에 맞춘 틀에 나를 옭아매고 싶지 않다. 당신도 유능한 리더가 되고 싶다면 다른 사람들의 요구에 우왕좌왕해서는 안 된다.

중요하지 않은 일을 하면서 자신의 능력을 효과적으로 발휘하지 못한다

수필가 헨리 데이비드 소로 Henry David Thoreau 는 "바쁜 것만으로는 부족하다. 문제는 '어떤 일로 바쁘냐?'는 것이다."라고 말했다. 어떤 일이 시간과 관심을 투자할 만한 가치가 있는 것인지 어떻게 판단하는가? 나는 어떤 일을 중요성을 판단하는 데 다음과 같은 공식을 사용해왔다. 덕분에 나 자신을 효율적으로 관리할 수 있었다. 이 공식은 3단계로 이루어진다.

단계1 : 중요성을 기준으로 그 일의 등급을 평가한다

무척 중대하다 – 5점

필요하다 – 4점

중요하다 – 3점

도움이 된다 – 2점

크게 중요하지는 않다 – 1점

단계2: 그 일을 끝내야 할 때를 기준으로 일의 화급성을 평가한다

이번 달 – 5점

다음 달 – 4점

이번 분기 – 3점

다음 분기 – 2점

연말 – 1점

단계3: 중요도와 화급성에서 얻은 점수를 곱해보라

예: 5(무척 중대하다) × 4(다음 달) = 20

그 후 나는 다음과 같은 기준으로 그 일을 끝내야 할 때를 판단한다.

A = 16~25: 월말까지 끝내야 하는 중대한 일이다.
B = 9~15: 이번 분기말까지는 끝내야 하는 중요한 일이다.
C = 1~8: 연말까지 끝내면 되는 우선순위가 낮은 일이다.

이 공식에서 눈여겨봐야 할 것은 그 날이나 그 주에 반드시 끝내야 할 일은 없다는 점이다. 그 이유가 무엇일까? 나는 적어도 한 달 정도의 여유를 두고 일정표를 짜려고 노력하기 때문이다. 리더는 조직에서 누구보다 멀리 내다볼 수 있어야 한다. 리더가 위기를 맞아서야 임기응변식으로 대응하면 조직원은 물론이고 조직 자체가 위험에 빠질 수 있다.

조언을 받거나 훈련받지 않고 일을 시작해 잠재력을 끌어내지 못한다
가치 있는 일이라면 더 낫게 해내는 편이 낫다. 우리보다 앞서 똑같은 길을 걸었던 사람들에게 아무런 지혜도 구하지 않은 채 무작정 일에 뛰어드는 사람을 볼 때마다 나는 그저 놀랍기만 하다. 훈련받고 조언을 받으며 연구하면, 똑같은 시간을 투자해서도 엄청나게 다른 결과를 빚어낼 수 있다.

펜실베이니아 대학교의 로버트 젬스키Robert Zemsky와 수전 셔먼Susan

Shaman은 3,200개의 미국 회사를 연구해서, 설비투자에 10퍼센트를 증액하면 생산성이 3퍼센트만 증가하지만, 조직원의 훈련에 10퍼센트를 증액하면 생산성이 8.5퍼센트나 증가한다는 사실을 밝혀냈다.[16] 따라서 당신에게 주어진 시간을 최대한 활용하고 싶다면 당신 자신을 최대한 활용해야 한다. 당신의 능력이나 조직원들의 능력을 향상시키는 데 도움을 줄 수 있는 사람을 찾아내라. 강연자이며 내 친구인 지그 지글러Zig Ziglar는 "기껏 훈련시킨 직원을 잃는 것보다 더 나쁜 경우가 있다면, 직원들을 훈련시키지도 않고 계속 근무시키는 것이다."라고 말했다.

당신의 삶을 올바로 관리하고 당신의 시간을 최대한 활용할 수 있는 확실한 비결이 있다. 성공하고 싶다면 그 비결을 몸에 익혀야 한다. 내 경험에 비추어보면, 사회에 첫발을 내딛을 때부터 이 비결을 능수능란하게 사용한 사람은 거의 없었다. 성공한 사람들은 시행착오를 거치면서 이 비결을 몸에 익힌 사람이다. '삶의 관리'는 시간의 인식에서부터 시작된다. 또 시간을 올바로 관리하기 위해 어떤 결정을 내려야 하는지 깨닫는 데서부터 시작된다. 삶을 제대로 관리하는 사람들은

- 삶의 전반적인 목표를 앞당겨주는 일을 한다 – 따라서 그들은 조금이라도 성장한다.
- 그들의 가치관을 부합되는 일을 한다 – 따라서 그들은 성취감을 느낀다.
- 그들의 강점을 극대화시킬 수 있는 일을 한다 – 따라서 그들은 언제나 유능하게 보인다.

- 그들에게 즐거움을 주는 일을 한다 - 따라서 그들은 언제나 건강하게 보인다.
- 조직원들을 훈련시킨다 - 따라서 그들의 생산성까지 증가한다.
- 조직원들에게 가치를 더해주는 일을 한다 - 따라서 그들의 영향력이 커진다.

시간관리라는 것은 없다. 삶을 관리할 수 있을 뿐이다.

내 오랜 친구인 드와이트 베인Dwight Bain이 얼마 전에 내게 편지로 알려준 얘기에서, '삶의 관리'라는 부분에서 내게 깊은 감명을 주었다. 제프리 데이비스Jeffrey Davis가 쓴 우화였다.

나이가 들수록 토요일 아침이 즐겁다. 가장 먼저 일어나 조용히 즐기는 한적함 때문일 수도 있겠고, 일을 하지 않아도 된다는 한없는 즐거움 때문인지도 모르겠다. 어느 쪽이든 토요일 아침의 처음 몇 시간은 마냥 즐겁기만 하다.

수주일 전, 나는 지하실로 천천히 내려갔다 … 한 손에는 김이 모락모락 나는 커피잔을 들고, 다른 한 손에는 아침 신문을 든 채로. 전형적인 토요일 아침 시간이었지만, 삶이 때때로 우리에게 불쑥 건네는 소중한 교훈의 시간으로 변했다. 이제부터 그 교훈에 대해 얘기해보려 한다.

나는 토요일 아침의 아마추어 무선 방송 소식을 들으려고 무선기의 다이얼을 돌렸다. 귀에 익은 목소리가 우연히 잡혔다. 목소리가 너무나 감미로워 그는 방송계에 종사하는 사람인 것만 같았다. 그는 톰이란 남자에게 '1,000개의 구슬'에 대해 말하고 있었다.

나는 호기심을 이기지 못하고, 자리를 잡고 앉아 그의 말에 귀를 기울였다.

"톰, 말하는 걸 들으니 자네는 일에 치여 사는 것 같구먼. 물론 그에 합당한 보상을 받겠지만 집과 가족에서 그렇게 멀리 떨어져 지내야 한다니 유감이네. 젊은이가 빚을 지지 않고 그럭저럭 살아가려면 1주일에 6~70시간을 일해야 한다니 믿기지 않아. 더구나 자네 딸의 무용 발표회에도 가보지 못했다니 정말 딱하군."

그는 계속해 말했다.

"톰, 내가 균형 잡힌 관점에서 우선순위를 결정하는 데 도움을 받았던 교훈 하나를 자네에게 해주고 싶군."

그리고 그는 '1,000개의 구슬'이란 그의 이론을 설명하기 시작했다.

"어느 날 나는 차분히 앉아 계산을 해보았네. 우리는 대체로 75년 안팎을 살지. 물론 더 오래 사람도 있고, 그 나이가 되지 않아 죽는 사람도 있지만, 평균해서 말하면 약 75년이네. 그래서 75에 52를 곱하니까 3,900이 되더군. 그러니까 우리가 평생 3,900번의 토요일을 맞는다는 뜻이네. 이제부터 내 말을 잘 듣게. 중요한 걸 얘기할 거니까."

"나는 쉰다섯 살이 돼서야 이 모든 걸 꼼꼼하게 생각해봤네. 달리 말하면, 내가 2,800번 이상의 토요일을 보낸 후에야 생각하기 시작했다는 뜻이지. 만약 내가 75세까지 산다면 내게는 토요일이 1,000번 가량밖에 남지 않았다는 걸 그때서야 깨달았네. 그래서 장난감 가게를 찾아 다니면서, 그 가게에 있는 구슬을 몽땅 샀네. 세 군데를 돌아다니니까 대략 1,000개가 되더군. 그걸 집에 가져와, 지금 내 무선기 바로 옆에 있는 커다랗고 투명한 플라스틱 상자에 넣어 두었네. 그 후로 토요일이면 하나씩 꺼내 던져버렸지."

"구슬이 줄어드는 걸 볼 때마다 나는 지금 정말로 중요한 것에 더 집중해야 한다고 다짐하게 되더군. 톰, 자네도 우선순위를 결정하는 데 도움을 받으려면 이 땅에서 자네에게 남은 시간이 줄어드는 걸 지켜보는 것보다 좋은 방법을 없을 거네."

"자네와 통신을 끝내기 전에 마지막으로 한 마디만 더 하지. 곧 내 집사람이 아침을 먹으라고 나를 부를 테니까. 오늘 아침에 나는 플라스틱 상자에서 마지막 구슬을 꺼냈네. 다음 토요일에도 우리가 통신을 하게 된다면 나는 여분의 삶을 사는 셈이지. 사랑하는 사람들의 곁에서 말이야."

"톰, 자네와 얘기를 나눌 수 있어 기뻤네. 자네가 가족들과 함께 더 많은 시간을 보낼 수 있기를 바라네. 또 이 주파수대에서 자네를 다시 만날 수 있기도 바라고."

그리고 그는 통신을 끊었다. 지하실이 갑자기 조용해지면서 바늘이 떨어지는 소리까지 들릴 것 같았다. 그가 우리에게 깊이 생각해봐야 할 과제를 던져놓은 듯했다. 그날 아침 나는 무선기의 안테나를 수리해서, 몇몇 아마추어 무선가들과 접촉해 클럽 결성을 위한 소식지를 만들어볼 계획이었다. 하지만 무선기를 끄고 나는 위층에 올라가 아내를 깨웠다. 그리고 아내의 뺨에 입을 맞추며 "일어나요. 당신과 애들이랑 아침 식사를 함께하고 싶으니까."라고 말했다.

아내가 빙그레 웃으며 물었다.

"웬일이에요?"

"특별한 일은 아니에요. 우리가 애들이랑 토요일을 함께 보낸 지가 너무

오래된 것 같아서. 여보, 나랑 외출해서 장난감 가게에 가지 않을래요? 구슬을 좀 사고 싶은데."¹⁷

이 글을 쓰는 지금, 나는 만 60세이다. 내가 75세까지 산다면 내게는 780개의 구슬밖에 남지 않은 셈이다. 이런 사실을 인식할 때마다 내 삶을 올바르게 관리하고, 내게 남은 시간을 최대한 활용해야 한다는 의욕을 불태우게 된다. 또 시간은 유한하다는 사실을 잊지 않기 위해, 작가이며 자연주의자였던 존 버로스John Burroughs가 남긴 글을 적은 카드를 항상 갖고 다닌다.

나는 아직도 하루가 너무 짧다고 생각한다 …
내가 생각하고 싶은 온갖 생각 때문에
내가 걷고 싶은 수많은 길 때문에
내가 읽고 싶은 수많은 책 때문에
내가 보고 싶은 모든 친구 때문에.

우리가 뚜렷한 목표의식을 갖고 즐거운 삶을 산다면, 또 삶의 시간이 얼마나 짧은가를 분명히 인식하고 있다면 하루가 너무 짧게 느껴질 것이다. 이런 이유에서도 우리는 우리 자신을 효율적으로 관리해야 한다. 이때 직장에서나 가정에서, 또 리더의 위치에서 우리가 취하는 행동도 달라진다. 당신이 하루라도 빨리 배워야 할 교훈이다.

EXERCISE
FOR
LEADER

삶의 관리는 시간의 인식에서부터 시작된다

—— **1**　시간을 낭비하고 있지는 않은가? 당신이 지금 거의 규칙적으로 행하는 일을 점검해보라. 남들이 당신에게 바라는 부적절한 기대감에 부응하려고 애쓰지는 않은가? 중요하지 않은 일은 없는가? 당신이 우선순위를 높게 두고, 당신의 강점을 발휘할 수 있는 일만을 하는가? 그렇지 않다면 당신이 지금 하는 일에 변화를 줄 필요가 있다. 현재 직위나 직업이 당신의 행동을 변화시키는 데 방해가 된다면 직위나 직업을 바꿔볼 생각까지도 해야 한다.

—— **2**　도움이 필요한 곳에서 도움을 받고 있는가? 중요한 일을 하지만, 성과를 올리는 데 필요한 도움이나 훈련을 받지 못한다면 당신의 시간을 제대로 관리할 수 없다. 훈련, 멘토링, 코칭 등 당신에게 무엇이 필요한지 생각해보라. 스티븐 코비 Stephen Covey 는 그런 과정을 '도끼를 다듬는 시간'이라 했다. 당신이 훈련받고 코칭을 받는 데 고용주가 도움을 준다면 천만다행이다. 그렇지 않다면 당신의 돈을 투자해서라도 그런 훈련을 받아라. 우선적으로 필요한 분야에서 당신의 능력을 키워가는 것만큼 당신을 위한 좋은 투자는 없다. 언젠가는 꼭 보상을 받을 테니까.

—— **3**　어떤 식으로 시간을 분배하고 사용하는가? 어떤 기준에서 시간을 분배하는가? 그때마다 하고 싶은 일이면 무엇이든 하는가? 하루의 일과표를 작성하고 있는가? 시간을 더 효율적으로 관리하고 싶다면 멀리까지 내다보며

시간 계획표를 작성해보라.

다음 달, 또는 내년에 당신이 하고 싶은 일들을 생각해보자. 그리고 다음의 공식을 이용해서 언제 그 일들을 해야 하는지 우선순위를 매겨보자. 각각의 일에 대해서 중요도(무척 중대하다 - 5점, 필요하다 - 4점, 중요하다 - 3점. 도움이 된다 - 2점, 크게 중요하지는 않다 - 1점)에 화급성(이번 달 - 5점, 다음 달 - 4점, 이번 분기 - 3점, 다음 분기 - 2점, 연말 - 1점)을 곱한다. 그 결과에 따라, 그 일들을 처리해야 할 순서대로 당신의 달력에 표시해두라.

A = 16~25: 월말까지 끝내야 하는 중대한 일이다.
B = 9~15: 이번 분기말까지는 끝내야 하는 중요한 일이다.
C = 1~8: 연말까지 끝내거나 무시해도 되는 우선순위가 낮은 일이다.

 Mentoring Point ──────

당신은 신규 리더들에게 얼마나 구체적인 훈련이나 코칭을 제공하고 있는가? 당신이 신규 리더들에게 심층 훈련이나 코칭을 제공할 분야가 구체적으로 무엇인지 말해보라. 그 분야에 대해 당신이 알고 있는 내용을 어떻게 전달할 것인지 시간표를 작성하라. 당신의 목표는 언젠가 그 분야에서 당신을 넉넉히 대신할 수 있는 인재를 양성하는 것이어야 한다.

LEADERSHIP GOLD

14

리더의 역할을
유지하기 위해서는
계속 배워야한다

─── 성장하려면 성장을 위한 계획이 있어야 한다.

─── 리더의 역할을 하고 싶다면 배워야 한다. 리더의 역할을 계속하고 싶다면 끊임없이 배워야 한다.

─── 학습에서 가장 큰 장애물은 무지나 열등한 지능이 아니라, 이미 알고 있다는 착각이다.

─── 리더십과 학습은 떼어놓고 생각할 수 없다.(존 F. 케네디)

어느 날, 나는 오하이오 주 랭커스터의 홀리데이 인 호텔에서 영업 전문가인 쿠르트와 아침 식사를 함께했다. 쿠르트가 허리를 굽혀 나를 바라보며 물었다. 내가 그때까지 리더로서 살아온 방법을 바꿔 놓은 질문이었다.

"존, 개인적으로 성장하기 위해서 어떤 계획을 갖고 있나?"

나는 말문이 막혔다. 개인적인 성장을 위해서는 어떤 계획도 없었다. 그런 계획이 필요한지도 몰랐다.

그렇다고 어수룩하게 보이고 싶지는 않아, 나는 쉴 틈 없이 돌아가는 내 일과표에 대해 쿠르트에게 말하기 시작했다. 거의 15분 동안 나는 열심히 일하는 과정에 성장할 것이고 잠재력도 끌어낼 수 있을 거라고 말했다. 열심히 일하다 보면 그렇게 되는 것이 아닐까? 열심히 일하며 출세의 사다리를 올라가다 보면 '목적을 이루는 것'이 아닌가?

쿠르트를 설득해보려던 내 변명은 착륙 허가를 기다리며 공항 주변을 선회하는 비행기와도 같았다. 변명이 길어질수록 나 자신이 민망할 지경이었다.

"그러니까, 개인적인 성장을 위한 계획은 없다는 것 아닌가?"

나는 결국 인정할 수밖에 없었다.

"없네. 없는 것 같아."

그때 그가 던진 말이 내 삶을 바꿔 놓았다.

"존, 누구도 저절로 성장하지는 않아. 성장하려면 성장을 위한 계획이 있어야 하네."

1973년에 있었던 대화지만, 바로 어제 있었던 일처럼 아직도 내 기억에 생생하다. 나는 쿠르트의 충고를 곧바로 실천에 옮겨, 성장을 위한 계획을 세웠다. 그 후로 매년 나는 전략적이고 계획적인 성장을 위해 나 자신을 돌이켜보았다.

수십 년 동안 강연을 할 때마다 나는 개인적인 성장의 중요성을 강조했다. 그 때문에 때로는 비난받기도 했다. 언젠가 한 참가자가 나를 찾아와, "개인적인 성장을 위해 강사님이 제시한 계획표가 마음에 들지 않습니다."

"그건 상관없습니다. 당신의 계획은 뭔가요?"

"난 그런 거 없습니다."

"그럼, 나는 내 계획표대로 밀고 나가겠습니다!"

내가 성장 계획표에 대해 말한 이유가 내 책을 팔기 위한 것이라고 그가 생각했던 것이 아닌가 싶다. 하지만 내가 책을 쓰고 강의 테이프를 만들기 훨씬 전부터 개인적인 성장을 위한 계획을 세웠다고 말했지만, 그는 그 말을 듣지 못했던 모양이다. 여하튼 누구도 우연히 잠재력을 극대화시킬 수는 없다. 성공의 비밀은 성공한 사람의 일과표에서도 찾을 수 있다. 성장을 위해 매일 계획적으로 뭔가를 한다면, 우리는 잠재력을 찾아내 극대화시키는 방향을 향해 한 걸음씩 다가갈 수 있다. 그렇지 못하면 시간이 지날수록 우리 잠재력은 천천히 죽어간다.

홀륭한 리더가 되고 싶다면 먼저 충실히 배워야 한다. 나는 이런 생각을 널리 알리고 싶어 《오늘을 사는 원칙》을 썼다. 3장 '결정적 순간에 당신의 리더십이 결정된다'에서는 내가 개인적인 성장을 위해 활용하는 '12가지 원칙'을 소개하기도 했다. 이 원칙들은 당신에게도 개인적인 성장을 위해 도움이 되리라 믿는다. 그렇지 않다면 당신에게 맞는 다른 원칙을 찾아내라. 개인적인 성장을 위한 계획이 없다면 성장 자체를 기대하지 마라!

어떻게 성장할 것인가?

리더로서 항상 배우고 성장하고 싶은 사람들을 위해 몇 가지 조언을 하고 싶다. 30년 이상 동안 끊임없이 배우고 성장하기 위해 노력한 끝에 나는 다음과 같은 결론을 얻었다.

먼저 당신 자신에게 투자하라

대부분의 리더는 자신이 속한 기업이나 조직을 성장시키고 싶어한다. 그럼 조직의 성장을 결정하는 가장 중요한 요인이 무엇일까? 조직원들의 성장이다. 그럼, 조직원들의 성장을 결정하는 요인은 무엇일까? 리더의 성장이다! 조직원들이 리더를 따르는 한, 리더가 성장하는 만큼 성장할 수 있다. 리더가 성장하지 못하면 조직원들도 성장하지 못한다. 따라서 조직원들은 성장할 수 있는 곳을 찾아 떠나게 마련이다.

젊었을 때 나는 책을 사고 강연에 참석하느라 많은 돈을 썼다. 우리 수입은 뻔해서 책값과 강연비가 무척 부담스럽기는 했다. 하지만 마가렛과 나는 다른 중요한 지출을 미루면서도 우리 자신에 투자를 게을리하지 않았다. 어려웠지만 그런 초기 투자는 계속됐고, 결국에는 내 리더십을 향상시키면서 커다란 보상을 우리에게 안겨주었다.

자신에게 먼저 투자하면 주변 사람들에게 이기적인 행위로 보일 수 있다. 그 때문에 당신은 비난받을 수도 있다. 그러나 그런 비난은 성장이 어떻게 이루어지는지 모른다는 증거일 뿐이다. 비행기 승무원들이 응급상황에 대처하는 법을 설명할 때 승객들에게 자신의 산소 마스크를 먼저 쓴 다음에 아이들에게 산소 마스크를 씌워주라고 말한다. 이런 지시를 이기적이라 할 수 있을까? 그렇지 않다. 아이들의 안전은 전적으로 부모에게 달려 있다. 부모가 아이들을 도와줄 수 있는 위치에 있어야 한다. 리더라면 추종자들을 책임져야 한다. 추종자들의 미래는 리더에게 달려 있다. 리더가 올바로 인도할 위치에 있지 않다면 추종자들을 어디로 끌고 가겠는가?

주변을 둘러보면 삶의 모든 부분에서 일정한 패턴이 확인된다. 윗사람이 먼저 나아진 후에야 아랫사람도 나아진다. 부모의 형편이 나아진 후에야 아이들의 형편도 나아진다. 선생이 나아져야 학생도 나아진다. 이와 마찬가지로 리더가 성장해야 추종자들도 성장한다. 이런 현상은 보편적인 원리이다. 해리 트루먼 대통령은 "다른 사람을 이끌어 가려면 먼저 당신 자신을 이끌어 가야 한다."라고 말했다. 당신에게 먼저 투자해야만 가능한 일이다.

끊임없이 배워라

리더가 원하는 지위에 오르면, 또 일정한 능력을 갖추면 태만해지기 쉽다. 이때가 위험하다. 《목적이 이끄는 삶The Purpose Driven Life》을 쓴 릭 워렌Rick Warren은 "배우기를 멈추는 순간, 리더로서의 생명도 끝난다."라고 말했다. 리더의 역할을 하고 싶다면 배워야 한다. 리더의 역할을 계속하고 싶다면 끊임없이 배워야 한다. 배워야 더 큰 목표를 추구하겠다는 욕망도 생긴다. 끊임없이 배우는 자세는 추종자들에게 신뢰를 유지하는 최고의 방법이다.

골프계에서 오랫동안 큰 영향력을 발휘했고, 《하비 페닉의 어록: 골프에서 얻는 교훈과 가르침Harvey Penick's Little Red Book: Lessons and Teachings from a Lifetime in Golf》의 저자인 하비 페닉Harvey Penick은 벤 크렌쇼, 톰 카이트, 캐시 웬워스, 샌드라 파머, 미키 라이트 등과 같은 프로 골퍼들에게 경기력을 향상시키는 법을 가르쳤다. 크렌쇼는 1995년 마스터스 대회에서 우승했을 때, 평생의 스승이던 페닉이 세상을 떠났다는 소식을 듣고는 오열을 감추지 못했다.

놀랍게 들리겠지만 페닉은 거의 독학으로 그런 위치에 올라섰다. 수십 년 동안 페닉은 조그만 공책을 갖고 다니면서 경기력을 향상시키는 데 도움이 될 만한 경험과 생각을 써놓았다. 그는 끊임없이 배우고 연구하는 사람이었다. 그가 나아질 때마다 그가 가르치는 선수들도 나아졌다. 처음에 페닉은 그의 공책들을 출간할 의도가 전혀 없었다. 아들에게 물려줄 생각밖에 없었다. 그러나 주변 사람들의 설득에 그는 오랜 세월에 걸쳐 터득한 교훈들을 출간하기로 결심했다. 덕분에 지금도 많은 사람이 그에게 배우고, 그의 지혜에서 깨달음을 얻고 있다.

나는《함께 승리하는 신뢰의 법칙》에서 "우리가 만나는 사람 모두가 우리의 스승이다"라는 '학습의 원칙'에 대해 썼다. 끊임없이 배우는 사람이 되기 위해서는 배우겠다는 자세를 먼저 갖추어야 한다. 일반적인 속설과 달리, 학습에서 가장 큰 장애물은 무지나 열등한 지능이 아니라, 이미 알고 있다는 착각이다. 우리가 뭔가를 알아냈다고 믿는 순간이 우리 삶에서 가장 위험한 순간이다. 그런 생각을 하는 순간부터 성장이 멈추기 때문이다.

성공한 사람은 학습이나 성취에는 고정된 목표가 있다고 생각지 않는다. 학습이나 성취는 완료되고 끝나는 것이라 생각지 않았다. 나는 끊임없이 배우는 사람이 삶에서 도전거리가 끝나기를 바란다고 말하는 것을 들어본 적이 없다. 그런 사람은 언제나 호기심을 보이고, 새로운 것에 가슴을 두근대며 궁금증을 갖는다. 그들의 가장 두드러진 특징 중 하나는 끊임없이 미래를 향해 다가가고, 새로운 도전거리를 만들어내며, 더 많이 배우고 성취하겠다는 의욕을 갖고 살아가려는 열망이다. 또 그 열망은 주변 사람들에게도 영향을 준다. 요컨대 그들은 안전한 항구에 머물러서는 세계를 정복할 수 없다는 진리를 알고 있는 사람들이다.

그럼, 어떤 마음가짐에서 배워야 할까? 내 경험에 따르면, 우리는 크게 세 유형으로 구분된다. 우리 모두가 세 유형 중 하나에 속한다.

- 도전 지역 : "전에 해보지 않은 것을 해보겠어."
- 안전 지역 : "내가 할 수 있다는 게 확인된 것만 하겠어."
- 해안 지역 : "전에 해보지 않은 것을 하지는 않겠어."

우리 모두가 도전 지역에서 시작한다. 어렸을 때 우리는 먹고 말하며 걷는 법을 배워야 한다. 그 후 우리는 학교에 다니면서 계속 배운다. 그러나 새로운 것을 꼭 배워야 할 필요가 없는 시기가 누구에게나 온다. 이른바 전환점이다. 이런 전환점을 상당히 이른 나이에 겪는 사람도 있지만, 어느 정도 성공을 거둔 후에야 겪는 사람도 있다. 전환점에 우리는 어느 지역에 살 것인가를 결정한다. 끊임없이 새로운 것을 시도하고 개척하며, 때로는 쓰라린 실패를 맛보는 도전 지역에 살 것인지, 더 이상 위험을 무릅쓰지 않는 안전 지역에 살 것인지, 아니면 새로운 것을 더 이상 시도하지 않는 해안 지역에 살 것인지를 결정한다. 당신이 도전 지역을 떠나 성장을 중단하기로 결정한다면 안타까울 뿐이다. 에이브러햄 링컨의 장례식에서 설교했던 필립스 브룩스^{Phillips}^{Brooks} 목사는 "누구든지 지금 살고 있는 삶, 지금 머릿속에 떠올린 생각, 지금 하고 있는 행위에 완전히 만족해버린다면, 그보다 안타까운 일은 없을 것이다. 더 큰 꿈을 당연히 추구해야 한다는 것을 알면서도 그런 열망을 멀리하며 영혼의 문을 두드리기를 중단한다면 그보다 애석한 일은 없을 것이다."라고 말했다.

끊임없는 학습을 대신할 수 있는 것은 없다. 나는 오랜 경험 끝에 성장을 위한 비결을 개발해냈다.

- 개인적 성장을 위해 매일 책을 읽는다.
- 시야를 넓히기 위해 매일 듣는다.
- 배운 것을 적용할 방법을 매일 생각한다.
- 배운 것을 잊지 않기 위해 매일 정리한다.

독일의 철학자 괴테Johann Wolfgang Goethe는 "하루도 거르지 말고 완벽한 미술품을 감상하고, 뛰어난 연주를 듣고, 위대한 책을 조금이라도 읽어라."고 말했다. 나는 괴테의 충고를 실천하려고 애쓴다.

이 충고를 실천에 옮기기 위해서 내 마음가짐부터 바꿔야 했다. 리더로서 첫 걸음을 내딛었을 때 나는 '만물박사'가 되고 싶었다. 어떤 질문에도 거리낌 없이 대답할 수 있는 달인이 되고 싶었다. 그러나 1973년 쿠르트와의 대화가 있은 후에는 '열린 사람'이 되고 싶었다. 매일 성장하기를 바라며 누구에게든 배우려는 자세를 가진 사람이 되고 싶었다. 내 꿈은 죽는 날까지 배우며 성장하는 것이다. 나만을 위해서가 아니라 다른 사람을 위해서라도 "리더십과 학습은 떼어놓고 생각할 수 없다."라는 존 F. 케네디John F. Kennedy의 말을 하루도 잊을 수 없다.

조직원들이 성장할 수 있는 환경을 조성해주라

성장하는 사람이 되기로 결심한 직후, 나는 대부분의 업무 환경이 성장하기에 적합하지 않다는 사실을 깨달았다. 많은 동료가 계속 성장하기를 바라는 것 같지도 않았다. 하기야 그들은 이미 대학을 졸업한 사람들이었고, 배울 만큼 배운 사람들이었다. 많은 점에서 그들은 구구셈에서 12단까지 배우고는 수학 공부를 끝냈다고 생각하는 어린 소녀와도 같았다. 예컨대 할아버지가 눈을 찡긋하며 "그럼 13 곱하기 13은 뭘까?"라고 물으면, "할아버지, 바보같이 왜 그래요! 그런 건 없어요."라고 나무라는 소녀와 다를 바가 없었다.

당신은 평균 이상으로 올라서기 위해 노력하는 주변 사람의 기를 꺾어놓고 있지는 않은가? 성공의 길은 끝없는 오르막길이다. 따라서 대부분의 사람이 그 힘든 길을 올라가려 하지 않는다. 대다수가 새로운 해결책을 찾지 않고, 옛날 방식을 그대로 답습한다. 나는 끝없이 배우는 사람이 되기 위해서, 그런 정체된 환경에서 벗어나고, 성장하기를 거부하는 사람들과 거리를 두어야만 했다. 성장을 중요하게 생각하며 나날이 성장하려 애쓰는 사람들과 접촉하려 애썼다. 덕분에 나는 변하고 성장할 수 있었다. 특히 리더로서 첫 발을 내딛었을 때.

당신이 자신에게 투자하고 항상 배우겠다는 자세를 갖는다면, 개인적인 성장을 위한 준비를 끝낸 셈이다. 그러나 리더에게는 한 가지 책임이 더해진다. 조직원들도 성장할 수 있는 환경을 조성해주어야 한다. 그렇지 않으면, 성장하고 싶은 조직원들이 힘겨워하며 결국에는 다른 기회를 찾아 떠나고 말 것이다.

성장을 위한 환경은 어떤 조건을 갖추어야 할까? 내 생각에는 다음과 같은 10가지 조건을 충족시켜야 한다.

- 나보다 나은 사람이 있어야 한다.
- 끊임없이 도전받아야 한다.
- 미래에 초점을 맞춰야 한다.
- 긍정적인 분위기여야 한다.
- 안전 지역에서 자주 벗어난다.
- 출근할 때마다 가슴이 설렌다.
- 실패는 적이 아니다.
- 리더와 동료들이 성장한다.
- 리더와 동료들이 변화를 원한다.

- 성장이 권장되고 요구된다.

이처럼 리더가 성장을 위한 환경을 조성해주면 조직원들은 성장하고 발전하게 마련이다. 또한 잠재력을 가진 인재들이 당신을 찾아와 당신의 팀원이 되고 싶어할 것이다! 그럼, 당신이 몸담고 있는 조직 전체가 변해갈 것이다.

주변에서 영향을 받는다

월트 디즈니Walt Disney는 "나는 내가 만난 모든 사람의 부분들로 이루어졌다."라고 말했다. 요컨대 당신이 끊임없이 배우는 사람이 되려고 노력하든, 성장하기에 적합한 환경을 갖춘 조직을 만들어가든 성공의 비밀은 당신 주변에 있는 사람들에게서 찾아낼 수 있다. 인간은 마음가짐과 행동에서 서로 영향을 주고받기 때문이다.

내 아버지는 켄터키 경마에 노새를 끌고 참가하려던 남자의 얘기를 즐겨했다. 물론 그 남자는 면박만 당하고 참가하지를 못했다.

켄터키 경마의 주최측이 "그런 노새로는 혈통 좋은 말들과 경쟁해서 이길 가능성이 전혀 없어요!"라고 나무라자, 그 남자는 태연하게 이렇게 말했다.

"압니다. 하지만 혈통 좋은 말들과 놀다 보면 내 노새에게 좋을 것 같아서요."

우리보다 나은 사람들과 어울리면 우리도 잠재력을 일깨우고 향상될 가능성이 높아진다. 그런 삶이 편안하지는 않지만 장래를 위해서는 도움이 된다. 위대한 시인 에머슨Ralph Waldo Emerson과 위대한 수필가 소로는 만날 때마다 서로에게 "우리가 지난 번에 만난 이후에 무엇을 더 깨우쳤는가?"라고 물었다. 서로 상대가 새롭게 깨우친 것을 배우고 싶어했던 것이다. 다른 사람의 탁월한 면에서 적극적으로 배우려는 사람은 크게 성장하지만, 자신을 가둔 덫을 남에게도 그대로 씌우려는 사람은 평균의 수준을 벗어나지 못한다.

고맙게도 나는 젊은 시절에 쿠르트를 만나, 성장의 가치를 깨달았다. 그와 대화를 나누고 1년쯤 지났을 때 나는 배우고 성장하며 변해간다는 것을 뚜렷이 느낄 수 있었다. 중앙아시아의 타타르 사람들에게는 옛날부터 적에게 사용하는 욕이 있었다고 전해진다. 그들은 적에게 "꺼져버려!", "뒈져라!"라고 욕하지 않았고, "영원히 한 곳에만 죽치고 있어라!"라고 저주했다고 한다. 얼마나 소름끼치는 저주인가! 생각만 해도 몸서리가 나지 않는가?

EXERCISE
FOR
LEADER
성공의 길은 끝없는 오르막길이다

—— 1　당신은 '목적지 질환 destination disease'을 앓고 있는가? 어떤 지위에 올랐거나, 특별한 학위나 자격증을 획득했을 때, 또 일정한 수준의 수입에 도달했을 때 마침내 목적지에 도달했다고 생각하면 안전 지역이나 해안 지역에 안주할 위험이 무척 높다. 이런 마음가짐을 경계하기 위해서 어떤 노력을 하고 있는가? 우리가 추구해야 할 장기적인 목표는 고정된 목적지가 아니라 끝없는 성장이어야 한다.

—— 2　성장을 위해 어떤 계획을 갖고 있는가? "개인적으로 성장하기 위해서 어떤 계획을 갖고 있는가?" 열심히 일한다고 저절로 성장하는 것은 아니다. 승진이 성장을 보장해주는 것도 아니다. 능동적으로 성장하기 위해 이번 주, 이번 달, 올해 무엇을 할 예정인가? 자기계발을 위한 책을 한 달에 적어도 한 권을 읽어라. 자기계발을 위한 CD나 테이프를 한 달에 적어도 하나는 들어라. 또 1년에 한 번쯤은 자기계발을 위한 강연회에 참석하고, 성장을 위한 묵상의 시간도 가져보라.

—— 3　성장하기에 적합한 환경을 조성해주고 있는가? 당신이 어떤 위치든 리더의 입장에 있다면, 당신을 위해 일하는 조직원들이 성장할 수 있는 환경을 조성해주는 것은 전적으로 당신 책임이다. 앞에서 언급한 조건을 기준으로 그들이 성장하기에 적합한 환경을 만들어보라.

- 나보다 나은 사람이 있어야 한다.

- 끊임없이 도전받아야 한다.

- 미래에 초점을 맞춰야 한다.

- 긍정적인 분위기여야 한다.

- 안전 지역에서 자주 벗어난다.

- 출근할 때마다 가슴이 설렌다.

- 실패는 적이 아니다.

- 리더와 동료들이 성장한다.

- 리더와 동료들이 변화를 원한다.

- 성장이 권장되고 요구된다.

Mentoring Point ——

이 책을 바탕으로 신규 리더들을 지금까지 가르치며 지도했다면 당신은 이미 그들에게 많은 투자를 하고, 성장에 필요한 환경도 조성한 셈이다. 이제 당신의 투자를 한 단계 끌어올려, 그들에게 알맞는 구체적인 성장 계획표를 작성하도록 도와주라. 가까운 장래에 그들이 배워야 할 교훈과, 그에 관련된 책을 선별하는 데 도움을 주라. 그들에게 가장 필요하다고 생각된 강연을 듣게 하라. 또 그들이 지금까지 배운 것과, 어떤 방향으로 성장하기를 바라는지 생각해보기 위한 묵상의 시간을 하루쯤 허락하라.

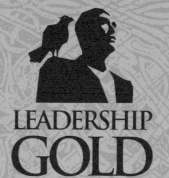

LEADERSHIP
GOLD

15

유능한 리더는
힘든 시기에 더욱 빛난다

—— 나는 풋내기 리더답게, 리더의 특권은 신속하게 받아들여 향유하면서, 리더의 책임과 의무를 다하는 데는 소홀했다.

—— 모든 의미 있는 갈등은 내면에서 시작된다.(셸던 쿠프)

—— 유능한 리더는 힘든 시기에 더욱 빛난다.(루디 줄리아니)

리더로서 당신의 현재 목표는 무엇인가? 리더가 된 첫해에 나의 목표는 간단했다. 작은 교회이긴 했지만 연말에 있을 연례 사업보고에서 만장일치의 지지를 받는 것이었다.

나는 3대째 목사였다. 목사의 책무가 모두를 행복하게 해주는 것이라고 믿는 교파였다. 우리 교파에서 가장 존경받는 리더는 풍파를 일으키지 않고, 조직 내의 모든 일을 차분하게 끌어가는 목사였다. 따라서 변화가 없을수록 신도들은 좋아했다. 연례 사업보고를 위한 모임에는 목사가 신도들에게 신임 여부를 묻는 시간이 있었다. 첫해, 내 리더십에 대한 만장일치의 동의를 얻는다면 내 리더십이 성공했다는 확실한 증거였다. 따라서 만장일치의 동의를 목표로 삼았다.

첫 연례 모임이 다가왔을 때 나는 만장일치의 지지를 받으리라 확신했다. 신도들을 위해 전심전력으로 일하며 한 해를 보냈기 때문이었다. 회계 보고가 끝나고 개표까지 끝났다. 간사가 일어나 투표 결과를 발표했다. 찬성이 31표, 반대가 1표였다. 기권도 1표가 있었다. 나는 충격을 받았고 당혹스러웠다. 또 마음에 깊은 상처도 받았다.

모임이 끝나자마자 나는 집으로 돌아가, 역시 우리 교파에서 목회자로 일하던 아버지에게 전화를 걸었다. 나는 아버지에게 자초지종을 말하고, 투표의 결과까지 시무룩한 목소리로 알려주었다.

"아버지, 그런 결과가 나왔는데 사임을 해야겠지요?"

놀랍게도 아버지가 껄껄대고 웃었다.

"성급하게 판단하지 마라. 계속 목사직을 맡는 게 나을 게다. 내가 너를 잘 알잖니. 그 정도면 너로서는 최고로 잘한 거다!"

그 후 6개월 동안 나는 일요일마다 신도들을 둘러보며, "누가 내게 반대표를 던졌을까?"라고 생각해보았다. 누구인지 찾아내지 못했지만, 내가 남들에게 필사적으로 칭찬받고 싶어하는 경향이 있다는 중요한 사실을 깨달았다. 그런 성향은 나중에라도 내게 큰 문젯거리로 발전할 가능성이 있었다. 대부분이 바라지 않지만 반드시 필요한 결정을 내려할 때 그 책임을 회피할 수도 있었다. 나는 풋내기 리더답게, 리더의 특권은 신속하게 받아들여 향유하면서, 리더의 책임과 의무를 다하는 데는 소홀했다.

이런 문제에 부딪치면 문제를 회피하는 데 급급한 사람도 있지만, 반대로 문제를 어떻게든 해결하려는 도전정신을 유감없이 발휘하는 사람도 있다. 재능을 발휘할 수 있는 분야에서는 누구나 조금이라도 성장하려고 애써야 하지만, 이 부분은 그렇지 않다. 이 부분은 '성격' 과 관련이 있다. '성격'은 내 리더십 능력을 갉아먹고 내 경력을 물거품으로 만들 수도 있었던 약점이었다. 내가 이 약점을 극복하지 못했다면 나는 결코 유능한 리더가 되지 못했을 것이고, 리더로서 새로운 차원에 들어서지도 못했을 것이다.

리더는 어떻게 해야 하는가?

시간이 걸렸지만, 나는 힘든 시기에도 리더로서 더 나은 선택을 하는 데 필요한 생각 하나를 찾아냈다. "조직원을 만족시키려 하면 조직을 이끌 수 없다."라는 생각이었다. 그렇다고 거만하게 행동하거나 그들과 거리를 두라는 뜻은 아니다. 물론 리더에게 조직원이 필요하다. 리더십의 목표는 조직원들을 혼자서는 갈 수 없는 곳으로 인도하고, 조직원들이 생각하는 일을 할 수 있도록 용기를 북돋워주고 지원해주며, 함께 일해야만 할 수 있는 일을 이루어내는 데 있다. 이런 목표를 달성하려면 리더는 조직원들을 사랑하고, 조직원들과 가깝게 지내야 한다. 하지만 리더가 조직원들의 동의를 기다릴 틈도 없이 용기 있게 첫발을 내딛어야 할 때가 있다. 이런 경우에도 리더가 조직원들의 동의부터 받으려 한다면 결코 바람직한 현상이 아니다. 리더가 모두를 만족시키려 하면 모두를 소외시키는 결과가 빚어질 수 있다. 리더는 꿈과 조직원에게 정직해야 한다. 그런 태도가 조직원에게는 인기 없을 수 있다. 그러나 리더가 기꺼이 감수해야 할 짐이다.

리더로 활동하던 초기에 나는 "조직원을 만족시키려 하면 조직을 이끌 수 없다."라는 말을 좌우명처럼 삼았다. 욕을 먹어가며 조직원들을 효율적으로 끌어가기보다는 그들과 원만하게 지내고 싶은 마음이 꿈틀댈 때마다 나는 이 말을 생각하며 마음을 다잡았다. 두 번째 연례 사업보고 시간이 다가왔을 때 나는 투표 결과에 대한 걱정을 거의 하지 않았다. 내가 장기적 목표에 충실하다는 사실이 더 중요했다. 게다가 내 아버지의 말이 맞았다. 투표 결과는 더 나빴다. 지금까지 내가 얻은 최고의 투표 결과는 첫 번째 투표였다.

힘든 결정을 내리기 위해서

어떤 리더든 힘든 시기를 맞게 마련이다. 리더가 두각을 나타내고, 진정한 모습을 보여줄 수 있는 기회이기도 하다. 리더라는 역할은 힘들기도 하지만 큰 용기가 필요하기도 하다. 물론 리더의 길이 처음부터 끝까지 험난한 가시밭길은 아니다. 실제로 최고경영자가 내리는 결정의 95퍼센트는 합리적으로 생각할 줄 아는 고등학교 졸업생이라도 내릴 수 있는 결정이다. 그러나 최고경영자가 그런 결정들로 두둑한 보수를 받는 것은 아니다. 그들이 엄청난 보수를 받는 이유는 나머지 5퍼센트에 있다! 한결같이 힘든 결정이다. 모든 변화, 모든 도전, 모든 위기에는 힘든 결정이 필요하다. 그런 결정을 내리는 과정에서 훌륭한 리더와 평범한 리더가 구분된다.

　힘든 결정을 내려야 하고 리더로서 능력을 보여줘야 할 때를 어떻게 알 수 있을까? 힘든 결정은 다음과 같은 3가지 특징을 갖는다.

힘든 결정에는 위험이 따른다
소련이 1940년 라트비아를 침략해 병합시켰을 때 리가에 체재하던 미국의 부영사는 미국 적십자가 그 도시에 제공한 구호물품이 약탈당할까 걱정했다. 그런 가능성을 방지하기 위해서, 즉 구호물품이 약탈

당하는 것을 막기 위해서 부영사는 워싱턴의 국무부에게 적십자기 위에 미국 국기를 달겠다는 허락을 요청했다.

그러나 국무부는 "그런 전례가 없다."는 이유로 부영사의 요청을 거절했다.

부영사는 그런 대답을 받았지만 직접 트럭에 올라가 적십자 기 위에 미국 국기를 매달았다. 그리고 국무부에 "오늘부로 내가 전례를 만들었음."이란 전신을 보냈다.

리더라면 다른 사람들이 꺼리는 일이라도 과감히 해낼 수 있어야 한다. 리더는 위험을 무릅써야 한다. 래리 오스번Larry Osborne 목사는 "유능한 리더들에게서 가장 눈에 띄는 현상은 공통점이 거의 없다는 사실이다. 단정적으로 말하는 리더가 있는 반면에 항상 신중하게 처신하는 리더가 있다. 그러나 '유능한 리더는 기꺼이 위험을 무릅쓴다'는 점에서는 모두가 똑같다."라고 말했다. 위험을 감수하지 않으면 리더가 될 자격이 없다. 모든 것을 안전하게 꾸려가면서 조직원들을 앞으로 끌어갈 수는 없다. 성장에는 언제나 위험이 뒤따른다.

힘든 결정에는 내면의 갈등이 있게 마련이다

심리치유사 셸던 쿠프Sheldon Koop는 "모든 의미 있는 갈등은 내면에서 시작된다."라고 말했다. 내가 겪은 어려운 시기를 지금 돌이켜보면, 모든 경우가 나에게서 시작됐다는 사실을 인정하지 않을 수 없다. 엄격히 따지면, 다른 사람 때문에 어려운 시기가 닥친 것은 아니었다. 평탄하고 깨끗한 길을 걸어가기는 쉽다. 누구라도 그런 길에서는 성공할 수 있다. 그러나 힘든 결정에는 반론이 제기되고 비판 받기 십상이다. 그 결과에 대한 책임까지 떠안아야 한다. 그래서 힘든 결정인 것이다.

이런 내면의 갈등은 리더에게 조금도 달갑지 않다. 무심한 사람은 그런 갈등을 눈치조차 채지 못한다. 목사이며 학자인 찰스 스윈돌은 "용기가 전쟁터나 자동차 경주, 당신 집에 침입한 도적을 잡는 데만 필요한 것은 아니다. 용기의 진정한 시험은 훨씬 조용하게 이루어진다. 아무도 보지 않은 곳에서도 성실하고, 텅빈 방에서도 고통을 견디며, 남들에게 오해받을 때도 떳떳할 수 있는 마음가짐을 유지하는 것처럼 내면이 시험받을 때 진정한 용기가 필요하다."라고 말했다. 올바른 일을 한다고 모든 일이 항상 순탄하게 풀리는 것은 아니다. 그러나 유능하고 성실한 리더가 되고 싶다면 반드시 거쳐야 할 시련이다.

대부분의 힘든 결정은 거의 언제나 외부의 갈등으로 발전하기 때문에 리더는 내면의 전쟁에서 먼저 승리를 거두어야 한다. 어떤 쟁점에 대해 자신부터 확신을 갖지 못하고 흔들린다면, 외부와의 갈등을 해소하는 데 필요한 안정감을 보여주지 못한다. 따라서 나는 다른 사람들을 설득하기 전에 나부터 그 결정에 확신하는 시간을 갖는다. 내가 올바른 결정을 내렸다는 확신이 들면, 반발이 거세고 힘든 결과가 예측되고 그 결정을 끝까지 관철시키겠다는 용기가 저절로 생긴다.

힘든 결정에서 리더의 자질이 결정된다

리더들이 조직을 운영하는 과정에서 겪는 어려운 시기를 불평하는 소리를 나는 간혹 듣는다. 그때마다 나는 "힘든 시기를 맞은 걸 감사하게 생각해라. 너희가 리더인 이유가 바로 거기에 있으니까. 모든 일이 순탄하게 풀린다면 리더가 왜 필요하겠는가!"라고 말해주고 싶다.

전 뉴욕 시장 루디 줄리아니Rudolph Giuliani는 "유능한 리더는 힘든 시기에 더욱 빛난다."라고 말했다. 맞는 말이다. 조직에 탄력이 붙었을 때는 거의 누구나 조직을 끌어갈 수 있다. 조직이 현재 나아가고 있는 방향을 유지하며 그 앞에 놓인 열매를 줍기만 하면 된다. 그런 탄력이 없을 때는 조직에게 방향을 제시하며 힘차게 전진해보자고 용기를 북돋워줄 유능한 리더가 필요하다. 그러나 조직이 탄력을 완전히 상실한 데다 방향까지 잘못 잡고 있을 때 리더의 진가가 발휘된다. 리더가 돈값을 해야 할 때가 바로 그런 때이다. 뛰어난 리더만이 그런 상황에서 조직을 효과적으로 끌어갈 수 있다. 이런 힘든 시기에 탁월한 리더는 힘든 결정을 과감하게 내리며, 리더로서의 능력을 과시한다.

위기에 대처하기 위하여

힘든 시기가 리더에게는 발군의 능력을 과시할 기회이지만, 리더를 나락으로 떨어뜨릴 수도 있다. 영국의 위대한 수장, 윈스턴 처칠은 "누구에게나 평생에 한두 번쯤은 아주 특별한 일을 해낼 기회, 즉 나만이 해낼 수 있고 내 재능에 꼭 맞는 일을 해낼 기회가 온다. 자신에게 최고의 시간이 될 수도 있는 그 순간에 아무런 준비도 돼 있지 않다면 얼마나 슬픈 일인가!"라고 말했다. 최고의 시간을 대비하는 비결의 하나는 사소한 일에서부터 단호한 결정을 내려가며 차근차근 시작하는 것이다. 사소한 일, 어려운 일, 눈에 띄지 않는 일이라도 기꺼이 해내야 한다. 이렇게 중대한 위험에 닥칠 때를 준비해간다. 작은 위험을 기꺼이 떠맡지 않는다면 큰 위험에 어떻게 대처할 수 있겠는가. 그러나 작은 위험을 너끈하게 해결한다면 큰 위험에 닥친 때 리더로서 문제해결 능력을 보여줄 수 있다. 그때야말로 당신이 명성을 얻을 절호의 기회이다.

몇 년 전, 나는 친구인 켄트 밀러드에게 편지를 받았다. 밀러드는 그 편지에서 색다른 리더에 대한 얘기를 해주었다.

1999년 8월 나는 집사람인 미니에타와 함께 알래스카에서도 한적한 곳인 데날리 공원 근처에 사는 친구 집에서 휴가를 보냈네. 어느 날 친구가 우리 부부를 이웃인 케프 킹이란 사람의 집에 데려갔네. 이웃이라 하지만 수 킬로미터나 떨어진 곳에서 살더군. 제프는 개썰매경주를 즐기는 사람으로, 그의 개가 앵커리지에서 놈까지 거의 1,800킬로미터를 달리는 아이디타로드 개썰매경주에서 1993년, 1996년, 1998년에 3번이나 우승했다고 하더군. 제프가 70마리나 되는 개를 사랑하고 아끼는 모습을 보는 것도 즐거운 일이었네. 또 그의 개들이 점잖으면서도 강하고 용맹하다는 걸 자랑했지만 조금도 고깝게 들리지는 않았네.

제프는 아이디타로드 경주를 16마리로 시작하며, 모든 개가 선두에서 달리고 싶어하기 때문에 16마리 모두에게 선두에서 달리며 다른 개들을 인도할 기회를 주기 위해서 선두 개를 자주 교대시킨다고 하더군. 그런 과정에서 강하면서도 끈기가 있어 진정한 리더가 될 만한 개를 찾아낸다는 거야. 결국 그 개가 무리의 리더가 되는 셈이지. 말하자면 선두에 달리면서 다른 개들에게 힘과 열정을 북돋워주며 뒤따라 달리라고 독려하기 때문에 리더로 선택된 거라고 말할 수 있을 걸세.

1996년에는 리더가 두 살 반밖에 되지 않은 암컷이었다고 하더군. 무리 중에 암컷이 두 마리에 불과했고, 다른 개들에 비해 어린 데다 몸도 작아 제프도 처음엔 무척 놀랐다고 하더군. 하지만 제프는 정이 듬뿍 담긴 목소리로 이렇게 말했네. "그 녀석이 우리 리더였죠. 눈보라가 몰아쳐도 녀석은 포기하지 않았습니다. 끊임없이 짖어댔고, 눈을 맞으면서도 달렸습니다. 우리 모두에게 끝까지 달리자고 용기를 북돋워주었습니다. 어린 나이였지만 녀석은 정신적으로 성숙해서 리더 역할을 너끈히 해냈습니다."

제프는 1998년 아이디타로드 경주에도 우승했을 때 그 개를 번쩍 치켜들고 "우리에 우승을 안겨준 진정한 리더입니다!"라고 외쳤다고 하더군.

아무리 힘든 상황에서도 진정한 리더는 선두에서 꿋꿋하게 달리며 포기하지 않아야 한다. 어떤 폭풍이 몰려와도 포기하지 않아야 한다. 아무리 힘겨운 상황에서도 조직원들을 독려하며 앞으로 달릴 수 있어야 한다.

조직원들을 위해서, 또 조직의 성공을 위해서 힘든 결정을 내리며 두각을 나타낼 기회를 아직 갖지 못했더라도 희망을 잃어서는 안 된다. 그런 기회는 언제든지 온다. 일을 꾸준히 제대로 해내가면 더 큰 책임을 맡게 될 것이고, 더 큰 책임을 맡게 되면 힘든 결정을 내릴 기회가 자연스레 찾아온다. 그 순간이 올 때까지 리더로서 계속 배우고 성장하라. 언제라도 그 순간을 맞이할 수 있는 만반의 준비를 갖추어라. 그럼 힘든 시기가 닥칠 때 당신은 리더로서 찬란히 빛날 기회를 얻게 될 것이다. 그리고 그 시련의 시기를 멋지게 이겨낼 때 그때가 당신에게 최고의 시간이 될 것이다!

EXERCISE
FOR
LEADER

모든 일이 순탄하게 풀린다면 리더가 왜 필요하겠는가

—— **1** 과거에 힘든 결정을 해본 적이 있는가? 힘든 결정과 관련된 실적은 리더로서 당신이 현재 누리는 신뢰도와 평판과 깊은 관계가 있다. 당신이 지금껏 내린 힘든 결정의 목록을 연도별로 작성해보라. 대부분이 강력한 반론에 부딪치고 비판을 받았던 결정일 것이다. 일정한 흐름이 찾아지는가? 당신이 리더로 오랫동안 활동했다면 힘든 결정도 많았어야 한다. 그렇지 않다면 당신은 리더로서 최선을 다하지 않았다는 뜻이다. 시간이 지날수록 힘든 결정의 횟수가 줄어드는가? 그렇다면 당신이 리더로서 감각을 상실해가고 있다는 증거이다.

—— **2** 내면의 갈등에서 승리할 준비가 돼 있는가? 힘든 시기가 닥칠 때 모든 리더에게 요구되는 내면의 갈등에서 승리하기 위해 당신은 어떤 준비를 하고 있는가? 결정을 내리는 데 필요한 가치 기준을 세워두었는가? 정신적으로나 감정적으로, 또 영적으로나 신체적으로 건강한 자세를 유지하기 위해서 매일 어떤 운동이나 훈련을 받고 있는가? 기회가 왔을 때 준비한다는 것은 어불성설이다. 필요한 일을 내일이라도 당장 해낼 수 있기 위해서 오늘 무엇을 할 수 있는가?

—— **3** 리더로서 너무 안전하게 처신하는 것은 아닌가? 힘든 결정에는 위험이 따른다. 어려운 결정을 내려야 할 때 필요하다면 위험을 감수할 각오

가 돼 있는가? 그 때문에 비난받을 거라는 것을 알면서도 조직원들을 위해서, 또 조직의 이익을 위해서 조용히 올바른 결정을 내릴 각오가 돼 있는가? 당신의 가치관을 지키기 위해서, 또 조직원들의 안전을 지키기 위해서 당신의 지위까지 희생할 각오가 돼 있는가?

 Mentoring Point ———

당신에게 지도받는 신규 리더들이 막중한 책임을 짊어지고 있다면, 그들이 지금 힘든 시기를 맞고 있을 수 있다. 그들에게 현재 어떤 어려움에 처해 있는지 물어보고, 어떤 문제가 있는지 허심탄회하게 털어놓을 기회를 마련해주라. 그들에게 힘들지만 결정을 내리도록 용기를 북돋워주고, 그들이 포기하지 않고 끝까지 해낼 수 있도록 뒷받침해주고 용기도 북돋워주라.

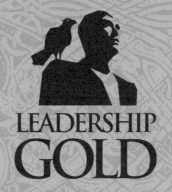

LEADERSHIP
GOLD

16

사람은 사람을 떠나는 것일 뿐,
회사를 떠나는 것은 아니다

—— 가는 곳마다 즐거움을 주는 사람이 있는 반면에, 하루라도 빨리 떠나야 즐거움을 주는 사람이 있다.(오스카 와일드)

—— 우리가 과소평가하는 사람에게 어떻게 가치를 더해줄 수 있겠는가!

—— 리더는 카리스마가 아닌 능력으로 조직원들에게 믿음을 심어줄 수 있어야 한다.

—— 직원들이 리더를 믿고 의지하는 조직이라면 괜찮다. 리더가 직원들을 믿는 조직이라면 더할 나위 없이 좋다.

나는 미국 전역과 해외에서 강연하면서 많은 아이디어를 얻고, 그런 아이디어를 바탕으로 책을 쓴다. 나는 강연을 할 때마다, 강연에 참석한 사람들과 가능한 한 많은 시간을 보내려고 애쓴다. 쉬는 시간이면 그들과 이런저런 얘기를 나누며, 책에 서명을 해주는 짧은 시간에도 그들과 얘기를 나누려고 애쓴다. 나는 사람을 만나는 걸 좋아한다. 그들의 생각을 듣고 그들에게 질문을 받는 것도 좋아한다. 예컨대 《360도 리더》는 내가 거의 10년 동안 사람들에게 들은 얘기를 바탕으로 쓴 책이다. "당신의 리더십 원칙을 좋아합니다. 하지만 내가 아직 톱 리더가 아니어서 그 원칙을 활용하기가 힘듭니다.", "당신 생각은 훌륭하지만, 내가 얼마나 고약한 리더 밑에서 일하는지는 전혀 고려하지 않았더군요." 등과 같은 얘기를 자주 들었다. 그런 지적을 받아들여, 나는 조직의 어떤 위치에 있더라도 팀원들을 인도하는 데 도움을 줄 수 있는 책을 썼던 것이다.

《360도 리더》를 쓸 때, 나는 강연을 할 때마다 참가자들에게 나쁜 리더를 섬겨본 적이 있느냐고 물었다. 그렇다는 대답이 언제나 압도적으로 많았다. 청중석에서 터뜨린 불만의 소리가 내 귀까지 들렸고, 거의 모두가 손을 번쩍 들었다. 그러던 어느 날, 어떤 생각이 머릿속에 순간적으로 떠올랐다. 지금은 거의 당연하게 여겨지지만, 당시 나는 영감을 받은 기분이었다. 그래서 "나쁜 리더나 나쁜 인간관계 때문에 직장을 그만둔 적이 많습니까?"라고 물었다. 다시 거의 모두가 손을 들었다. 내 머릿속에 떠올랐던 생각, 즉 "사람은 사람을 떠날 뿐, 회사를 떠나는 것은 아니다."라는 생각이 확인되는 순간이었다.

회전문은 양방향으로 돌아간다

어떤 조직에나 사람들이 들어오고 나간다. 이런 점에서 회전문과 비슷하다. 직원들은 어떤 이유로든 그 회사의 일원이 되기를 바라기 때문에 회전문을 통해 들어온다. 그 회사의 목표에 공감하는 직원도 있을 테고, 회사가 그에게 기회를 안겨줄 거라고 믿는 직원도 있을 것이다. 또 연봉이나 혜택이 마음에 들어 그 회사를 선택한 직원도 있을 것이고, 회사의 리더를 존경하는 직원도 있을 것이다. 일자리에 지원하는 사람만큼이나 이유도 각양각색이다. 그러나 그들이 회사를 떠날 때는 공통된 이유 때문일 가능성이 높다. '더 푸른 초원'을 찾아 떠나려는 욕망이 누군가에서 벗어나고 싶은 욕구 때문에 더 커진다.

　나는 비영리 자원봉사단체만이 아니라 영리를 추구하는 회사까지 운영해보았다. 두 조직 모두에서 사람들은 끊임없이 들어오고 나간다. 그런데 믿기지 않겠지만 자원봉사단체를 끌어가기가 훨씬 어렵다. 그들은 리더를 따르고 싶을 때만 따른다. 그들을 붙잡아 두거나, 누군가의 리더십에 고분고분 따르라고 설득할 만한 유인책이 없기 때문이다. '회전문 원리'는 자원봉사로 구성된 조직에도 예외 없이 적용된다. 그런데 회전문이 유난히 빨리 돌아가는 조직이 있다.

나는 거의 25년 동안 목사로 일했다. 교회에서도 신도들이 끊임없이 떠났고, 새 신도가 들어왔다. 그래서 틈날 때마다 나는 교회를 떠나려는 사람을 붙잡아두고 얘기를 나누어보려 애썼다. 그들에게 교회를 떠나려는 이유가 무엇이냐고 물으면, 대부분의 경우가 '인간관계' 때문이었다. 솔직히 말하면, 내가 문제인 경우도 적지 않았다. 교회 직원과의 갈등이나, 신도들 간의 갈등이 원인인 경우도 있었다. 그들의 얘기를 듣고 나서, 나는 "교회를 떠난다고 해서 당신을 탓할 생각은 조금도 없습니다. 나도 목사가 아니면 당신이랑 떠나고 싶습니다!"라고 말하며 그들을 놀라게 하기도 했다.

물론, 교회를 떠나려는 사람 자체가 문젯거리인 때도 적지 않았다. 예컨대 어떤 사람과도 원만하게 어울리지 못하는 사람들이 있다. 그런 사람은 어디를 가나 문제를 일으킨다. 내 책《함께 승리하는 신뢰의 법칙》에서 '밥'과 같은 사람들이다. '밥의 원칙'에 따르면, "밥은 누구와도 문제를 일으키고, 문제의 원인은 언제나 밥이다." 이런 상황이라면 나라도 즐거운 마음으로 밥을 떠나보낼 것이다. "가는 곳마다 즐거움을 주는 사람이 있는 반면에, 하루라도 빨리 떠나야 즐거움을 주는 사람이 있다."는 오스카 와일드의 말은 조금도 틀리지 않다.

왜 사람들이 떠날까?

직원이 떠날 때 리더는 자신과 아무런 관계가 없을 거라고 생각하고 싶어하겠지만 실제로는 그렇지 않다. 리더가 문제인 경우가 무척 많다. 어떤 조사에 따르면, 회사를 그만두는 사람의 65퍼센트가 관리자 때문이라고 대답했다. 따라서 직원이 자신에게 주어진 업무나 회사를 떠난 거라고 말할 수는 있겠지만 실제로는 리더를 떠나는 것이다. '회사'는 그들을 적대적으로 대하는 경우는 거의 없다. 사람과 사람 사이의 관계가 문제이다. 때로는 동료와 갈등이 생겨 회사를 떠나는 경우도 있지만, 대부분의 경우에는 직속상관과의 갈등 때문에 회사를 떠난다.

대부분의 리더는 직원들을 처음 만날 때 좋은 인상을 심어준다. 새로운 일을 시작할 때 사람들이 갖는 부푼 꿈도 여기에 덧붙여진다. 그들은 새로운 일을 멋지게 해내고 싶어한다. 그러나 시간이 지나면서 그들은 리더가 겉으로 꾸미는 모습을 넘어, 실제로 어떤 사람인가를 알게 된다. 직속상관이 멍청한 바보라면, 직원이 그런 사실을 알아내는 것은 시간문제일 뿐이다.

그럼, 어떤 사람이 직원을 떠나게 하는 걸까? 대략 네 유형으로 나뉘어진다.

자신의 가치를 몰라주는 사람을 떠난다

조지와 메리 루는 금혼식을 맞았다. 이혼율이 급증하는 사회에서 50년을 함께 산 노부부에게 기자가 찾아왔다. 기자는 성공의 비밀을 알고 싶어 조지에게 물었다.

"그처럼 오랫동안 행복한 결혼 생활을 유지할 수 있었던 비결이 무엇입니까?"

조지가 차분하게 대답했다.

"결혼식이 끝난 후, 장인이 나를 한적한 곳으로 데려가 자그마한 상자를 주더군요. 그 상자 안에는 내가 지금 차고 있는 금시계가 들어 있었어요."

이렇게 말하며 조지는 금시계를 기자에게 보여주었다. 평범한 시계였지만 시계의 앞면에 "메리 루에게 멋진 말을 해주게."라고 쓰여 있었다.

누구나 자신에 대해 좋은 말을 듣고 싶어한다. 누구나 자신의 가치를 인정받고 싶어한다. 그러나 많은 사람이 직장에서 긍정적인 피드백과 정당한 평가를 받지 못한다. 정반대로 과소평가 받는다는 생각에 시달린다. 상관은 오만하게 행동하며 그들을 무시한다. 심한 경우에는 모욕까지도 서슴치 않는다. 이 모든 것이 인간관계에서 재앙을 초래하고, 업무 관계에도 부정적인 영향을 미친다.

말콤 글래드웰Malcom Gladwell은 《첫 2초의 힘: 블링크》에서, 인간관계 전문가인 존 고트먼John Gottman을 다루었다. 고트먼은 부부 간의 대화 등 상호관계를 바탕으로 결혼의 성공 가능성을 합리적으로 예측해냈다. 그가 결혼이 파국으로 끝날 가능성을 말해주는 증표로 무엇을 찾았을까? 모욕이었다. 어느 쪽이든 상대를 모욕하면 그 관계는 파국으로 끝날 가능성이 높았다.[18]

우리가 과소평가하는 사람에게 어떻게 가치를 더해줄 수 있겠는가!

상대를 존중하지 않으면 상대를 깍듯하게 대할 수 없다. 왜 그럴까? 누구도 마음속의 믿음과 모순되는 식으로는 일관되게 행동할 수 없기 때문이다.

내 경험에 따르면, 리더가 조직원들의 가치를 과소평가하면 조직원들을 제멋대로 부리기 시작한다. 달리 말하면, 조직원들을 인간이 아닌 물건처럼 다루기 시작한다. 리더에게는 결코 바람직한 모습이 아니다.

그럼 어떻게 해야 이 문제를 해결할 수 있을까? 조직원들의 가치를 찾아, 그 가치를 정확히 평가해야 한다. 리더는 기회를 포착해 해결하는 능력이나 거래를 성사시키는 능력을 높이 평가한다. 조직원을 평가할 때도 비슷한 기준을 적용해야 한다. 당신을 위해 일하는 사람들의 가치를 찾아내고, 그들이 조직을 위해 기여하는 부분에 대해 칭찬을 아끼지 마라. 조직원들은 제품을 생산해서, 또는 서비스를 제공해서 고객에게 가치를 더해준다. 그들은 조직의 전반적 가치를 증대시킴으로써 조직에 가치를 더해준다. 또 그들은 동료들의 기운을 북돋워주고 동료들이 최대한 성과를 거둘 수 있도록 지원하며, 동료들에게 가치를 더해준다.

믿음을 주지 못하는 사람을 떠난다

컨트리와이드 파이낸셜의 사장이며 최고경영자인 마이클 윈스턴^{Michael} ^{Winston}은 다음과 같이 말했다.

유능한 리더는 팀원들에게 강하고 뭐든 할 수 있다는 자신감을 심어준다. 유능한 리더에 관련한 모든 조사에서도 확인되듯이, 시간이 흘러도 추종자들이 리더를 따르게 하려면 가장 중요한 조건이 리더에 대한 믿음이다. 리더가 믿을 만하고 신뢰할 만한 사람이라고 추종자들이 직접 경험할 수 있어야 한다. 리더이든 일반인이든 믿음을 상대에게 심어주는 가장 확실한 방법의 하나는 행동의 일관성이다. 말과 행동이 일치할 때 믿음도 자연스레 생긴다.

믿지 못할 사람과 함께 일해본 적이 있는가? 그랬다면, 끔찍했을 것이다. 누구도 믿음을 주지 못하는 사람과 함께 일하고 싶어하지 않는다. 맨체스터 컨설팅의 조사에 따르면, 안타깝게도 업무 현장에서의 신뢰 관계가 점점 떨어지고 있다. 리더가 업무 현장에서 조직원들에게 믿음을 상실하는 5가지 이유는

- 리더의 말과 행동이 일치하지 않는다.
- 리더가 팀 전체의 이익보다 개인의 이익을 먼저 추구한다.
- 리더가 정보를 공유하지 않는다.
- 리더가 거짓말을 하거나, 일부만 진실을 말한다.
- 리더가 옹졸하거나 편협하다.

리더와 조직원들 간의 신뢰 관계가 깨지면 거울이 깨진 것과 비슷한 결과가 야기된다. 거울에 돌을 던지면 유리가 산산조각난다. 그 조각들을 모아 어떻게든 다시 복원시킬 수는 있겠지만 거울에 생긴 금까지 감출 수는 없다. 손상이 클수록 거울에 비친 모습은 일그러져 보

인다. 인간관계에서 믿음이 사라지면 그런 손상을 극복하기가 무척 어렵다.

맨체스터 컨설팅의 보고서에 따르면, 리더가 조직원들에게 믿음을 줄 수 있는 가장 확실한 방법은

- 성실하고 정직하다.
- 자신의 목표와 가치관을 솔직하게 알린다.
- 조직원들을 동등한 파트너로 생각하며 존중한다.
- 개인의 목표보다 팀 전체의 목표에 집중한다.
- 개인적인 위험을 무릅쓰고 정당하게 행동한다.[19]

리더가 조직원들에게 믿음을 주고, 그 믿음을 유지하기 위해서는 성실한 자세로 대화할 수 있어야 한다. 조직원들이 당신을 떠나게 만들고 싶지 않다면, 일관되고 열린 자세로 조직원들에게 믿음을 심어주어야 한다.

무능한 사람을 떠난다

앞에서 언급했듯이, 내가 강연장에서 참가자들에게 가장 자주 들은 불만의 하나는 좋은 리더가 아닌 리더 밑에서 일해야 하는 환경이었다. 공장 직공, 판매원, 중간관리자, 운동선수, 자원봉사자 등 누구나 그들의 리더가 자신의 권한으로 업무와 역할을 재조종할 수 있다고 생각한다. 리더는 카리스마가 아닌 능력으로 조직원들에게 믿음을 심어줄 수 있어야 한다.

무능한 리더는 팀을 분열시킬 수도 있다. 무능한 리더는 조직원의 에너지를 헛되게 낭비한다. 심지어 조직원들이 중요한 일에 집중하는 걸 방해하기도 한다. 조직의 목표와 가치를 등한시하고 리더의 눈치를 살피게 만든다. 무능한 리더 밑에서 일하는 직원이 뛰어난 능력을 지녔다면 업무에 방해만 되는 그런 리더에게서 벗어날 생각만 할 것이고, 별다른 경험이나 능력을 지니지 못한 직원은 할 일을 찾지 못하고 우왕좌왕할 뿐이다. 어떤 경우이든 조직의 생산성과 사기는 떨어지고, 조직이 긍정적인 방향으로 발전하지도 못한다.

무능한 리더가 유능한 조직원들을 오랫동안 끌어가지는 못한다. 《리더십의 21가지 불변의 법칙》에는 "사람들은 자신보다 더 강한 리더를 따르게 마련이다"라는 '존경의 법칙'이 있다. 리더십 능력이 7점인 조직원이 4점에 불과한 리더를 따르기는 힘들다. 따라서 그 조직원은 자신을 이끌어줄 리더를 다른 곳에서 찾기 위해 회사를 떠나게 마련이다.

자신감이 없는 사람을 떠난다

리더가 조직원들을 소중히 생각하고 성실한 모습을 보여주며 능력까지 갖추었다면, 조직원들이 흔쾌히 그 리더를 따를까? 꼭 그렇지는 않다. 위의 세 자질을 모두 갖추었더라도 '자신감이 부족'한 리더는 조직원들을 떠나게 만든다.

자신감이 없는 리더를 알아내기란 그다지 어렵지 않다. 권력과 지위를 욕심내고 인정받고 싶어하는 욕구는 두려움과 의심, 불신과 질투에서 비롯된다. 그러나 이런 욕구가 무척 교묘한 형태를 띠기도 한다.

탁월한 리더는 2가지 점에서 남다르다. 첫째로 탁월한 리더는 다른 리더들을 키워주고, 둘째로 업무에서 승부를 보려 한다. 그러나 자신감이 없는 리더들은 그렇지 않다. 그들은 자신을 반드시 필요한 존재로 부각시키는 데 몰두한다. 따라서 조직원들이 잠재력을 개발하기 위해 훈련받는 것을 원하지 않고, 그들보다 성공하는 것을 견제한다. 달리 말하면, 그들의 도움이나 간섭 없이는 조직원이 성공하는 걸 바라지 않는다. 따라서 그들의 밑에서 일하는 직원이 높은 성과를 보이면, 자신감이 없는 리더는 그 직원을 위협적인 경쟁자라 생각하며 견제한다.

누구나 기운을 북돋워주는 리더와 함께 일하고 싶어하고, 거꾸로 기운을 꺾어버리는 리더를 멀리하고 싶은 것은 인지상정이다. 누구나 희망을 심어주고 능력을 마음껏 펼치게 해주는 리더를 원한다. 직원의 향상을 견제하고 방해하는 리더는 누구도 원하지 않는다. 잠재력을 발휘하고 성공의 길로 인도해주는 리더가 환영받는 것은 당연하다. 리더가 권위를 유지하고 지위를 지키는 데 연연한다면, 그의 밑에서 일하는 직원들은 안심하고 일할 수 있는 곳을 찾아 떠나게 마련이다.

조직원을 붙잡아두는 비결

리더가 나무랄 데 없이 훌륭해도 조직원이 때로는 떠난다. 이런 현상도 리더십과 약간 관계가 있다. 그러나 조직원이 따르고 싶은 리더로 거듭 태어나기 위해 시도해볼 만한 몇 가지 방법이 있다. 사람이 회사가 아니라 사람을 떠나는 것이란 사실을 깨달은 후에 내가 시도한 방법이기도 하다.

- 나와 인연을 맺은 사람들과의 관계는 내가 책임진다. 관계가 나빠질 때 나는 그 관계를 개선하는 데 필요한 행동을 먼저 취한다.
- 직원이 떠나려 할 때 나는 퇴직자 면담 시간을 갖는다. 퇴직자 면담의 목적은 그가 떠나는 이유가 내게 있는지 알아보기 위한 것이다. 그렇다면 나는 정중히 사과하고 그를 배웅한다.
- 나와 함께 일하는 사람들을 높이 평가한다. 직원들이 리더를 믿고 의지하는 조직이라면 괜찮다. 리더가 직원들을 믿는 조직이라면 더할 나위 없이 좋다.
- 나는 리더십에서 신뢰 관계를 가장 중요하게 생각한다. 내가 모든 면에서 유능할 수는 없다. 어떤 리더라도 어쩔 수 없는 상황에 부딪칠 때가 있다. 하지만 항상 믿을 만한 든든한 리더일 수는 있다.
- 내가 감정적으로 건강할 때 직원들이 안심하고 일하는 환경이 조성된다는 것을 인정한다. 따라서 나는 항상 긍정적으로 생각하고 올바로 행동하며, "다른 사람이 너희에게 해주었으면 하는 대로, 너희가 다른 사람들에게 모두 해주어라"라는 황금률을 지키려고 애쓴다.
- 개인적인 성장을 위해 항상 배우려고 애쓴다. 올바른 리더가 되기 위해 끊임없이 배우려고 애쓴다. 내가 성장할 때 조직원들의 성장을 가로막는 장애물이 되지 않을 것이기 때문이다.

유능한 직원을 잃는다면 조직에게는 이만저만 손해가 아니다. 유능한 직원을 잃더라도 회사나 경쟁 기업을 탓하지 마라. 시장 상황이나 경제 상황도 탓하지 마라. 대부분의 책임은 리더에게 있다. 사람은 사람을 떠나는 것일 뿐, 회사를 떠나는 것이 아니다! 리더로서 유능한 직원을 붙잡아두고, 조직이 목표를 성취하는 데 조그만 역할이라도 하고 싶다면 지금보다 더 나은 리더가 되려고 노력하라.

EXERCISE
FOR
LEADER

리더가 직원들을 믿는 조직이라면 더할 나위 없이 좋다

—— **1**　조직원들이 당신을 믿는가? 어떤 환경, 어떤 조건에서도 조직원들이 당신을 믿고 의지하는가? 맨체스터 컨설팅의 조사 결과를 바탕으로 다음의 질문에 답해보라.

- 나는 말과 행동에서 일치하는가?
- 나는 팀 전체의 이익보다 개인의 이익을 먼저 추구하는가?
- 나는 조직원들과 정보를 공유하는가?
- 나는 거짓말을 하거나, 일부만 진실을 말하지는 않는가?
- 나는 옹졸하거나 편협한 편인가?

모든 질문에 부정적으로 답했다면 당신은 조직원들과 신뢰 관계에서 문제가 있다. 지금부터라도 다음과 같이 행동해서 상황을 개선하도록 노력해보라.

- 언행일치를 통해 성실하고 정직한 면을 보인다.
- 나의 목표와 가치관을 솔직하게 알린다.
- 조직원들을 동등한 파트너로 생각하며 존중한다.
- 나 개인의 목표보다 팀 전체의 목표에 집중한다.
- 개인적인 위험을 무릅쓰고 정당하게 행동한다.

믿음이 하룻밤에 얻어지지는 않는다. 그러나 위의 5가지를 꾸준히 실천한다면 조직원들이 당신을 믿기 시작할 것이다.

—— 2   조직원들을 어떻게 대하는가? 리더의 입장에서 당신은 조직원들을 어떻게 생각하는가?

• 당신 말을 구체화시키는 데 필요한 부하 직원이라고만 생각하는가?
• 관리하고 조종해야 할 자원의 하나로 생각하는가?
• 목표를 성취하기 위해서 묵인해야 할 필요악이라 생각하는가?
• 당신만큼이나 중요하고 필요한 역할을 하는 동등한 파트너라 생각하는가?

당신이 앞의 세 방식으로 조직원들을 취급한다면 성공한 리더가 되기 위한 조건을 갖추지 못한 셈이다. 이제부터 그런 태도를 바꾸기 위한 조치를 취하라. 조직원들이 어떤 일을 하고, 팀을 위해 어떤 기여를 하는지, 요컨대 조직원에 대해 더 깊이 알아야 한다.

—— 3   조직원들에게 고마워하는 마음을 겉으로 표현하는가? 조직원들을 호의적으로 생각하는 것만으로는 부족하다. 조직원들에 대한 당신의 '믿음'을 겉으로 표현하고, 그들에게 고마워하는 마음을 구체적으로 보여주어라. 조직원들에게, 당신이 그들을 왜 중요하게 생각하는지 말해주고, 그들의 역할에 고마워한다고도 말해주라.

👥 Mentoring Point ——

당신에게 지도를 받는 신규 리더들과 함께 앉아, 직원들의 이동 현황을 검토해 보라. 일정한 흐름이 찾아지는가? 어떤 유형의 직원이 회사를 떠나고 있는가? 신규 리더들이 직원들의 이직에서 어떤 역할을 하고 있는가? 신규 리더들에게 직원들과의 신뢰 관계를 발전시키고, 직원들의 업무 능력을 향상시키기 위해 무엇을 하는지 물어보라. 또 그들에게 개인적인 자신감을 함양하기 위해서는 어떤 노력을 하는지도 물어보라. 그들이 기준에 미치지 못하는 분야를 계발할 수 있도록 도움을 주라.

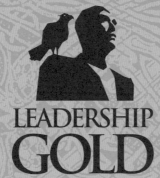

LEADERSHIP GOLD

17

경험이
최고의 스승은 아니다

——— 경험 자체는 우리에게 아무것도 가르쳐주지 않지만, 평가된 경험은 모든 것을 가르쳐준다.

——— 보통 사람과 성공한 사람의 차이는 실패를 대하는 마음가짐에 있다.

——— 고양이를 꼬리로 잡아서, 그렇지 않은 사람보다 고양이에 대해 40퍼센트나 더 많이 배운 사람이 있다.(마크 트웨인)

——— 모든 경험에서 뭔가를 배우려고 하지 마라. 긍정적인 것을 배워라.(앨런 노이하르트)

젊은 리더들에게 가장 실망스런 전통 중 하나는 찬란하게 빛날 기회를 하염없이 기다려야 한다는 것이다. 리더들은 선천적으로 조급한 편이다. 나도 다르지 않았다. 리더로 첫발을 내딛고 처음 10년 동안, 나는 경험의 중요성을 귀가 따갑도록 들었다. 목사로 처음 재직한 교회에서도 신도들은 내 판단을 믿지 않았다. 그들은 내가 너무 어리고 세상 물정에도 어둡다고 말했다. 나는 실망했지만 그들의 의심을 충분히 이해할 수 있었다. 그때 내 나이가 겨우 스물둘에 불과하기는 했다.

2년이 지난 후에야 사람들은 나를 리더로 대우해주기 시작했다. 내가 그런대로 능력을 갖추었다고 생각한 때문이었다. 3년째 되던 해, 상당히 큰 교회에서 나를 담임목사로 고려한다는 소식을 들었다. 권위도 높아지고 보수도 나아진다는 뜻이었다. 하지만 그들이 나이도 많고 경험도 많은 목사로 결정했다는 얘기를 나중에 들었다. 다시 실망했지만 그들의 결정을 이해할 수 있었다.

25세에 나는 교구 위원회의 위원으로 추천됐다. 나는 설레는 마음으로 투표 결과를 기다렸다. 내 나이가 그런 역할을 맡기엔 너무 어리다는 의견이 분분했다. 선거가 끝났을 때, 결국 나는 연세가 지긋한 목사에게 밀려나고 말았다. 그때 나는 "걱정말게. 언젠가 자네도 위원회에 들어갈 수 있을 테니까. 몇 년만 경험을 더 쌓게."라는 위로의 소리를 들었다.

젊은 나이와 일천한 경험 때문에 몇 번이나 쓰라린 좌절을 맛보았다. 그래도 내 책임을 다하고 교훈을 배워가며 내 차례를 기다렸다. 경험 많은 사람들이 내 앞을 지나갈 때마다, 그들의 삶을 지켜보며 그들에게 배우려고 노력했다. 또 그들이 어떤 토대에서 삶을 살아가고, 어떤 사람을 알며, 어떻게 처신하는지를 지켜보았다. 그런 과정에서 때로는 많은 것을 배웠지만, 실망할 때가 더 많았다. 오랜 경험을 쌓기는 했지만, 그 경험을 살리는 지혜나 능력까지 보여주지는 못했다.

그래서 "왜 어떤 리더는 경험을 활용하는데 그렇지 못한 리더도 있는 것일까?"라는 의문이 생겼다. 그 의문은 조금씩 풀리기 시작했다. 내가 그때까지 진리처럼 섬겼던 얘기는 진실이 아니었다. 경험이 최고의 스승은 아니었다! 경험을 통해 배우고 성장하는 사람도 있지만 그렇지 못한 사람도 태반이다. 누구나 어떤 형태로든 경험을 한다. 중요한 것은 그 경험을 어떻게 활용하느냐는 것이다.

경험을 어떻게 활용해야 할까?

우리 모두가 빈 공책으로 삶을 시작한다. 매일 우리는 뭔가를 경험하며 그 공책을 채워간다. 이론적으로 생각하면, 쪽을 넘길 때마다 그만큼 지식을 쌓고 이해력이 깊어졌다는 뜻이다. 우리가 나이를 먹어갈수록 공책은 온갖 기록과 관찰로 채워지게 마련이다. 그러나 우리 모두가 그 공책을 제대로 활용하지 못한다는 데 문제가 있다.

그 공책을 거의 평생 동안 닫아둔 채 지내는 사람도 있는 듯하다. 공책에 아무런 기록도 남기지 않은 사람들이다. 반면에 공책을 가득 채우긴 했지만, 기록을 되돌아보며 지혜를 얻고 이해력을 높이는 시간을 갖지 않는 사람들도 있다. 그러나 경험을 꼬박꼬박 기록할 뿐아니라, 기록된 경험을 곱씹어보며 거기에 담긴 의미를 깊이 생각해보는 사람도 적지 않다. 그들은 공책을 읽고 또 읽으며, 생각하고 또 생각한다. 이런 생각이 있을 때 경험이 통찰력으로 변한다. 따라서 그들은 경험을 바탕으로 살면서 경험에서 지혜를 배운다. 그들은 공책을 단순히 경험의 기록장이 아니라 학습 도구로도 사용하는 한 시간이 그들의 편이란 것을 안다. 공책에 담긴 비밀을 알아냈다는 뜻이다. 경험 자체는 우리에게 아무것도 가르쳐주지 않는다. 그러나 평가된 경험은 모든 것을 가르쳐준다.

경험에서 지혜를 얻으려면

아는 것은 많지만 이해력이 부족한 사람을 만나본 적이 있는가? 이런저런 재주는 있지만, 정작 중요한 것은 뭔지 모르지 않던가? 이런저런 요령을 많이 알기는 하지만 그 이유까지 모르지 않던가? 이런 사람의 문제가 무엇일까? 그들이 많은 것을 경험하긴 했지만, 사색과 평가는 없었다. 25년이 지나도 25년을 경험한 것이 아니다. 25분의 1, 1년이라도 제대로 경험했으면 다행이다.

경험에서 배우고 싶다면, 즉 경험을 통해 한층 더 지혜롭고 유능한 리더가 되고 싶다면, 경험에 대해 우리가 반드시 알아야 할 것들이 있다.

우리는 생각보다 더 많은 것을 경험한다

보스턴 레드삭스에서 흑인으로는 처음 투수로 기용된 얼 윌슨Earl Wilson은 "경험을 통해 우리는 실수를 반복할 때 실수인 것을 알 수 있다."라고 말했다. 솔직히 말해서, 우리는 실수하지 않으면서 살 수 없다. 실수가 너무 잦아 실수인 것도 알지 못하는 것이다. 경험이 이해력까지 마비시키는 셈이다. 실제로 아무리 똑똑한 사람도 이해력이 경험을 능가하지는 못한다.

그럼 어떻게 해야 할까? 우리가 이해할 수 있는 것이라도 최대한 활용해야 한다. 나는 2가지 방법으로 사용한다. 첫째, 하루를 마칠 쯤에 "오늘 나는 무엇을 배웠나?"라고 하루를 되돌아보는 시간을 갖는다. 그날의 공책에 쓰인 경험을 '재검토'하는 시간을 갖는다는 뜻이다. 둘째, 매년 마지막 주에 지난 12개월을 돌이켜보는 시간을 갖는다. 성공과 실패, 성취한 목표와 이루지 못한 꿈, 새로운 관계를 맺은 사람들과 나를 떠나간 사람들 등 1년 동안 경험한 일들을 되돌아본다. 이런 시간을 통해, 내가 경험하는 것과 내가 이해하는 것 사이의 간격을 좁혀간다.

뜻밖의 달갑지 않은 경험을 대하는 마음가짐이 성장을 결정한다

오스트레일리아에 본부를 둔 S4 리더십 네트워크의 소장, 스티브 페니Steve Penny는 "우리 삶은 뜻밖에 닥치는 장애물로 가득하다. 우리 계획을 완전히 무산시킬 것만 같은 상황이 닥치기도 한다. 그런 장애물을 재밌거리를 바꿔버리는 방법을 배우고, 새로운 것을 배우기 위해 특별히 마련된 여행이라 생각하라. 장애물과 싸우지 마라. 자칫하면 아무것도 배우지 못한다. 그 순간을 즐겨라. 그럼 약간 돌아간 덕분에 더 현명해지고 강해진 모습으로 정상 궤도로 되돌아갈 수 있을 것이다."라고 말했다.

삶에서 닥치는 장애물을 긍정적으로 받아들이기는 무척 어렵다. 나도 마찬가지이다. 경치가 아름다운 구불구불한 길보다 고속도로처럼 쭉 뻗은 길이 더 좋다. 굽은 길을 따라가야 할 때마다, 하루라도 그 길을 빠져나갈 출구를 찾는다. 그 과정을 즐기려고 하지도 않는다. 보통 사람과 성공한 사람의 차이는 실패를 대하는 마음가짐에 있다고 역설한《인생 성공의 법칙Failing Foward》을 쓴 사람이 이런 말을 하다니 이상하게 들리기도 할 것이다. 하지만 뭔가를 아는 것과, 그것을 실천하기는 어려운 법이 아닌가.

2005년 내 절친한 친구, 릭 고드Rick Goad가 췌장암 진단을 받았다. 1년 동안 나는 그의 곁에서 췌장암에 따른 변덕스런 상황을 지켜보았다. 한 주에도 그는 희망의 불씨를 찾다가 두려움에 휩싸였고, 질문을 던지고는 혼자 대답을 찾았다. 또 좌절에 빠졌다가는 금세 치료 가능성을 찾으며 종잡을 수 없는 변덕을 부렸다.

당시 릭은 40대에 불과했고 췌장암이란 진단은 청천벽력과도 같은 소식이었다. 그런 시련 속에서 그는 하루하루를 넘기며 매 순간을 감사하게 생각했고, 먹구름에서 은빛 햇살을 찾았으며, 친구들을 사랑했고, 하느님과 함께 시간을 보냈다. 또 내게는 몇 번이고 "선배님, 지금까지 이런 경험을 해본 적이 없습니다. 하지만 이 시간을 무엇과도 바꾸지 않겠습니다."라고 말했다.

릭은 결국 2006년에 세상을 떠났다. 너무나 가슴 아픈 죽음이었다. 그러나 릭은 그 시련의 시간을 통해 나를 비롯한 주변의 모든 사람들에게 많은 것을 가르쳐주었다. 그를 지켜보면서 우리는 어떻게 살아야 하는가를 깨달았다.

경험 부족은 값비싼 대가를 치러야 한다

이제 예순 살이 돼 철없던 젊은 시절을 돌이켜보면 소름이 끼칠 지경이다. 당시, 경험이란 연장상자에는 단 하나의 연장밖에 없었다. 망치였다. 망치밖에 없었으니 모든 것이 못으로 보였다. 그래서 나는 때리고 또 때렸다. 섣불리 달려들지 말아야 하는 싸움에도 망치만 들고 달려들었다. 나는 열정에만 사로잡혀 사람들을 막다른 길로 인도했다. 경험 없는 리더들에게서 흔히 찾을 수 있는 무모한 자신감에만 넘쳤을 뿐, 내가 아는 것이 별로 없다는 사실은 전혀 몰랐다.

해리 골든Harry Golden은 "젊은이의 오만은 이런저런 결과를 충분히 겪어보지 못한 탓이다. 매일 낟알을 던져주는 농부에게 탐욕스레 다가가는 칠면조를 어떻게 탓할 수 있겠는가. 누구도 칠면조에게 추수감사절에 무엇을 먹는지 말해주지 않았는데."라고 말했다.[20] 나는 젊은 시절에 리더로서 수많은 실수를 저질렀다. 다행히 어떤 실수도 파국의 지경까지 이르지는 않았다. 대부분의 실수가 내게 약간의 상처를 주는 것으로 끝났고, 내가 이끈 조직은 다행히 큰 타격을 입지는 않았다.

경험도 값비싼 대가를 치른다

경험 부족으로 값비싼 대가를 치르는 건 당연하게 들리지만, 경험도 값비싼 대가를 치러야 한다는 말은 선뜻 이해가 되지 않는다. 거꾸로 말하면, 대가를 치르지 않고는 경험에서 교훈을 얻을 수 없다는 뜻이다. 미국의 위대한 소설가, 마크 트웨인Mark Twain은 "고양이를 꼬리로 잡아서, 그렇지 않은 사람보다 고양이에 대해 40퍼센트나 더 많이 배운 사람이 있다."라고 말했다. 우리가 경험에서 배운 교훈의 가치보다 그 대가가 더 크지 않기를 바라야 할 뿐이다. 때로는 경험으로 교훈을 얻은 뒤에야 그 대가의 크기를 판단할 수 있는 경우도 있다.

전 월드 비전 사장, 테드 엥스트롬Ted W. Engstrom은 어떤 은행의 이사회가 영리하고 매력적인 젊은이를 신임 은행장으로 선택한 얘기를 즐겨 했다. 그 젊은이는 전임 은행장을 찾아가 도움을 청했다.

"선배님, 이 은행의 은행장으로서 선배님의 뒤를 성공적으로 따라가려면 제가 어떤 능력부터 가져야 하겠습니까?"

전임 은행장이 퉁명스레 대답했다.

"결정, 결정, 결정하는 능력부터 가져야지."

"그런 능력을 갖추려면 어떻게 해야 합니까?"

"경험, 경험, 경험이 있어야지."

"하지만 어떻게 해야 제가 경험을 쌓겠습니까?"

전임 은행장이 젊은이를 물끄러미 바라보며 말했다.

"잘못된 결정, 잘못된 결정, 잘못된 결정을 숱하게 해봐야겠지."

이 얘기에서 짐작되듯이, 경험은 시련을 먼저 주고 교훈을 나중에 준다. 경험에서 교훈을 얻기 위해서는 그만한 대가를 치러야 한다. 그러나 경험에서 얻는 교훈보다 그 대가가 크지는 않다.

경험을 평가해서 교훈을 배우지 않으면 엄청난 대가를 치러야 한다

경험의 대가를 치르고도 아무런 교훈을 얻지 못한다면 그야말로 끔찍한 일이다. 그러나 이런 경우가 드물지 않다. 왜 그럴까? 우리는 부정적인 경험에서 하루라도 빨리 벗어나고 싶어하기 때문이다. "다시는 그 일을 하지 않겠어!"라고 말하면서 빨리 잊어버리려 한다.

마크 트웨인은 이 부분에 대해서도 재밌게 말해주었다. "뜨거운 난로 위에 앉아본 적이 있는 고양이는 다시 뜨거운 난로 위에 앉지 않는다. 그런데 그 고양이는 차가운 난로 위에도 앉지 않는다." 고양이에게는 경험을 평가해서 교훈을 배울 만한 능력이 없기 때문이다. 고양이는 살아남기 위해 본능을 따를 뿐이다. 리더로서 지혜를 얻고 조금이라도 나아지려면 고양이보다는 나아야 하지 않겠는가! 이런 점에서 "모든 경험에서 뭔가를 배우려고 하지 마라. 긍정적인 것을 배워라."는 〈유에스에이 투데이〉의 창간자 앨런 노이하르트[Allen H. Neuharth]의 말을 곱씹어 볼 필요가 있다.

경험을 평가할 때 남보다 앞서 갈 수 있다

경험을 규칙적으로 되새겨보며 잘한 것과 잘못한 것을 평가하고 경험에서 교훈을 얻는 사람은 거의 없다. 그러나 그런 사람을 만나보면 경험을 평가해야 하는 이유를 절감할 것이다. 여우와 늑대와 곰이 주인공인 우화 하나를 소개해보자. 어느 날 그들은 함께 사냥을 나갔다. 그들은 각각 사슴 한 마리씩을 잡은 후에 어떻게 나눠 가질까 상의하기 시작했다.

곰은 늑대에게 어떻게 생각하느냐고 물었다. 늑대는 한 마리씩 나눠 가져야 한다고 대답했다. 그러자 곰이 갑자기 늑대를 잡아 먹어버렸다.

곰이 다시 여우에게 어떻게 나눠 갖는 게 좋겠느냐고 물었다. 여우는 곰에게 자기가 잡은 사슴을 넘겨주고, 늑대의 사슴까지 가지라고 말했다.

곰이 물었다.

"넌 어디서 그런 지혜를 배웠느냐?"

"늑대에게서."

법학자 올리버 웬델 홈스Oliver Wendell Holmes는 "젊은 사람들은 규칙을 알지만, 노인들은 예외를 안다."라고 말했다. 물론, 노인이 경험을 평가하고 경험에서 지혜를 얻었을 때만 적용되는 말이다.

삶이라는 학습 현장은 때때로 무척 어려운 과제를 제시한다. 그 과제를 기꺼이 해내는 사람도 있지만, 의도하지 않게 그 과제를 해내야 하는 사람도 있다. 모든 경험이 우리에게 소중한 교훈을 가르쳐주지만, 우리가 배우려는 의욕을 갖고 경험에 담긴 교훈을 되새겨볼 때에만 그 교훈은 우리 것이 될 수 있다. 당신이 그런 사람이라면 어떤 결과가 있겠는가? 루디야드 키플링Rudyard Kipling이 '만약'이라는 시로 표현한 생각의 표본이 될 것이다.

만약

만약 뭇사람이 이성을 잃고 너를 탓할 때

냉정을 유지할 수 있다면,

만약 모두가 너를 믿지 않을 때

자신을 믿고 그들의 의심을 감싸안을 수 있다면,

만약 기다리면서 기다림에 지치지 않는다면,

속임을 당하고도 속임으로 답하지 않는다면,

미움을 받고도 미워하지 않는다면,

그러나 너무 선량한 체 하지도 않고 너무 현명한 체 말하지도 않는다면.

만약 꿈을 꾸면서도 꿈의 노예가 되지 않을 수 있다면,

만약 생각하면서도 생각을 목표로 삼지 않을 수 있다면,

만약 승리와 재앙을 만나고도

이 두 협잡꾼을 똑같이 대할 수 있다면,

만약 네가 말한 진실이 악인들에 의해 왜곡되어

어리석은 자들을 옭어매는 덫이 되는 것을 참을 수 있다면,

네 일생을 바친 것들이 무너지는 것을 보고도

낡은 연장을 집어들고 다시 세울 수 있다면.

만약 힘써 얻은 모든 것을 단 한 번의 도박에 걸 수 있다면,

그것들을 다 잃고도 다시 시작하면서도

한마디 불평도 하지 않을 수 있다면,

만약 심장과 신경과 힘줄이 다 닳아버리고
남은 것이라곤 "버텨라!"고 말하는 의지뿐인 때도
여전히 버틸 수 있다면.

만약 여러 사람과 얘기를 하면서도 덕성을 잃지 않는다면,
왕들과 함께 거닐면서도 오만하지 않을 수 있다면,
만약 적도 사랑하는 친구도 너를 해칠 수 없게 된다면,
만약 모두가 네게 지나치지 않을 만치 소중하면,
만약 용서할 수 없는 1분을
60초 동안 달린 거리로 채울 수 있다면,
그럼 이 세상과 그 안의 모든 것이 네 것이 되리라.
그리고 그때 너는 비로소 어른이 되리라!

그럼 당신은 성실하고 현명한 사람이 될 것이고, 더 나은 리더가 돼 주변 사람들에게도 큰 도움을 줄 것이다.

EXERCISE
FOR
LEADER

경험은 시련을 먼저 주고 교훈을 나중에 준다

—— **1** 경험을 되새기는 시간을 얼마나 자주 갖는가? 내가 아는 대부분의 리더는 일에서 헤어나지 못한다. 따라서 그들은 그 날이나 그 주에 있었던 경험을 되새길 만한 틈을 거의 내지 못한다. 당신은 시간을 쪼개서라도 경험을 평가해서 교훈을 배우려고 하는가? 의도적으로라도 그렇게 하지 않는다면 경험에서 교훈을 배울 가능성은 거의 없다. 25년의 경험을 헛되게 만드는 어리석은 짓을 하는 셈이다. 지금부터라도 하루를 끝내기 전에 15분, 1주일에 1시간의 여유를 갖고 경험을 되새겨보며 교훈을 얻는 시간을 가져보라.

—— **2** 배운 것을 어떻게 기록하는가? 앞에서 "조직원을 만족시키려 하면 조직을 이끌 수 없다" 등과 같이 내가 만든 원칙을 때때로 읽었다. 내가 이 책을 쓰려고 그런 원칙들을 만들어냈다고 생각하는 사람도 있을 것이다. 그러나 그렇지 않다. 이 책에서 소개되는 모든 원칙과 주장은 내가 지금까지 경험에서 배운 것을 차근차근 정리해온 것이다. 나는 젊었을 때부터 이런 습관을 길들여왔다.

삶이 당신에게 교훈을 줄 때 그 교훈을 어떻게 기록해두는가? 그저 기억해두고 잊혀지지 않기를 바라는가? 바람직한 방법이 아니다. 이제부터라도 삶에서 얻은 교훈을 정리해두는 습관을 길들여보라. 간단한 방법으로 일기장에 써둘 수도 있다. 색인카드에 써서 정리해두는 것도 좋은 방법이다. 물론 컴퓨터 파일에 저장해둘 수도 있다. 어떤 방법이든 삶에서 얻은 교훈을 확실하게 보관

해두라! 그럼 언제라도 꺼내볼 수 있고 다른 사람들에게 전해줄 수도 있지 않은가.

—— 3 　어떤 방법으로 한 해를 평가하는가? 작년에 겪었던 일들을 되새겨보는 시간을 가진 적이 있는가? 그렇지 않다면, 지금이라도 그렇게 할 계획을 세워보라. 하루나 이틀쯤 작년 달력을 들춰보며, 그때 겪었던 일들을 되새겨보라. 최고로 좋았던 일과 최악이었던 일을 생각해보라. 거기에서 최고의 교훈을 얻을 가능성이 크다. 물론, 배운 교훈을 써두는 것도 잊어서는 안 된다.

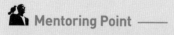

Mentoring Point ——

당신이 지도하는 신규 리더들에게 각자의 경험을 평가하기 위한 주간 시간표를 작성해보라고 하라. 그들이 경험에서 배운 것 중에서 가장 중요한 교훈을 당신에게 한 달에 한 번씩 전자메일이나 직접 만나 알려달라고 하라. 그들이 경험을 규칙적으로 되새기는 시간을 갖는다는 사실을 확인한 후에는 그 횟수를 줄여가도록 한다.

LEADERSHIP GOLD

18

회의를
효율적으로 끌어가는 비결은
회의 전 회의에 있다

—— 대부분의 사람이 잘 모르는 것에는 반감을 품는다.

—— 우리 눈에 보이는 풍경은 우리가 어디에 앉느냐에 따라 결정된다.

—— 비용면에서 좋은 계획이 좋은 반응보다 훨씬 덜 든다.(웨인 슈미트)

—— 리더라면 시작을 잘해야 한다.

당신은 회의를 어떻게 생각하는가? 대부분의 리더는 회의를 별로 좋아하지 않는다. 나도 마찬가지이다. 나는 행동과 성장과 결과를 중요하게 생각한다. 대부분의 리더가 그렇다. 하지만 당신이 참석해야 회의가 역동적이고 생산적인가? 대부분의 회의가 팬더 곰의 짝짓기만큼이나 생산성이 떨어진다. 회의에 대한 기대감은 높지만 결과는 거의 언제나 실망스럽다. 경제학자 존 케네스 갤브레이스^{John Kenneth Galbraith}는 "당신이 아무것도 하고 싶지 않을 때는 회의에 참석하라."고 말했을 정도이다.

회의에 참석하는 사람들에게 기운을 북돋워주려고 경영진이 벽에 다음과 같은 구호를 써붙여둔 회의실이 있었다.

지능이 정보를 대신할 수는 없다.
열정이 능력을 대신할 수는 없다.
의지가 경험을 대신할 수는 없다.

회의에 참석한 사람들은 그 구호들을 떼어내고 그들이 직접 작성한 구호를 붙였다.

회의가 성장을 대신할 수는 없다.

　회의에 참석해 하염없이 시간을 보내본 사람은 알겠지만, 회의는 몇 분이면 충분할 얘깃거리를 하느라 몇 시간을 보낸다. 더구나 회의가 다음에 회의를 또 갖자는 식으로 끝날 때마다 참석자는 짜증스러울 뿐이다.

　우리가 직접 주관하고 인도하는 회의도 크게 나을 것은 없다. 당신이 주최한 회의를, 당신이 참석해달라고 요청한 사람들이 망쳐버린 적이 있는가? 나는 젊었을 때 그런 경우를 처절하게 경험했다. 내가 젊은 리더로서 첫 이사회를 주최했을 때였다. 나는 의사일정표를 꼼꼼하게 준비해서 회의실에 들어갔다. 내가 특별히 모신 '진짜' 리더가 회의의 주도권을 빼앗아가는 데는 정확히 93초밖에 걸리지 않았다. 그 후에 그는 회의에 참석한 우리를 멋대로 끌고 다녔다. 의사 일정은 안중에도 없었다. 나는 리더가 되고 처음 몇 년 동안은 '앤서니 그리핀 쇼'에 등장하는 순박한 청년, 고머 파일Gomer Pyle이 된 기분이었다. 불쌍한 고머는 아무런 힘이 없었다. 다음에 어떤 일이 닥칠지도 몰랐고, 어떤 뜻밖의 봉변을 당할지도 몰랐다. 그저 고머는 휘둥그렇게 뜨고 "우아아악!"이라 소리치거나, 입을 쩍 벌리고 싱글싱글 웃으면서 "놀랐어, 정말 놀랐어!"라고 중얼거릴 뿐이었다. 당신은 어떤 상황인지 모르겠지만 옛날의 나처럼 고머와 같은 리더이지 않기를 바랄 뿐이다.

　회의가 지루하게 계속되면 갑자기 농담거리를 던져 회의장을 난장판으로 만들어 반발하는 사람들이 간혹 있다. 그렇다고 리더가 먼저 농담을 던져 조직원들을 어리둥절하게 만들면, 나중에는 조직원들까지 서슴없이 농담을 던지면서 리더를 머쓱하게 만든다. 반면에 빈정대는 태도로 반발하는 사람들도 있다. 해리 채프먼Harry Chapman은 여러 위원회에서 일하고 많은 회의에 참석한 경험을 바탕으로 지루한 회의를 이겨내는 방법을 다음과 같이 냉소적으로 표현했다.

- 절대 시간에 맞춰 도착하지 마라. 자칫하면 순진한 바보로 낙인찍힌다.
- 회의가 끝날 때까지 한 마디도 하지 마라. 그럼 모두가 당신을 현명한 사람이라 우러러볼 것이다.
- 가능하면 모호하게 말하라. 그래야 반론을 피할 수 있다.
- 의심이 들면 소위원회를 만들자고 제안하라.
- 정회의 제안에 앞장서서 동의하라. 그럼 당신은 인기를 한몸에 얻을 수 있다. 모두가 학수고대하던 것이었으니까.[21]

물론, 회의 자체를 포기하고 멀리하는 사람들도 있다. 그러나 그다지 좋은 해결책은 아니다. 누구도 회의를 위한 회의를 갖고 싶어하지는 않는다. 그러나 사람들과 만나야 할 때가 있는 법이다. 그런 경우에 회의를 헛되게 보내지 않기 위한 방법을 연구해야 한다. 요컨대 훌륭한 리더가 되기 위해서는 회의를 효율적으로 운영하는 방법을 알아야 한다.

효율적인 회의를 하려면
회의, 특히 '공식적인' 이사회 회의에서 좌절감을 맛보았기 때문에 나는 내 멘토인 올란 헨드릭스^{Olan Hendrix}에게 조언을 구하기로 했다. 점심 식사를 함께하며, 나는 "회의를 진행할 때마다 점점 좌절감에 빠집니다. 회의가 전혀 생산적이지 않습니다. 사람들도 때로는 비협조적이고요. 시간만 하염없이 길어지고요. 어떻게 해야 회의를 효과적으로 진행할 수 있을까요?"라고 물었다.

올란의 설명에 따르면, 회의가 실패하는 이유는 2가지였다.

- 리더가 명확한 의제를 제시하지 못하는 경우
- 회의에 참석한 사람들이 각자의 의제를 갖고 있는 경우

어떤 경우이든 회의는 제대로 진행되지 않는다며, 올란은 덧붙여 말했다.

"존, 누구도 그런 식으로 시간을 죽이고 싶어하지 않네."

"그럼 어떻게 해야 합니까?"

"간단하네. 회의를 하기 전에 회의를 갖게."

올란의 설명에 따르면, 나는 회의에 참석할 핵심 인물을 선정해 그들과 개인적으로나 소규모로 미리 만나야 했다. 말하자면, 정식 회의가 있기 전에 우리가 같은 생각이라는 것을 확인할 필요가 있었다. 그럼, 정식 회의가 수월하게 진행될 거라는 설명이었다. 나는 눈이 번쩍 뜨이는 것 같았다!

대부분의 사람이 회의의 목적에 대해 잘못 알고 있다. 많은 사람이 회의를 '시간 절약 수단'이라 생각한다. 하기야 많은 사람을 한 방에 몰아넣고 단번에 정보나 의견을 전달할 수 있으니 그렇게 생각하는 것도

무리는 아니다. 회의의 목적은 시간 절약이 아니다. 회의는 뭔가를 마무리짓기 위한 수단이다. 그렇게 하기 위해서는 사람들이 회의를 준비할 수 있도록 때로는 회의 전의 회의를 가져야 한다. 그 이유를 살펴보자.

회의 전의 회의는 당신의 우군을 확보하는 데 도움을 준다

대부분의 사람이 잘 모르는 것에는 반감을 품는다. 인간의 속성일 뿐이다. 반면에 잘 아는 내용에 대해서는 상대적으로 긍정적으로 변한다. 따라서 뜻밖의 정보를 듣게 되면 그들의 첫 반응은 부정적일 가능성이 크다. 예컨대 당신이 회의에 참석한 사람들에게 뜻밖의 소식을 발표할 때, 목소리가 크고 영향력도 있는 사람이 부정적인 반응을 보이면 참석자 모두가 부정적으로 반응하기 십상이다. 그럼 회의가 옆길로 새거나 중단되게 마련이다. 따라서 회의에 앞서, 목소리가 크고 영향력 있는 사람들에게 정보를 미리 제공하는 편이 낫다.

회의 전의 회의는 팀원들에게 미리 새로운 관점을 알려줄 수 있다

우리 눈에 보이는 풍경은 우리가 어디에 앉느냐에 따라 결정된다. 요컨대 우리는 다른 사람의 관점이 아닌 우리 자신의 관점으로 세상을 관찰한다. 리더는 추종자들이 자신과 같은 관점에서 판단하도록 끌어가야 한다. 그렇게 하기 위해서는 시간과 의도적인 노력이 필요하다.

그 과정을 단축할 수는 없다. 또 사람들 모두가 당신의 관점에서 세상을 볼 거라고 기대할 수도 없다. 따라서 팀원들이 리더의 제안이라는 이유로 무작정 따라주기를 바라는 리더는 크게 성공할 수 없다. 리더라는 이유로 팀원들에게 무작정 따르라고 윽박지르지 마라. 또 팀원들이 모든 것을 순순히 받아들일 것이라고 기대하지도 마라. 그렇지 않으면 팀원들도 완강하게 버티면서 한 걸음도 움직이지 않을 가능성이 크다. 회의가 있기 전에 영향력 있는 사람들에게 올바른 관점을 미리 제공하면, 당신의 관점을 회의 참석자들에게 알리는 데 그들이 도와줄 것이다.

회의 전의 회의는 당신의 영향력을 높여준다

리더십은 영향력이다. 그 이상도 아니고 그 이하도 아니다. 어떻게 해야 조직원들에게 영향력을 가질 수 있을까? 그들에게 투자해야 한다. 그럼 어떻게 투자해야 할까? 그들에게 시간을 할애하는 것부터 시작하면 된다. 당신이 그들과 함께 보내는 유일한 시간이 회의라면, 또 그 시간에 당신의 의제에 따라 그들에게 업무에 신경 쓰라고만 요구한다면 그들이 당신을 어떻게 생각하겠는가? 여하튼 그들과 긍정적인 관계를 쌓아가기는 힘들 것이다. 그들은 가치를 인정받지 못한다는 기분에 사로잡혀 지낼 것이다. 따라서 그들에게는 물론 당신의 영향력에도 아무런 도움이 되지 않는다.

회의 전의 회의는
당신이 믿음을 얻는 데 도움을 준다

리더에게 주어진 가장 어려운 책무 중 하나는 조직을 위해 변화를 끌어가는 역할이다. 변화를 이루어내기 위해서는 조직원들의 신뢰가 절대적으로 필요하다. 회의 전의 회의는 당신에게 그런 신뢰를 구축할 기회를 준다. 그 시간에 조직원들의 질문에 대답하며, 당신의 동기를 그들에게 한결 쉽게 전해줄 수 있다. 또 공개석상에서는 다루기 힘든 미묘한 문제까지 자세히 다룰 수도 있다. 더더욱 중요한 것은 그들 개개인에게 맞춤형 지시를 할 수 있다는 것이다.

회의 전의 회의는 실수를 피하는 데 도움을 준다
훌륭한 리더는 현재 진행되는 일의 상황을 훤히 꿰고 있는 편이다. 훌륭한 리더는 뛰어난 직관력을 바탕으로 조직원들과 긴밀한 관계를 갖는다. 또한 사기와 동력, 문화 등 보이지 않는 부분을 능숙하게 다룬다. 그러나 탁월한 리더도 항상 완벽할 수는 없다. 때로는 뭔가를 놓치게 마련이다. 따라서 회의 전의 회의에서 조직원에게 얻은 정보나 통찰력이 리더십에서 큰 실수를 방지하게 해줄 수 있다.

＝•＝

올란 헨드릭스의 조언으로 나는 회의 전에 갖는 회의의 중요성을 깨달았다. 그 밖에도 올란은 공식적인 회의를 의제에 따라 생산적으로 진행하는 방법을 가르쳐주었다. 올란은 내게 다음과 같은 세 항목으로 의제를 나눠 회의 시간을 꾸려가라고 조언해주었다.

• 정보 항목: 의사 일정에서 첫 부분으로 지난 공식 회의 이후로 조직에

서 있었던 일들을 3~4분 동안 요약해서 전달했다. 이 부분에 대한 토론이나 평가는 허용하지 않았다.

- 연구 항목: 의사 일정에서 두 번째 부분으로 쟁점들이 공개적이고 솔직하게 토론됐다. 하지만 이 시간에는 쟁점들에 대한·투표도 없었고, 어떤 결정도 내려지지 않았다. 토론이 끝난 후에, 쟁점들을 다음 회의에서 마지막 항목에 포함시킬지를 결정했다.

- 행동 항목: 의사 일정에서 마지막 부분으로 결정에 필요한 쟁점들이 다루어졌다. 이전 회의에서 연구 항목에 올랐던 쟁점들만이 행동 항목에서 다루어졌다. 따라서 그 쟁점들은 철저히 조사된 후에야 행동 항목에서 다루어졌다.

올란의 방법은 효과가 있었다. 나는 회의를 절차에 따라 완벽하게 진행했을 뿐아니라, 제대로 해내면 다음 회의까지 자연스레 연결시킬 수 있었다.

내 리더십에 결정적 영향을 미친 것

올란 헨드릭스가 회의 전에 갖는 회의의 중요성을 내게 일깨워준 즉시, 나는 그 방법을 사용하기 시작했다. 내 리더십의 효율성도 눈에 띄게 달라졌다. 1972년 오하이오 주 랭커스터에 있는 페이스 메모리얼 교회의 담임목사가 됐을 때도 나는 리더로서의 역량이 그 방법을 어떻게 사용하느냐에 따라 결정될 거라고 생각했다.

그 교회의 전임목사는 평신도 리더로 제직회 의장인 짐과 관계가 원만하지 못해 사임한 터였다. 따라서 내가 그 교회의 담임목사로 부임하면서 리더로서의 성공 여부가 막강한 영향력을 지닌 짐과의 관계에 따라 결정될 거라고 생각한 것도 크게 잘못된 것은 아니었다.

교회에 정식으로 부임한 첫 날, 나는 짐과 만날 약속을 했다. 나는 (1) 짐과 원만한 관계를 맺기 위한 첫 걸음을 떼고, (2) 짐에게 지원을 부탁할 생각이었다. 우리는 첫 모임에서 많은 얘기를 나누었다. 다행히 나는 짐의 마음을 얻을 수 있었다. 내가 월례 제직회의를 갖기 전에 그와 따로 만나겠다는 약속을 해준 덕분이었다.

나는 "어떤 비밀도 없을 겁니다. 제직회의에 안건을 제시하기 전에 먼저 당신에게 알려드리겠습니다."라고 약속했다.

그날 짐도 나를 적극적으로 돕겠다고 약속했다. 나는 그에게 약속을 지켰다. 8년 동안, 나는 매달 회의를 갖기 전에 그와 따로 만났다. 우리는 머리를 맞대고 쟁점을 철저하게 논의했고 제직회에 권고할 행동 방침까지 합의를 보았다. 내가 리더로서 성공하는 데는 그의 역할이 결정적이었다. 내가 부임했을 때 그가 교회에서 가장 영향력 있는 신도이기도 했지만, 그가 모든 신도를 알고 모든 신도의 관심사까지 꿰고 있는 교회의 살아있는 역사였기 때문이었다. 회의가 있기 전에 짐과 미리 만난 덕분에 나는 모든 회의를 효율적으로 끌어갈 수 있었다.

누구와 만날 것인가

'회의 전의 회의'는 회의가 있기 전에 조직에서 가장 영향력 있는 사람과 단순히 마주보고 앉는 것이 아니다. 그 이상의 의미를 갖고, 효과를 기대할 수 있다. 나는 자원봉사자들의 리더로서도 많은 시간을 보냈다. 그들에게는 봉급이란 유인책을 사용할 수 없기 때문에 리더는 그들을 해임하겠다고 위협할 수도 없는 입장이다. 자원봉사자는 따르고 싶을 때만 따른다. 따라서 자원봉사단체의 리더는 그들과 합의점을 찾으려고 끊임없이 노력해야 한다.

나는 중대한 변화를 꾀하거나 커다란 도전거리를 맞았을 때 우군을 확보하기 위해서 회의 전의 회의를 수시로 가졌다. 예컨대 내가 조직 전체에 충격을 줄 만한 의미 있는 변화를 계획하고 있다고 해보자. 그럼 나는 이사회를 소집하고, 정식 회의가 있기 전에 짐과 같은 사람을 미리 만난다.

다음 단계로 나는 조직의 톱 리더들을 만난다. 이때도 톱 리더들과 모임을 갖기 전에 한두 명의 핵심 리더들을 따로 혹은 함께 만난다. 그러나 톱 리더들과 모임을 가진 후에 조직 전체 회의를 곧바로 준비하지는 않는다. 전체 회의를 갖기 전에 또 한 번의 작은 회의를 갖는다. 이번에는 조직에서 영향력 있는 사람들, 즉 상위 20퍼센트와 회의를 갖는다. 달리 말하면, 전체 조직원의 과반수에게 영향을 미쳐 일의 성사 여부를 결정할 만한 실력자들과 회의를 갖는다. 그들과 만나 정보를 교환하는 시간을 가진 후, 그 후에야 조직의 전체 회의를 소집한다.

조직에 변화를 주기 위한 계획이 파격적일수록 그 과정도 오래 걸린다. 비행기를 날리는 것과 같다. 비행기가 클수록 활주로도 길어야 하지 않은가. 원대한 계획을 착수하거나, 극적인 변화를 시도하려면 시간이 적잖게 걸리는 법이다.

당신이 회의를 주재하는 사람이라면, 다음과 같은 충고를 따르기 바란다.

- 회의 전의 회의를 가질 수 없다면 아예 회의를 시작하지도 마라.
- 회의 전의 회의를 가졌지만 원만하게 타협되지 않으면 아예 회의를 시작하지도 마라.
- 회의 전의 회의를 갖고, 당신의 바람대로 원만하게 타협점을 찾았다면, 그때 회의를 열어라!

웨인 슈미트Wayne Schmitt는 "비용면에서 좋은 계획이 좋은 반응보다 훨씬 덜 든다."라고 말했듯이, 생산적이고 효율적인 회의를 위해서 철저한 준비와 계획이 필요하다.

시작이 좋으면 모든 것이 좋다. 회의를 갖기 전에 갖는 회의를 철저히 준비하면, 회의 후에 있을지도 모를 피해 대책을 세우는 데도 시간이 덜 든다. 리더라면 시작을 잘해야 한다.

자원봉사자들의 리더로 활동한 26년 동안, 내가 이끈 조직들은 모두 공동체의 성격을 띤 교회였다. 달리 말하면, 조직원 전체의 동의 하에 모든 결정이 내려졌다. 그 기간에 나는 작은 결정에서부터 약 3,500만 달러가 소요된 교회 이전까지 무척 다양한 쟁점을 다루었다. 내가 목사로 활동한 기간에 받은 최악의 투표 결과는 83퍼센트의 찬성이었다. 교회의 역사에서 괄목할 만한 기록이었다. 내 리더십이 그렇게 성공한 이유가 무엇이었을까? 내가 젊었을 때 올란 헨드릭스의 조언을 귀담아 듣고, 회의가 있기 전에 회의를 갖는 습관을 길들인 덕분이었다. 올란의 조언은 당신에게도 똑같은 효과를 발휘할 것이다.

EXERCISE
FOR
LEADER

회의가 성장을 대신할 수는 없다

—— **1**　회의를 진행하는 구조적인 틀이 있는가? 대다수의 리더가 고정된 틀도 없이 회의를 진행한다. 따라서 회의가 걸핏하면 옆길로 샌다. 당신은 회의를 어떻게 체계화시키고 있는가? 최대의 성과를 얻기 위해 회의의 진행 방식을 치밀하게 계획해본 적이 있는가? 그렇지 않다면 앞에서 사용한 방법, 즉 정보 항목 – 연구 항목 – 행동 항목이란 방법을 사용해보라.

—— **2**　영향력 있는 핵심 인물과 접촉해본 적이 있는가? 당신이 주재하는 중요한 회의에서 가장 영향력 있는 사람은 누구인가? 그와 개인적으로 접촉해본 적이 있는가? 회의 시간 이외에 그와 시간을 보내고 있는가? 그렇지 않다면 회의를 갖기 전에 먼저 그 사람과 먼저 만나라. 내가 짐에게 했던 것처럼, 어떤 약속을 반드시 해줄 필요는 없다. "우리가 힘을 합할 수 있을까? 자네와 한두 가지 생각을 먼저 논의하고 싶은데."라고 말해도 충분할 수 있다.
그런 핵심 인물과 어떤 인간관계를 맺지 못했다면, 게다가 과거에 그들과 맞붙어 다툰 적이 있다면, 충분한 시간을 두고 몇 번이고 만나라. 그들이 기꺼이 자신들의 의견을 공유하고 싶어할 때까지 끈기 있게 만나라. 마음의 문을 열고 허심탄회하게 의견을 나누며 합의점을 찾아라.

—— **3**　큰 변화를 도모할 계획이 있는가? 당신이 상당히 큰 규모의 조직을 책임지고 있다면 회의 전의 회의를 갖지 않고는 파격적인 변화를 시행하기

는 힘들다. 영향력의 순위에 따라 모임을 차례로 가져라.

- 톱 리더들에게 영향을 미치는 사람부터 시작하라.
- 톱 리더들과 만나라.
- 조직이나 부서에서 상위 20퍼센트의 실력자들과 만나라.
- 조직이나 부서의 전원과 만나라.

이런 사전 모임이 반드시 준비 과정에 포함돼야 한다. 사전 모임을 실질적으로 가질 수 없다면 변화를 시도하지 않는 편이 낫다.

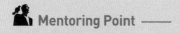

Mentoring Point ——

당신이 지도하는 신규 리더들이 회의를 어떻게 준비하고, 결정과 정보를 그들의 조직원들에게 어떻게 알려주는지에 대해 얘기를 나누어보라. 앞으로 내릴 결정에 대한 전략에 대해 그들과 얘기를 나누고, 그들이 회의 전의 회의를 누구와 가져야 하는지 선택하는 데 도와주라.

LEADERSHIP
GOLD

19

수직적 관계만이 아니라
수평적 관계도 생각하라

—— 지위지향적 리더는 승진의 사다리를 빨리 올라가고 싶어하는 반면에, 관계지향적 리더는 다리를 놓는 데 주력한다.

—— 인간관계를 무시하고 승진할 때 권위를 얻을지는 모르지만 많은 친구를 얻지는 못한다.

—— 인간관계만 원만할 뿐 높이 올라가려는 의욕이 없는 사람은 많은 친구를 얻겠지만 권위가 없어 큰일을 이루어내기 어렵다.

리더로 첫발을 내딛었을 때 나는 리더십을 '경주'로 생각했다. 내 목표는 내 능력을 입증해보이고 내 순위를 높이는 것이었다. 나는 열심히 일했고, 매년 우리 교파에 속한 모든 리더의 성적을 평가한 연말 보고서의 발표를 초조하게 기다렸다. 내 성적과 다른 리더들의 성적을 비교해보았다. 내 성적은 꾸준히 향상됐고, 나는 어떤 리더를 추월했는지 조사해보았다. 또 내 앞의 어떤 리더가 사정권 내에 있는지도 살펴보았다. 매년 나는 정상을 향해 조금씩 다가갔고, 그런 결과는 내게 보람을 주었다. 나는 정상을 향해 올라가고 있었다!

그러나 내 생각에는 중대한 문제가 있었다. 나는 두 가지를 크게 잘못 생각한 채 일하고 있었다. 하나는 내 지위가 나를 리더로 만들어준다고 생각한 것이었고, 다른 하나는 사람들과 관계를 맺는 것보다 리더십 사다리를 올라가는 것이 우선순위에 있다고 생각한 것이었다. 요컨대 리더십이 지위인 동시에 관계라는 사실을 몰랐던 것이다.

첫 제직회에서 나는 그런 사실을 어렴풋이 느꼈다. 내게 리더라는 '권리'는 있었지만 관계는 없었다. 회의에 참석한 사람들은 내 말을 공손히 들었지만 나를 따르지는 않았다. 그들은 클로드란 농부를 따랐다. 내가 태어나기도 전부터 그 교회를 다녔던 신도였다. 사람들이 지위보다 관계를 중심으로 사람을 따르는 것을 보고 나는 처음에 실망했다. 내가 그들을 얼마나 배려하는지 그들이 알 때까지는 내가 그들을 얼마나 아는지에 관심을 크게 두지 않는다는 사실을 완전히 깨닫는 데 거의 10년이 걸렸다. 내게 그런 사실을 조금이라도 빨리 말해주었으면 좋았을 텐데…. 어쩌면 그들이 말해주었지만 내가 너무 바빠 건성으로 들었을 수도 있다. 그래서 나는 사람들과 진정한 관계를 나누지 못했다.

그렇다고 리더십 사다리를 오르려는 노력이 나쁘다는 것은 아니다. 한 자리에만 머물면 성장할 수 없다. 리더는 자연스레 위를 바라보게 마련이다. 따라서 진취적이고 주도적이다. 다른 사람보다 먼저 기회를 포착해 움켜잡아야 한다. 대부분의 리더가 경쟁지향적이며, 그들의 DNA에는 정상에 올라가려는 욕구가 있다. 따라서 리더에게 문제는 "정상에 올라가려고 노력해야 하는가?"라는 의문이 아니다. 문제는 "어떻게 노력해야 하는가"이다. 주변 사람들과 교감하지 않으면서 정상에 올라가면 그들에게 충성을 기대할 수 없다. 최악의 경우에는 당신의 리더십을 위협하고, 단명에 그치게 만들 수도 있다. 당신이 딛고 올라선 사람들이 당신을 끌어내릴 기회를 호시탐탐 노리지 않겠는가.

마음가짐을 바꾸어라

내 경험에 비추어보면, 대다수의 젊은 리더가 주변 사람들과 관계를 맺지 않고 정상에 오르는 데 신경 쓰는 것은 사실이다. 그들은 리더십에서 관계보다 지위적 위치를 더 중요하게 생각한다. 마치 언덕에 먼저 올라 왕이 되려고 다른 아이들을 밀치면서 올라가는 놀이처럼 생각한다. 리더십 경쟁이 꼭 그런 것만은 아니라는 사실을 깨닫지 못했다는 증거이다. 그러나 누구나 리더로 활동하는 과정에서 선택의 기로에 서게 되는 때가 있다. 어떤 희생을 치르더라도 다른 경쟁자들을 딛고 정상에 올라가야만 하는가, 아니면 다른 사람들과 관계를 맺고 그들을 도와가면서 함께 정상으로 향해야 하는가?

이런 선택의 순간을 맞았던 때가 아직도 내 기억에 생생하다. 처음 목사로 부임했을 때 나는 신도들에게 시간과 재능과 자금을 관리하는 방법을 가르쳐주고 싶었다. 나는 이런 자원의 관리를 중요하게 생각했지만, 경험이 부족한 탓에 그에 관련해서 많은 것을 알지 못했다. 그래서 인디애나 주의 베드포드에 있는 서점까지 찾아가 필요한 자료를 뒤졌지만 아무것도 찾아내지 못했다. 집으로 돌아오는 길에 나는 '포기할까, 아니면 내가 직접 그런 자료를 개발할까'라는 선택을 해야 했다. 직접 자료를 개발하는 것이 무척 어렵고 많은 시간을 투자해야 하는 일이었지만, 나는 기꺼이 시도해보기로 결정했다.

몇 달을 작업한 끝에 보잘것없는 지식을 바탕으로 자료를 만들어냈다. 그러나 추가로 준비 과정을 거친 뒤에야 나는 '훈련의 달'을 시작했다. 대성공이었다! 훈련에 참석하는 사람이 늘어났고, 교회 재정도 좋아졌다. 교회를 위해 봉사하는 사람들도 증가했다. '훈련의 달'은 작은 교회를 바꿔가기 시작한 전환점이었다. 교회의 신도가 눈에 띄게 증가하면서 그 결과는 연말 보고서에서 고스란히 확인됐다.

우리 교회가 극적으로 변했다는 소문이 퍼지기 시작했다. 그러자 다른 교회 목사들이 내게 그 방법을 가르쳐달라고 요청하기 시작했다. 그때 나는 깊은 고민에 빠졌다. 어떻게 해야 하나? 내가 개발한 방법을 동료들에게 알려주지 않고 나만이 알고 있어야 하나? 그럼 나는 남다른 경쟁력으로 그들보다 먼저 리더십의 사다리를 올라갈 수 있었다. 하지만 내가 알고 있는 비결을 그들에게도 알려줘 함께 성공하는 길도 있지 않을까?

부끄럽지만 나는 선뜻 결정을 내리지 못하고 상당히 오랫동안 고민에 빠졌다. 나만의 이점을 유지하며 남보다 빠르게 성공하고 싶었다. 그러나 그 이점을 포기하기로 결심했다. 그 비밀을 동료들에게 알려주기로 결정했고, 그들과 관계를 맺기 시작했다. 놀랍게도, 그 리더들에게 신도들을 훈련시키는 법을 공개한 후에 나는 한없는 충만감을 느꼈다.

그 후 24년 동안 나는 교회 신도들을 상대로 매년 한 번씩 '훈련의 달'을 이끌었다. 그리고 교육을 끝낸 후에 새롭게 깨달은 교훈들을 정리해 다른 리더들에게도 보내주었다. 그들도 활용할 수 있도록! 이런 과정에서 나는 전국의 많은 리더와 관계를 맺을 수 있었다. 넉넉한 마음가짐을 갖고 내가 가진 것을 남에게 나눠준 덕분에 나는 신도 훈련 부분의 리더로 전국적인 명성을 얻고, 리더십의 사다리까지 성큼성큼 올라갈 수 있었다.

정상에 올라가겠다는 욕심을 조금 양보하고 동료들과 관계를 맺는데 주력한 덕분에 나는 또 다른 보상까지 얻었다. 1992년 다른 교회들이 기금을 모금하는 방법을 가르쳐달라고 도움을 청했을 때 나는 인조이 스튜워드십 서비스를 발족시켰다. 지금까지 그 회사는 미국 전역에서 3,500개의 교회가 30억 달러 이상을 모금하는 데 도움을 주었다.

당신은 어떤 유형의 리더인가?

대부분의 리더는 둘 중 하나, 즉 정상에 올라가는 데만 주력하거나, 주변 사람들과 관계를 맺는 데 주력한다. 달리 말하면, 지위지향적이거나 관계지향적이다. 당신은 어떤 유형의 리더인가? 지위지향적 리더와 관계지향적 리더는 다음과 같은 차이를 보인다.

수직적으로 생각하는 리더, 수평적으로 생각하는 리더

지위지향적 리더는 조직표에서 누가 앞서 있고 누가 뒤에 있는지 항상 신경 쓴다. 나도 젊었을 때 그랬다. 연말 보고서를 샅샅이 훑어보며 내 경쟁자들의 위치를 확인했다. 승진하고 출세하는 것도 무척 중요하다. 강등당하고 경쟁자에게 뒤처진다고 생각하면 끔찍할 뿐이다. 반면에 관계지향적 리더들은 다른 사람들과의 거리를 좁히는 데 주력한다. 그들은 함께 리더의 길을 걷는 사람에 대해 생각하며, 어떻게 하면 그들과 함께 성공할 수 있을까를 생각한다.

지위를 중시하는 리더, 관계를 중시하는 리더

지위지향적 리더는 위로 올라갈 생각에만 몰두하기 때문에 지위를 무척 중요하게 생각한다. 그러나 관계지향적 리더는 관계를 맺는 데 주력한다. 승진의 사다리를 빨리 올라가고 싶어하는 지위지향적 리더와 달리, 관계지향적 리더는 다리를 놓는 데 주력한다.

경쟁을 중시하는 리더, 협력을 중시하는 리더

지위지향적 리더는 거의 모든 것을 경쟁이란 관점에서 생각한다. 따라서 어떤 희생을 치러서라도 이겨야 한다고 생각하고, 성공을 재밌는 경기라 생각하기도 한다. 어느 쪽으로 생각하는 리더이든 지위지향적 리더의 궁극적 목표는 정상에 올라서는 것이다. 반면에 관계지향적 리더는 다른 사람과의 관계를 활용해 협력하는 데 중점을 둔다. 따라서 그런 리더는 함께 일하는 자체를 승리라 생각한다.

힘을 추구하는 리더, 파트너십을 추구하는 리더

승리를 추구하는 사람은 힘을 원하게 마련이다. 힘이 있으면 정상까지 훨씬 빨리 올라갈 수 있기 때문이다. 하지만 혼자만의 힘으로 리더십의 사다리를 올라갈 수 있는 것은 아니다. 당신 혼자서 할 수 있는 일은 팀과 함께 할 수 있는 일에 비해서 의미가 떨어지게 마련이다. 진정으로 강력한 힘을 지닌 팀을 만들어가기 위해서는 관계지향적 리더처럼 파트너십을 구축해야 한다.

이미지를 중시하는 리더, 합의를 존중하는 리더

사다리에서의 등락은 성과에 대한 다른 사람들의 평가에 달려 있기 때문에 지위지향적 리더는 자신의 이미지를 무척 중요하게 생각한다.

이미지가 승진에 영향을 줄 수도 있기 때문이다. 반면에 관계지향적 리더는 함께 일하기 위해서라도 모두의 합의점을 찾는 데 주력한다.

차별성을 부각시키는 리더, 결속을 중요하게 생각하는 리더
지위지향적 리더는 조직에서 다른 사람들보다 돋보이고 싶어한다. 경주하는 선수처럼 남보다 앞서고, 남들을 멀리 떼어놓고 싶어한다. 반면에 관계지향적 리더는 다른 사람과 가까워지고, 단결력을 강화할 수 있는 공통분모를 찾으려 애쓴다.

✦

　지금까지의 설명에서 지위지향적 리더가 바람직하지 않은 리더로 묘사됐을지도 모르겠다. 꼭 그런 것만은 아니다. 내 선천적인 성향도 지위지향적 리더이다. 그러나 리더로 성공하려면 두 특징에서 좋은 면만을 갖추어야 한다. 많은 지위지향적 리더가 인간관계에서 어려움을 겪는다.《왜 똑똑한 사람이 실패할까 Why Smart People Fail》에서 언급한 연구 보고서에 따르면, 전문 직종 종사자들의 가장 큰 문제점은 능력보다 인간관계였다. 2,000명의 고용주를 상대로 한 조사에서도 비슷한 결과가 나왔다. 그들에게 최근에 해고한 직원이 있다면 그 이유가 뭐냐고 물었을 때, 거의 70퍼센트가 인간관계가 원만하지 못한 이유에서 해고했다고 대답했다.

　인간관계를 무시하고 승진할 때 권위를 얻을지는 모르지만 많은 친구를 얻지는 못한다. 리더의 목표는 많은 친구를 얻으면서 권위를 쌓아가는 것이어야 한다. 당신이 지위지향적 리더라면 경쟁심을 누그러 뜨리고 느긋한 마음으로 관계를 구축하는 데 힘써야 할 필요가 있다. 주디스 토빈Judith Tobin은 인간관계를 구축하는 데 도움을 줄 수 있는 5 가지 자질을 제시했다.

- 감사하는 마음appreciation으로 차이를 인정하고, 다른 사람을 흥미롭게 생각하라.
- 감수성sensitivity은 인간의 감성을 이해하고 다른 사람의 기분에 맞추는 것이다.
- 일관성consistency이 있을 때 꾸민 모습을 버리고 진실된 모습을 보여줄 수 있다.
- 자신감security이 있으면 '우두머리'가 되려고 안달복달하지 않는다. 다른 사람이 승리하면 '우두머리'라는 의식은 자동으로 사라진다.
- 유머감각humor은 남을 웃게 만든다. 그렇다고 지나쳐서는 안 된다.

그러나 인간관계만 원만할 뿐 높이 올라가려는 의욕이 없는 사람은 많은 친구를 얻겠지만 권위가 없어 큰일을 이루어내기 어렵다. 당신이 천성적으로 관계지향적이라면 목적 의식과 활동력을 높이는 데 주력 해야 한다. 유능한 리더가 되기 위해서는 관계지향성과 지위지향성을 적절하게 조절할 수 있어야 한다.

성공은 덧없는 것이지만 관계는 지속적이다

경영과 리더십의 역사를 돌이켜보면, 지난 100년 동안 리더십에서 강조된 부분은 끊임없이 변했다. 물론, 경영의 개념도 시기에 따라 변했다. 존 록펠러John D. Rockefeller와 스탠더드 석유회사의 시대부터 빌 게이츠와 마이크로소프트의 시대에 이르기까지 리더십 개념과 경영 방식은 꾸준히 변해왔다. 그런데 1세기 동안 직원들은 지배와 통제 하에서 일했다. 리더들은 위장병에 걸리지 않는다고 자랑했을지 모르지만 직원들에게는 위장병을 안겨주었다. 또 위압적 경영, 목표지향적 경영, 참여적 경영 등 경영 방침의 변화에 따라 직원들은 변화마저 강요당했다.

그러나 최근 들어 과거의 지혜로 되돌아가는 조짐이 보인다. 존중하고 믿음을 심어주며, 목표를 공유하고 업무 환경을 인식하며, 상대의 말을 귀담아 듣고 용기 있게 행동하라는 과거의 지혜가 되살아나고 있다. 기원전 6세기에 중국의 현인, 노자는 리더들에게 개인적인 욕심을 버리고, 자기중심적인 생각을 경계하라고 충고했다. 또 유능한 리더가 되기 위해서는 지배하지 말고 이끌어가며, 열린 마음으로 받아들이는 자세가 중요하다고도 말했다. "현명한 지도자는 산파처럼 불필요한 간섭을 하지 말아야 한다. 그래야 아기가 태어났을 때 산모가 당당하게 '우리가 해냈어요!'라고 말할 수 있지 않겠느냐."라고도 말했다.

나도 과거를 돌이켜보면 지위지향적 리더에서 관계지향적 리더로 조금씩 변했다. 조금도 아쉽지 않다. 이 과정에서 내 사고방식도 다음과 같은 순서로 변한 듯하다.

나는 성공하고 싶다.

나는 성공하고 싶다. 당신도 성공할 수 있다.

나는 당신과 함께 성공하고 싶다.

나는 당신이 성공하기를 바란다. 그럼 나도 성공할 테니까.

성공은 덧없는 것이지만 관계는 지속적이다. 관계지향적인 자세로 리더십에 접근하면 성공할 확률이 훨씬 높아진다. 누구도 혼자서는 의미 있는 일을 해낼 수 없기 때문이다. 설령 어떤 과제에서 성공하지 못하더라도 그 과정에서 맺은 친구들은 남는다. 그것만으로도 큰 보람이 아니겠는가! 게다가 그 친구들이 훗날의 성공을 위한 발판 역할을 해줄 수도 있다.

EXERCISE
FOR
LEADER

리더십은 지위인 동시에 관계이다

—— **1**　당신은 선천적으로 어떤 성향인가? 당신은 관계지향적인 사람인가, 지위지향적인 사람인가? 앞에서 제시한 기준들을 이용해 당신의 성향을 판단해보라.

지위지향적인 사람	관계지향적인 사람
수직적으로 생각한다	수평적으로 생각한다
지위를 중시한다	관계를 중시한다
경쟁을 중시한다	협력을 중시한다
힘을 추구한다	파트너십을 추구한다
개인적 이미지를 중시한다	합의를 존중한다
차별성을 부각시킨다	결속을 강조한다

—— **2**　어떻게 해야 더 나은 관계지향적 리더가 될 수 있을까? 당신이 선천적으로 지위지향적인 성향이라면 다른 사람들과 관계를 구축하는 데 신경을 써야 한다. 다음과 같이 해보라.

• 복도를 천천히 걸어보라. 매일 일부러 시간을 내서라도 사무실을 돌아다니면서 사람들과 이런저런 얘기를 나누어보라.

- 직원들이 도구가 아니라 인간이란 사실을 잊지 마라. 리더들은 간혹 목표에만 집착해, 팀원을 부품쯤이라 생각하는 잘못을 범한다. 팀원들을 알고, 그들의 관점에서 생각하려고 노력해야 한다.
- 남을 앞세워라. 지위지향적 사람은 '내가 먼저'라고 생각하는 경향을 띤다. 하루에 한 번, 어떤 식으로라도 다른 사람을 앞세울 방법을 고민해보라.
- 당신의 일정에서 벗어나라. 리더들은 빡빡한 일정을 소화해야 한다. 가야 할 곳, 만나야 할 사람, 해야 할 일…. 하루에 한 번쯤 일정에서 벗어나 15분이라도 팀원들과 개인적인 관계를 나누어보라.
- 남을 돋보이게 하라. 균형 잡힌 관점을 갖는 데 효과적인 방법 중 하나가 남을 칭찬하고 믿어주는 것이다. 하루에 적어도 한 번쯤을 그렇게 해보라.

—— 3 어떻게 해야 더 나은 지위지향적 리더가 될 수 있을까? 고대 그리스의 역사학자 헤로도토스는 "인간에게 가장 안타까운 불행은 현명한 사람이 아무런 영향력을 갖지 못하는 것이다."라고 말했다. 당신이 사람들과 돈독한 인간관계를 맺고 있지만 아무런 영향력을 행사하지 못한다면 당신의 잠재력을 썩히는 셈이다. 다음과 같은 방법을 이용해 지위지향적 성향을 보완하도록 하라.

- 당신의 목표를 분명히 정하라. 리더십 방정식에서 전략적인 면에 시간을 할애하라. 당신이 왜 현재 위치에 있는지 생각해보고 목표를 향해 매진하라.
- 집중력을 키우라. 관계지향적인 사람은 집중하지 못하고 산만한 경향을 띤다. 당신이 그렇다면, 일정한 시간 동안 누구와도 얘기를 나누지 말고 일에만 몰두해보라.
- 속도를 높여라. 사람을 상대하려면 속도를 늦추어야 한다. 따라서 관계지향

적인 사람은 느긋하게 일하는 경향이 있다. 이제부터 당신을 채찍질해서라도 일하는 속도를 높여보라.

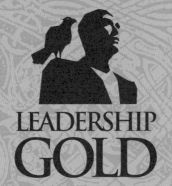

LEADERSHIP
GOLD

20

어떤 결정을 내리느냐에 따라
우리 미래가 달라진다

—— 우리가 무엇을 하든 선택을 해야 한다. 따라서 어떤 결정을 내리느냐에 따라 우리 미래가 달라진다.(존 우든)

—— 우리가 진정으로 어떤 사람인가를 보여주는 것은 우리 능력보다 우리 선택이다.(조앤 K. 롤링)

—— 탁월한 능력은 더 나아지겠다는 꾸준한 노력의 결실이다.(팻 라일리)

—— 리더십은 고통을 주면서 고통을 덜어주는 능력이다 … 더 큰 이익을 위해 작은 고통을 주는 능력이다.(조지 F. 윌)

우리 팀은 일주일 간의 책여행을 끝내고 애틀랜타를 코앞에 두고 있었다. 일주일 동안 20곳의 도시를 방문한 후에 마침내 고향에 돌아온 것이다.

소형 전용 제트기가 활주로를 향해 내려갈 때 우리는 일주일 간의 보람찬 여행을 자축했다. 그런데 한순간에 모든 것이 돌변했다. 돌풍이 비행기를 때리면서 비행기가 활주로에 곧바로 떨어졌고, 심하게 요동쳤다. 모든 대화가 끊겼다. 우리는 위험에 처했다는 생각에 어찌할 바를 몰랐다. 그러나 조종사는 지체 없이 조절판을 당겨 비행기를 다시 상승시켰다. 간발의 순간에 우리는 흥겨운 기분에서 심각한 생각에 빠져들었다. 여차하면 우리 모두에게 몹쓸 일이 생길 수도 있다는 것을 알았다. 비행기가 비행장을 선회하는 동안 우리는 조용히 앉아 있었다. 잠시 후, 우리는 안전하게 착륙했다.

우리 모두가 박수를 치고 안도의 한숨을 내쉬며 긴장을 풀었다. 비행기에서 내리면서 우리는 조종사에게 우리 목숨을 구해줘 고맙다고 말했다. 나는 조종사에게 "정말 위기일발이었소. 그런 긴박한 상황에서도 신속하게 대응하셨고. 그런데 언제 비행기를 다시 상승시켜야겠다고 결정한 겁니까?"라고 물었다. 조종사의 대답에 나는 놀라지 않을 수 없었다.

"15년 전에 결정했습니다."

그리고 조종사는 젊은 시절 비행 훈련을 받을 때 모든 가능한 상황에서 어떤 선택을 해야 하는지 배웠다고 말했다.

"그래서 그 위기가 있기 훨씬 전에 결정했다고 대답한 겁니다."

《오늘을 사는 원칙》에서 나는 "성공한 사람은 미리 올바른 결정을 내려두고, 매일 그 결정을 점검한다."라고 말했다. 조종사가 비행기를 다시 상승시키기로 15년 전에 결정해두었기 때문에, 그날 그는 그 결정을 순식간에 적용할 수 있었던 것이다. 영국의 신학자, 헨리 패리 리든Henry Parry Liddon은 "지금의 우리가 장래에 우리가 취할 행동에 크게 영향을 미친다. 지금의 우리는 앞선 시절에 있었던 자기 단련의 결과이다."라고 말했다. 그날 우리를 태운 비행기 조종사의 성실한 단련에 감사할 따름이다.

선택은 우리 몫이다

우리에게 주어진 가장 큰 권한은 선택하는 권한이다. 선택이 우리 삶의 방향을 바꿔놓은 결정적인 요인이란 사실에는 누구도 이의를 제기하지 못할 것이다. 전설적인 농구 감독 존 우든John Wooden은 "우리가 무엇을 하든 선택을 해야 한다. 따라서 어떤 결정을 내리느냐에 따라 우리 미래가 달라진다는 말을 명심하기 바란다."라고 말했다. 잘못된 결정을 해서 삶을 구렁텅이에 빠뜨리는 사람이 있는 반면에, 올바른 결정 덕분에 편안한 삶을 사는 사람도 있다. 어떤 길을 택하든 우리가 원하는 것을 모두 얻을 수는 없다. 그러나 우리가 선택하는 것은 언제나 손에 넣을 수 있다.

나는 우든 코치와 얘기를 나누던 중에 결정과 후회에 대해 물었다. 그 96세의 전설적인 농구 감독은 의자에 앉아 잠시 생각에 잠겼다. 얼마 후, 그는 나를 물끄러미 바라보며 "존, 내가 살아온 삶을 돌이켜보면 달리 했어야 했던 때가 종종 있네. 하지만 당시로서는 성공하는 데 필요한 최선의 결정을 내렸다면 나는 그 결정을 후회하지 않네."라 말하고는 "자네 자신에 정직해야만 하네."라고 덧붙였다.

이제 60세가 되어, 지금까지 내가 내린 결정들을 돌이켜보면 나 자신에게 진실하려고 항상 노력했다고 자부할 수 있다. 리더로서 나는 수많은 결정을 내렸다. 모든 리더가 그렇듯이 나도 나쁜 결정을 적잖게 내렸다. 과거로 돌아갈 수만 있다면 바꿔놓고 싶은 결정도 많다. 그러나 당시로서는 고민하고 또 고민해서 내린 최선의 결정이었다. 포수 출신으로 감독까지 지낸 요기 베라^{Yogi Berra}는 "길을 걷다가 포크를 보면 주워라."고 말했다. 이런 조언을 따르지 않으면 당신은 훌륭한 리더가 될 수 없다.

나는 지금껏 내린 힘든 결정을 돌이켜 생각할 때마다, 다음의 3가지를 다시금 깨닫는다.

내 선택이 내게 나 자신을 증명해보여 주었다

소설가 조앤 롤링^{Joanne K. Rowling}은 "우리가 진정으로 어떤 사람인가를 보여주는 것은 우리 능력보다 우리 선택이다."라고 말했다. 맞는 말이다. 누군가의 진면목을 알고 싶다면 그의 이력서나 그의 말이 아니라 그가 내린 결정을 보라.

나는 믿음이 있다고 말한다. 확고한 가치관도 있다고 말한다. 어떤 식으로 행동할 생각이라고 말할 수도 있다. 그러나 내 선택에서 내가 진실로 어떤 사람인지 드러난다. 당신의 경우도 다를 바가 없다.

많은 선택이 쉽지 않았다

리더십은 복합적이다. 당신이 새로운 분야를 개척할 때마다 지도에 없는 땅에 들어가는 셈이다. 그야말로 미답의 땅이다. 달리 말하면, 선택을 계속해야 한다는 뜻이다.

더구나 당신이 리더라면 위험은 더 커진다. 당신의 결정이 당신과 당신 가족만이 아니라 많은 팀원에게도 영향을 미치기 때문이다. 그래서 언젠가 비행기 승무원이 내게 저녁 식사를 하겠느냐고 물었을 때처럼 리더로서 내려야 할 결정도 간단했으면 좋겠다. 그때 내가 "식사로 뭐가 있지요?"라고 묻자, 승무원은 "Yes or No."라고 대답했다.

그러나 리더가 내려야 하는 대부분의 결정은 그렇게 간단하지가 않다.

내 선택이 그때의 나를 바꿔놓았다

나는 선택의 자유가 있어 즐겁다. 그러나 선택하는 사람이 반드시 알아야 할 것이 있다. 선택하는 순간부터 우리는 그 선택의 노예가 된다는 점이다. 또 좋든 싫든 선택의 결과까지 책임져야 한다. 따라서 선택은 우리에게 영향을 미친다.

작가이며 교수였던 클라이브 루이스^{Clive S. Lewis}는 "선택을 할 때 우리의 중심 부분, 즉 선택된 부분을 과거와는 약간 다르게 바꾸는 것이다. 무수한 선택을 하는 우리 삶 전체를 놓고 보면, 우리는 천천히 그 중심 부분을 천국의 창조물이나 지옥의 창조물로 바꿔가는 것이다."라고 말했다. 이런 이유에서도 우리는 신중하고 현명하게 선택해야만 한다.

당신의 선택을 선택하라

리더로서 내가 어떻게 처신해야 하는가에 결정적인 영향을 미친 3가지 중요한 선택이 있었다. 그 선택들 덕분에 나는 더 나은 리더가 됐다. 그 선택들은 당신에게도 도움이 되리라 믿는다.

선택1: 다른 사람들이 내게 기대하는 기준보다, 내가 나 자신에게 정한 기준이 더 높아야 한다

요즘 들어, 자신에게는 높은 기준을 요구하지 않는 사람이 많은 듯하다. 식당을 찾아 헤매던 두 판매사원이 조그만 마을의 간선도로에 자리잡은 허름한 식당에 들어갔다. 한 판매사원은 식사와 함께 아이스티를 주문했고, 또 한 명의 판매사원도 아이스티를 주문하고는 "내 잔은 깨끗하지 않으면 안 되네!"라고 덧붙였다.

잠시 후, 웨이터가 아이스티 두 잔을 갖고 왔다.

"아이스티 나왔습니다. 그런데 어떤 분이 깨끗한 잔이어야 한다고 하셨죠?"

다른 사람이 내게 기대하는 기준보다, 나는 나 자신에게 더 높은 기준을 두는 것을 목표로 삼았다. 최소한 기준만을 만족시킨다면 리더로서 실패할 것이 뻔했기 때문이다. 나는 거의 40년 동안 리더들을 연구해왔다. 내 관찰에 따르면, 위대한 리더들은 현재의 성과에 결코 만족하지 않았다. 그들은 조직원들에게 많은 것을 요구하지만, 자신도 끊임없이 채찍질하며 잠재력을 극대화시키려 노력했다. 요컨대 다른 사람들이 그들에게 기대하는 기준보다, 그들이 자신에게 정한 기준이 훨씬 높았다.

그들을 본받으려고 나도 그런 원칙을 받아들이려고 애썼다. 그 이유가 무엇이겠는가? 높은 곳에 기준을 둘 때 성과도 더 나아지기 때문이다. 그러나 주된 이유는 높은 성과를 얻기 위한 것이 아니다. 궁극적으로는 내 노력을 평가해서 나 자신에 대해 만족하고 싶기 때문이다. 나 자신에 대해 만족할 수 있는 가장 확실한 방법은 내 잠재력을 최대로 발휘하며 살아가는 것이다. NBA의 감독, 팻 라일리도 "탁월한 능력은 더 나아지겠다는 꾸준한 노력의 결실이다."라고 말했다. 따라서 내가 가능한 한 최고 수준을 목표로 삼아 행동하며 탁월한 성과를 내려고 노력한다면, 매일 조금씩 나아지지 않겠는가! 누가 알아주느냐 않느냐는 중요하지 않다. 내가 알고 있으면 충분하다. 나는 조금이라도 나태해지고 싶으면, 전 UCLA의 농구 감독 존 우든의 말을 떠올린다. "다른 사람보다 나아지려고 애쓰지 말고, 당신 능력으로 해낼 수 있는 최고의 존재가 되라!"

선택2: 다른 사람들을 즐겁게 해주는 것보다 그들을 돕는 것이 더 중요하다

아버지에게 받은 훈련 덕분에, 탁월한 리더가 되기 위해 노력하겠다는 결정은 내게 그다지 어렵지 않았다. 하지만 다른 사람들을 즐겁게 해주는 대신에 그들을 돕겠다는 결정은 무척 어려웠다. 나는 두 역할을 모두 해내고 싶었다. 실제로 리더로 활동하던 초기에는 그들을 돕는 것보다 그들을 즐겁게 해주는 길을 택하기도 했다. 그러나 필요하지 않은 것을 원하는 사람들, 반대로 원하지 않는 것이 필요한 사람들이 있다는 사실을 깨달았다. 누군가 그들에게 그런 문제점을 말해줘야 했다. 대부분의 경우, 그 역할은 리더의 몫이다.

이런 점에서 리더의 책무는 무척 크다. 인기 없는 일이지만 필요하면 해내야 한다. 퓰리처상을 받은 칼럼니스트 조지 윌George F. Will은 "리더십은 고통을 주면서 고통을 덜어주는 능력이다 … 더 큰 이익을 위해 작은 고통을 주는 능력이다."라고 말했다. 나는 진정으로 조직원들을 염려했기 때문에, 그들을 돕겠다는 열망으로 그들을 즐겁게 해주려는 욕심을 이겨낼 수 있었다.

다른 사람들을 즐겁게 해주는 것보다 그들을 돕는 것이 더 중요하다는 결론에 이르렀을 때, 그 결론이 내 리더십에서 어떤 의미를 갖는지 곰곰이 생각해보았다. 그 결과에 따르면

- 내가 조직원들의 바람보다 조직의 사명을 더 강조할 때
- 내가 그들보다 다른 사람들에게 더 많은 관심을 보일 때
- 내가 그들보다 다른 사람을 먼저 승진시킬 때

- 내가 그들을 편안하게 내버려두지 않고 변화를 요구할 때
- 내가 그들에게 팀을 위해 희생하라고 요구할 때
- 내가 그들의 개인적 소망보다 큰 그림을 선택할 때
- 내가 그들의 마음에 들지 않은 결정을 내릴 때

달갑게 생각하지 않는 사람들이 있었다.

나는 리더인 까닭에 매일 누군가를 불행하게 만들지도 모른다. 그런 불행의 원인이 내 개인적인 실패가 아니라, 내가 리더로서의 책무를 충실히 수행한 탓이기를 바랄 뿐이다. 나로 인해 불행해진 사람들에 대한 태도는 언제나 공명정대해야 한다. 그래야 그들이 내 능력에 의문을 제기할 수는 있어도 내 태도에는 의문을 제기하지 못할 것이기 때문이다. 그리고 나는 하루를 마치기 전에 나로서는 최선을 다한 노력이 모두에게 유익했는지 되돌아보는 시간을 갖는다.

매일 나는 리더십의 부정적인 면을 고려하며 조직원들을 이끌어가려고 애쓴다. 훌륭한 리더에게도 흠잡는 사람이 있게 마련이다. 훌륭한 리더도 오해받게 마련이다. 하지만 리더의 길은 내가 선택한 길이지 않은가.

선택 3: 나는 현재에 집중한다

얼마 전에 한 친구가 찾아와 "존, 자네 삶에는 뒷거울이 없는 것 같아. 자네는 현재에만 살고 있어."라고 말했다. 이 말을 비난으로 해석할 사람도 있겠지만, 나는 최고의 찬사로 받아들였다. 나는 지금 눈앞의 일

에 집중하려고 무진 애쓴다. 나는 사무실에 "어제는 지난밤에 끝났다"라고 쓰인 팻말을 오랫동안 걸어두기도 했다. 그 팻말은 내가 현재에 집중하는 데 많은 도움을 주었다.

많은 사람이 기회를 흘려보낸다. 또 많은 사람이 후회라는 쓰레기통을 뒤적대며 많은 시간을 보낸다. 그들은 그때 그랬으면 좋았을 것이라 후회하고, 이미 지나간 것을 아쉬워하며 삶의 소중한 시간을 보낸다. 시간을 되돌리면 결과가 달라졌을 것이라 생각하는 듯하다. 아무 짝에도 쓸모없는 짓이다!

우리는 현재 이 순간에 하는 것만을 지배할 수 있다. 과거로 돌아갈수록 현재의 기회마저 잃을 뿐이다. 기회에서 멀어질수록 길은 점점 험난해질 뿐이다. 기회는 올 때나 떠나갈 때나 결코 유혹적으로 보이지 않는다. 기회는 누구도 기다려주지 않는다. 기회를 포착하려면 현재에 집중해야 한다. 과거를 후회하지 말고, 현재 우리가 가진 역량에 집중해야 한다. 기회는 변화무쌍한 형태로, 어떤 방향에서나 다가온다. 그러나 한 가지는 확실하다. 기회는 현재에만 보이고 현재에만 붙잡을 수 있다는 것이다.

우리는 현재에 산다. 또 우리 강점은 현재에 있다. 과거에 일어난 일은 이미 일어난 일이다. 우리가 어떤 짓을 해도 과거로 되돌아갈 수 없다면 과거를 깨끗이 잊고 새로 시작하는 편이 낫지 않겠는가. "새로운 시작은 과거와 단절할 때만 가능하다."라는 말을 잊지 마라.

지금 어떤 결정을 내리느냐에 따라서 우리 미래가 달라진다. 하나의 결정을 내릴 때마다 우리는 좋은 쪽으로든 나쁜 쪽으로든 변한다. 내가 지금까지 선택에 대해 읽은 최고의 글은 포티아 넬슨Portia Nelson이

쓴 '다섯 장으로 된 짧은 자서전'이었다.

1장 나는 길을 걷고 있었다. 인도에는 깊은 구멍이 있었다. 나는 그 구멍에 빠졌다. 나는 방향을 잃었다. 나는 어찌할 수 없었다. 내 잘못은 아니었다. 길을 찾는 데 한참의 시간이 걸렸다.

2장 나는 똑같은 길을 걷고 있었다. 인도에는 깊은 구멍이 있었다. 나는 그 구멍을 못 본 척했다. 나는 다시 그 구멍에 빠졌다. 내가 똑같은 곳에 있는 거라고는 생각할 수 없었다. 하지만 내 잘못은 아니었다. 구멍에서 빠져 나오는 데 오랜 시간이 걸렸다.

3장 나는 똑같은 길을 걷고 있었다. 인도에는 깊은 구멍이 있었다. 나는 구멍이 있는 걸 분명히 보았다. 그러나 다시 그 구멍에 빠졌다 … 이제 습관이 돼 버렸다. 나는 눈을 크게 떴다. 내가 어디에 있는지 알았다. 내 잘못이었다. 나는 곧바로 구멍에서 빠져 나왔다.

4장 나는 똑같은 길을 걷고 있었다. 인도에는 깊은 구멍이 있었다. 나는 구멍이 있는 걸 분명히 보았다. 나는 구멍을 피해 걸었다.

5장 나는 이제 다른 길을 걷고 있다.

성공한 리더가 되기 위해서는 우리가 지금 누구를 대신하고 있고, 무엇을 위해 일해야 하는지 알아야 한다. 몸가짐이나 조직원을 끌어가기 위해 내리는 중요한 선택은 우리가 현재 어떤 리더인지 보여주는 지표이기도 하지만, 앞으로 어떤 리더로 성장할 것인지 결정하는 요인이기도 한다. 따라서 현명하게 선택해야 한다.

EXERCISE
FOR
LEADER

우리가 어떤 사람인지 보여주는 것은 능력이 아닌 선택이다

—— **1**　당신의 삶을 변화시킨 중요한 선택은 무엇인가? 선택이 우리 삶의 행로를 결정하고, 지금의 우리를 변화시킨다. 지난날을 돌이켜보며 어떤 중요한 선택을 했는지 써보라. 각 선택이 당신의 상황과, 인간으로서의 당신을 어떻게 바꾸었는지 써보라. 부정적인 선택이나 흘려보낸 기회가 있다면, 그로 인한 아쉬움을 떨쳐내고 새롭게 시작하면 된다.

—— **2**　당신의 리더십에 영향을 미친 중요한 선택이 있었는가? 여기에서 나는 내 리더십에 영향을 미친 중요한 3가지 선택에 대해 설명했다.

- 선택1: 다른 사람들이 내게 기대하는 기준보다, 내가 나 자신에게 정한 기준이 더 높아야 한다.
- 선택2: 다른 사람들을 즐겁게 해주는 것보다 그들을 돕는 것이 더 중요하다.
- 선택3: 나는 현재에 집중한다.

당신은 앞으로 어떤 선택을 할 것인가? 5가지 정도만 써보라.

—— **3**　어려운 선택을 할 만한 준비가 돼 있는가? 리더가 올바른 선택을 하기 위해서는 어떤 준비가 돼 있어야 하는가? 리더는 어떻게 결정하는가? 내 생각에 최선의 방법은 미리 많은 가능한 선택을 철저하게 연구해서 만약의 경

우에 대비하는 것이다. 연습 2에서 당신이 작성한 선택들에 대해서, 그런 선택의 결과에서 예상할 수 있는 이점을 써보라.

 Mentoring Point ─────

선택에 관련해서, 당신은 두 방향에서 신규 리더들을 도와줄 수 있다. 첫째, 그들이 지금까지 내린 결정에 대해 어느 정도나 책임의식을 갖는지 평가해보라. 다른 사람을 탓하거나, 피해의식에 사로잡히는 사람이 있다면, 그런 사실을 정확히 지적해주어라. 자신이나 자신의 행동에 철저한 책임의식을 갖지 않는 사람은 리더로 성공하기 어렵다. 둘째, 그들이 지금보다 나은 리더로 발전하기 위해서 앞으로 어떤 선택을 해야 하는지 함께 생각해보라. 그들에게 어떤 선택을 해야 한다고 단도직입적으로 말해주지는 마라. 이런저런 질문을 던져서, 그들이 직접 적절한 선택을 찾아내 그들 자신의 것으로 받아들이도록 하라.

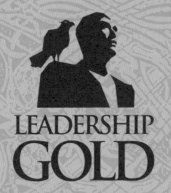

LEADERSHIP
GOLD

21

영향력은 빌리는 것이지
거저 받는 것이 아니다

나는 한 마리의 양이 이끄는 백 마리의 사자 군단보다 한 마리의 사자가 이끄는 백 마리의 양 군단이 더 두렵다.(샤를 탈레랑 백작)

내가 리더십을 과장해서 말한다고 생각하는 사람들이 꽤 있다. 가령 내가 "리더십의 원칙은 꾸준히 변해왔다."라고 말하면 그런 사람들은 곧바로 예외를 찾기 시작한다. 그러나 예외를 찾아낸 사람은 아직 한 명도 만나지 못했다. 나는 "의인이 권력을 잡으면 백성이 기뻐하나, 악인이 권력을 휘두르면 백성이 신음한다."라는 잠언의 말씀이 사실이라 굳게 믿는다.[22]

30년 이상 동안 나는 사람들에게 더 나은 리더가 되는 법을 가르쳐왔다. 달리 말하면, 다른 사람을 도우려할 때 영향력을 덤으로 갖게 된다는 뜻이다. 결국 리더십은 영향력이다. 그 이상도 아니고 그 이하도 아니다. 예컨대 수년 전, 나는 짐 도넌Jim Dornan과 함께《영향력 있는 사람이 되는 법Becoming a Person of Influence》을 썼다. 사람들이 잠재된 영향력을 개발하는 데 도움을 주려고 쓴 책이었다. 또 나는 '리더십의 다섯 단계'란 제목으로 오랫동안 수백 회를 강연했다. 그 이유가 무엇이겠는가? 영향력이 어떻게 작용하는지 알려주고, 영향력을 확대하는 법을 가르쳐주기 위한 목적이었다.

리더십은 변화의 원동력이다. 많은 영향력을 지닌 사람은 사회에 긍정적인 영향을 미칠 수 있다. 이런 이유에서 샤를 탈레랑Charles

Talleyrand은 "나는 한 마리의 양이 이끄는 백 마리의 사자 군단보다 한 마리의 사자가 이끄는 백 마리의 양 군단이 더 두렵다."라고 말했던 것이다. 당신도 누군가에게 영향력을 미치고 싶다면 당신의 영향력에 대해 연구해야 한다. 다른 사람들에게 가치를 더해주고 싶다면 그들이 자신의 영향력을 연구하도록 도와줘야 한다. 따라서 나는 다른 사람들에게 가치를 더해주는 리더들, 즉 영향력을 지닌 사람들에게 가치를 더해주는 것을 삶의 목표로 삼았다.

영향력의 가치

영향력의 추구가 이기적이고 부정적인 행위는 아니다. 우리가 삶의 질을 몇 단계 높이려는 목적에서만 영향력을 행사하려는 것은 아니라고 믿기 때문이다. 본질까지 내려갈 때 영향력은 다음과 같은 3가지 목적에서 가치를 갖는다.

영향력은 영향력이 없는 사람들을 강력하게 변호하기 위해 존재한다
리더에게 주어진 가장 큰 책임 중 하나는 힘없는 사람들을 강력하게 변호해주는 것이다. 미국의 역사에서 아프리카계 미국인들에게는 그들을 대신해서 목소리를 높여줄 사람이 필요했다. 20세기에 마틴 루터 킹Martin Luther King Jr.이 그 목소리를 냈다. 그는 고통받는 가난한 사람들을 대신해서 목소리를 높였고, 변화와 치유를 위한 길을 모두에게 제시해주었다. 따라서 리더는 다른 사람의 삶을 향상시키는 데 목표를 두어야 하며, 그렇지 않으면 리더에게 주어진 고결한 소명을 이행하지 않은 것이다.

영향력은 영향력을 지닌 사람에게 말하기 위해 존재한다

리더십의 또 다른 가치는 영향력 있는 사람에게 영향을 주는 힘이다. 리더가 아닌 사람이 리더에게 영향력을 행사하기는 힘들다. 나는 기업체와 정부, 종교기관과 교육기관의 리더들과 마주보고 앉아 얘기를 나눌 수 있다. 내가 어떻게 이런 특권을 누릴 수 있을까? 40년 동안 사람들을 돕기 위해 열심히 일했고, 리더로 인정받기 때문이다. 나는 이런 특권을 당연하게 생각하지 않는다. 그 특권을 활용해 변화를 도모하려 애쓸 뿐이다.

영향력은 다른 사람들에게 물려주기 위해 존재한다

리더만이 할 수 있는 일들 이 있다. 리더를 양성하는 역할도 그중 하나이다. 리더를 키우기 위해서는 리더가 필요하다. 영향력을 지닌 사람은 잠재적 리더를 선발해 리더십을 키워가는 든든한 기초를 쌓아가도록 도와줄 수 있다.

젊은 리더를 도와라

초년병 시절에는 리더도 별다른 영향력을 갖지 못한다. 젊고 유능한 리더가 열심히 일하지만 그런 노력에 비해 신뢰와 인정을 받지 못하는 것은 당연하다고 생각한다. 반면에 나이를 먹고 기존의 틀에 갇힌 리더가 노력에 비해 상당한 권위를 누리는 것도 당연하다. 그러나 젊은 리더가 그렇게 못난 것은 아니고, 나이 먹은 리더가 그렇게 뛰어난 것은 아니다!

이런 면에서 나는 운이 좋았다. 내가 젊은 나이에 리더의 길을 개척해갈 때, 연륜 있는 리더들이 영향력을 행사하며 나를 아낌없이 지원해주고 도와주었기 때문이다. 그들에게 감사할 따름이다. 특히 레스 패럿Les Parrott은 내가 첫 책을 발간하는 데 도움을 주었고, 칼 조지Carl George와 찰스 풀러 연구소는 내게 전국 규모의 강단에서 강연할 기회를 마련해주었다. 덕분에 나는 리더로서 영향력을 크게 신장시킬 수 있었다. 토마스 넬슨 출판사의 전 사장, 론 랜드Ron Land는 자신의 영향력을 십분 활용해 내 책들을 판매할 수 있는 유통망을 내게 소개시켜주었다. 대학생 선교회Campus Crusade for Christ의 창립자, 빌 브라이트Bill Bright는 다정히 내 어깨를 감싸고는 수천 명의 청중 앞에서, "존은 여러분이 믿을 수 있는 리더입니다."라고 말했다. 덕분에 내가 수십 년을 투자해야 얻을 수 있었던 신뢰를 단숨에 얻을 수 있었다.

내게 도움을 주었던 사람들을 나열하자면 끝이 없다. 그러나 내 삶에서 중요한 시기에 내게 그들의 영향력을 빌려주었던 수많은 리더들의 도움으로 내가 지금의 위치에 있게 됐다는 것은 확실하다. 나는 그들에게 큰 은혜를 입었다.

내 영향력을 나눠주어라

리더로서 내 영향력이 전환점을 맞이하기 시작한 때가 아직도 생생하게 기억난다. 어느 날 갑자기, 다른 리더가 나를 위해 문을 열어주고 나를 추천하지 않아도 될 것만 같았다. 내가 리더로서의 평판을 어느 정도 얻었다는 뜻이었다. 나 혼자 두 발로 일어서서 더 많은 사람에게 가치를 더해줄 수 있다는 자신감마저 생겼다.

거의 같은 시기에, 내가 기대하지도 않았던 일이 일어나기 시작했다. 사람들이 내게 자신들을 위해 영향력을 행사해 달라고 요청하기 시작했다. 나는 다른 사람들을 돕기 위해서 리더가 됐다. 따라서 나는 그런 요청을 기꺼이 받아들여 내 영향력을 아낌없이 나눠주었다. 아무런 연고도 없는 사람의 요청에도 기꺼이 응했다. 잘못된 결정이었다. 나를 이용하려는 사람들이 있다는 사실을 곧 깨달았다.

그들은 내 영향력을 활용해 그들만의 리더십을 구축하지 못했다

나는 노련한 리더에게 도움을 받을 때마다 내 리더십을 향상시킬 기회로 삼았다. 그 리더는 기회의 문을 열어줄 뿐이었고, 그 기회를 살리는 것은 전적으로 내 몫이었다. 나는 신뢰를 얻고 내 능력을 입증하기 위해 열심히 노력했다.

내게 영향력을 요청한 사람들은 그렇지 못했다. 내가 영향력을 행사해 제공한 기회를 제대로 활용하지 못하는 사람이 많았다. 그들은 자기만의 리더십을 구축해가지 못했다. 그들은 언제까지나 내 영향력에 의지할 수 있으리라 생각했다. 따라서 내 영향력이 시들해지면 그들은 다시 나를 찾아와, 내가 그들을 다시 한 번 공개적으로 지원해주기를 요청했다. 내게 그들을 위해 다시 문을 열어주기를 바랐다.

그들이 사람들에게 신뢰를 쌓아가기에 충분한 시간을 확보할 수 있도록 도와주려고 내 영향력을 빌려주었다. 그러나 그들은 그렇게 해내지 못했다. 내가 그들을 위해 영향력을 행사하면서 아무런 조건도 내걸지 않았고, 따라서 아무런 기대도 하지 않았기 때문이었다. 그런 리더들을 사람들에게 추천하면서 도우려 했지만 시간을 헛되이 낭비한 셈이었다. 리더가 자기만의 힘으로 독립해서 조직을 끌어가지 못한다면 조직에게 아무런 도움이 되지 못한다.

그들은 내 영향력을 당연히 주어지는 것이라 생각했다

사람들이 당신에게 계속 도움을 요청하며 당신의 영향력을 이용해 그들의 리더십을 구축하려 한다면, 당신의 영향력을 당연하게 받아들이기 시작하는 징조라 할 수 있다. 나는 그런 경우를 자주 경험했다. 그렇잖아도 경험이 부족한 리더가 노력마저 부족한 것은 결국 마음가짐의 문제였다. 그런 리더들은 곤경에 빠지면 습관처럼 내게 손을 내밀었고, 내 도움을 당연한 것인 양 생각하기 시작했다. 나는 그들이 혼자 일어설 때를 기다렸지만 그들은 내가 간섭해주기를 기다렸다. 내가 그들의 짐을 듬뿍듬뿍 드러내주기를 바랐다. 다른 사람이 대신 짐을 짊어주면 훨씬 편한 것이 사실이다. 심지어 내게 도움을 청하는데 왜 더 빨리 달려와주지 않느냐고 투덜대는 사람까지 있었다.

다른 사람들에게 영향력을 전해주지 못하면 조직의 성장도 없다
앞에서도 말했듯이, 영향력을 개발하는 가장 큰 이유 중 하나는 그 영향력을 다른 사람들에게 전해주기 위한 것이다. 영향력을 갖지 못한 사람이 어떻게 영향력을 다른 사람에게 전해줄 수 있겠는가. 누구도 갖지 못한 것을 남에게 줄 수는 없는 법이다. 왜 이 점이 중요할까? 조직을 성장시키는 방법은 리더들을 양성하는 것이다. 리더들을 양성하지 못하면 조직의 성장에는 한계가 있게 마련이다. 내게 끊임없이 영향력을 빌려간 사람들은 그 영향력을 다른 사람들에게 빌려주지 않았다. 따라서 그들은 새로운 리더를 양성하지 못했을 뿐아니라, 그들의 밑에서 일하던 리더들도 발전하지 못했다.

영향력은 빌리는 것이고, 따라서 빚이다

다른 사람을 위해 내 영향력을 조건 없이 행사해야 내가 리더십을 배우려 했던 동기와도 맞아 떨어진다. 그러나 내가 리더로서 적절한 분별력을 보여주지 못한다는 문제점이 있다. 영향력을 적절하게 활용하지 못하는 사람을 위해 영향력을 행사한다는 것은 리더의 시간과 노력과 자원을 낭비하는 짓이다. 황금을 받아서는 뒷마당에 묻어두고 잊어버리는 사람에게 황금을 주는 것과 다를 바가 없다.

　오랜 경험 끝에, 나는 영향력을 다른 사람에 결코 그냥 주어서는 안 된다는 사실을 깨달았다. 영향력은 빌려줘야만 했다! 영향력은 일종의 투자와도 같아서, 반드시 보상을 바라야 했다. 금융 투자처럼 적절한 보상이 없으면 다른 곳에 투자하는 편이 나았다. 손해를 만회하려다가 더 손해를 보는 바보가 될 수는 없었다.

　이제 나는 영향력을 다른 관점에서 보기 때문에 몇 가지 기준에 맞춰 내 영향력을 빌려준다. 당신도 영향력을 행사해달라는 요청을 받을 때 이 기준을 사용하면 수락 여부를 결정하는 데 도움이 될 것이다.

모두가 내 영향력을 빚으로 생각하며 받아들이지는 않는다

은행이 채무자에게 돈을 빌려주기 전에 채무자의 자격을 심사하듯이, 나는 누군가를 추천하고 그를 위해 문을 열어주려 할 때 그가 어떤 사람인지 정확히 알아본다. 그의 성격이 어떤지, 그가 무슨 이유에서 내 영향력을 빌리려고 하는지, 또 그가 어떤 계획을 갖고 내 영향력을 빌리려고 하는지 알아본다. 또한 그가 내 영향력을 바탕으로 어떤 결과를 기대하는지도 알아본다.

내 영향력을 빌린 사람은 그에 대한 책임을 져야 한다

과거에 나는 누군가를 위해 영향력을 행사할 때 그가 내 영향력을 나름대로 잘 활용해서 그의 계획을 끝까지 해낼 것이라고 무작정 믿었다. 그러나 이제는 그런 믿음을 버렸다. 그가 내 영향력을 어떻게 활용하고, 내가 현명하게 투자했는지 확인하는 것은 내 몫이라는 사실을 깨달았다. 따라서 내가 현명한 거래를 했는지, 충분한 보상을 받고 있는지 확인하기 위해서 그의 상황을 정기적으로 점검한다.

내 투자가 좋은 결실을 맺기를 기대한다

다른 사람에 도움을 주기 위해 내 영향력을 행사하는 것이기 때문에 나는 그들이 더 나은 리더로 발전하기를 바란다. 그들이 빠르게 성장해서 자신의 영향력을 확대해가는 것을 보고 싶기도 하다. 내 시간과 자원은 한정돼 있다. 내 나이도 이제는 예순이다. 내가 리더들에게 투자한 영향력이 모두 소중한 결실을 거두기를 바란다. 그 리더들이 긍정적인 방향으로 발전하지 못한다면, 또 그들이 자신의 영향력을 행사해 다른 리더들을 키워내지 못한다면, 나는 그들에게 투자하길 중단하고 다른 리더들을 도와주는 게 낫다.

⊹━⊹

이제 나는 잠재력을 지닌 리더에게 내 영향력을 투자할 때 무척 신중하게 결정한다. 그를 오랫동안 지켜보고 많은 질문을 한다. 또 내 영향력이 그에게 무조건 주는 선물이 아니라 빚이라는 점도 명백히 밝힌다. 모든 조건이 맞으면 내 영향력을 아낌없이, 즐거운 마음으로 빌려준다. 그 이유가 무엇이겠는가? 나는 좋은 곳에 투자하고 싶기 때문이다. 잠재력을 지닌 리더는 자신의 영향력으로 장래에 큰 영향을 미칠 수 있기 때문이다.

최근에 나는 이런 문제에 대한 내 심정을 솔직히 담은 글을 썼다. 그리고 그 글에 '잠재적 리더를 위한 채무 계약서'라는 제목을 붙였다.

나는 당신에게 리더라는 지위를 줄 수 있습니다.

당신은 사람들을 올바른 방향으로 이끌기 위한 허락을 얻어야 합니다.

나는 당신에게 사람들을 이끌 기회를 줄 수 있습니다.

당신은 그 기회를 최대한 활용해야 합니다.

나는 당신을 유망한 리더로 추천할 수 있습니다.

당신은 자신의 잠재력을 발휘함으로써 우뚝 일어서야 합니다.

오늘 나는 사람들에게 당신을 따르라고 권유할 수 있습니다.

내일 당신은 사람들이 당신을 따르도록 만들어야 합니다.

당신을 위해 행사하는 내 영향력은 빚이지 선물이 아닙니다.

따라서 감사하는 마음으로 현명하게 사용해야 합니다.

내 투자에 대한 보상을 내게 주어야 합니다.

내 투자에 대한 보상을 다른 사람들에게 주어야 합니다.

내 투자에 대한 보상을 당신 자신에게 주어야 합니다.

내가 영향력을 투자하고 빌려준 사람 중 하나가 지금 앨라배마 버밍햄에 살고 있는 크리스 호지스Chris Hodges 목사이다. 크리스는 조용하면서도 겸손하게 교회를 끌어가고 있다. 얼마 전에 나는 그에게 다음과 같은 편지를 받았다.

선생님, 선생님은 스스로 가치있는 존재가 됨으로써 제게 가치를 더해 주셨습니다. 선생님이 가치 있는 존재가 아니었다면 제게 어떤 가치도 더해주지 못했을 테니까요. 선생님은 제게 선생님의 영향력과 이름, 인간관계와 지혜를 기꺼이 빌려주셨습니다. 선생님의 영향력이 없었다면 제가 만날 수 없었을 사람들을 만났고, 제가 훈련시킬 수 없었을 사람들을 훈련시켰으며, 저 혼자서는 이룰 수 없었을 수준까지 리더십을 향상시킬 수 있었습니다. 감사합니다!

크리스가 편지에서도 밝혔듯이 내가 아무런 생각도 없이 그에게 영향력을 빌려주었던 것은 아니다. 그가 혼자 힘으로는 얻기 힘들었던 자원과 사람들에게 접근할 수 있도록, 그의 리더십만으로는 설득력을 갖기 힘들었던 신뢰를 그에게 더해주려고, 또 그가 혼자서는 이루어내기 힘들었던 성공의 수준까지 끌어올리는 데 작은 도움이라도 주려는 욕심에서 의도적으로 그에게 내 영향력을 빌려주었다.

나는 크리스를 도와줄 수 있어 정말 기뻤다. 그는 얼마 전부터 자신의 영향력을 눈에 띄게 끌어올렸다. 게다가 많은 리더를 양성하면서 그 영향력을 더욱 배가시키고 있었다. 그가 받은 모든 것을 최대한 활용했고, 내게 더 많은 도움을 달라고 구걸하지도 않았다. 이제 그는 나에게 뭔가를 돌려주고 싶어한다! 크리스의 앞에는 찬란히 빛나는 미래가 있으리라 확신한다.

당신이 리더십 분야에서 다른 사람들과 교류할 때 어떻게 하는지는 모르겠다. 당신이 영향력 있는 리더인데 그 영향력을 분별없이 이런저런 사람에게 나눠주고 있다면, 이제부터라도 그 영향력을 '빚'으로 빌려주라고 말해주고 싶다.

당신이 별다른 영향력이 없다면 어떻게 해야 하겠는가? 그런 경우라면 문제가 완전히 다르다. 주변 사람에게 영향력을 빌리든지, 경험 많은 리더에게 영향력을 빌리든지 간에 이제부터라도 영향력을 차근차근 쌓아가야 한다. 어떤 쪽을 택하든 다음과 같은 부분들을 계발해 가면 영향력을 쌓는 데 도움이 될 것이다.

- 통찰력: 당신은 무엇을 아는가
- 능력: 당신은 무엇을 할 수 있는가
- 성격: 당신은 어떤 사람인가
- 열정: 당신은 무엇을 느끼는가
- 성공: 당신은 무엇을 성취하려 하는가
- 직관: 당신은 무엇을 감지하는가
- 자신감: 당신은 다른 사람을 얼마나 편하게 해주는가
- 카리스마: 당신은 어떻게 다른 사람들과 교감하는가

이런 부분들을 갖출 때 당신의 영향력은 한층 높아질 것이다. 남들이 당신을 존경하고 당신에게 긍정적인 관심을 가질 것이다. 또 당신을 따르는 사람도 당연히 늘어날 것이다. 이처럼 당신을 따르는 사람이 있을 때 당신도 다른 사람들을 돕기 시작할 수 있다. 어떤 경우이든 "영향력은 빌리는 것이지 거저 받는 것이 아니다."라는 사실을 꼭 기억해야 한다.

EXERCISE
FOR
LEADER

다른 사람에게 영향력을 주지 못하면 조직의 성장도 없다

—— **1** 당신이 강력하게 지원해줘야 할 사람이 있는가? 영화 '어메이징 그레이스'는 윌리엄 윌버포스^{Willian Wilberforce}의 얘기이다. 윌버포스는 18세기 영국 국회의원으로 대영제국에서 노예제도를 철폐하기 위해 평생을 싸웠다. 당신이 과감히 일어나 지원해줘야 할 사람이 있는가? 당신의 지원이 없으면 혼자 일어서기 힘든 사람을 돕기 위해 당신의 영향력을 어떻게 사용하고 있는가?

—— **2** 당신의 영향력을 빌려준 대가로 무엇을 기대하는가? 당신에게 어떤 부분에서든 영향력이 있다면, 그 부분에서 영향력이 없는 리더들을 도와줄 수 있다. 당신은 그렇게 하고 있는가? 당신의 영향력을 올바른 방향에서 활용할 사람들에게 빌려주어라. 또 그들에게 당신이 영향력을 빌려주는 대가로 무엇을 기대하는지 미리 솔직하게 말하라. 내가 앞에서 소개한 '잠재적 리더를 위한 채무 계약서'를 사용하는 방법도 생각해봄 직하다.

—— **3** 다른 사람들에 대한 당신의 영향력을 확대시키고 싶은가? 당신이 원하는 수준의 영향력을 지니고 있지 못하면 앞에서 언급한 8가지 부분을 계발해보라.

• 통찰력: 매일 하루를 반성하며 경험을 평가하면 조금이라도 지혜로워질 수

있다.

- 능력: 매일 당신의 재능을 갈고 닦으면 탁월하게 활용할 수 있다.
- 성격: 매일 성실의 기준을 높게 두고 지키려 애쓴다.
- 열정: 매일 당신의 주된 목적이 무엇인지 생각하고 끈기 있게 추진한다.
- 성공: 목표를 성취하기 위해서 당신에게 주어진 시간을 매일 최대한 활용한다.
- 직관: 매일 리더십에서 보이지 않는 부분에도 주의를 기울인다.
- 자신감: 매일 당신이 어떤 일을 하는지 분명히 파악한 상태에서 조직원들에게 자신감을 심어준다.
- 카리스마: 당신이 조직원들에게 관심을 갖고 있다는 것을 매일 구체적으로 보여준다.

이 부분들을 계발하면 조직원들에 대한 당신의 영향력은 눈에 띄게 높아질 것이고, 다른 리더에게 영향력을 빌려 한 단계 높은 리더로 도약할 기회도 얻을 수 있을 것이다.

Mentoring Point

신규 리더들을 지도하기로 결정했을 때 당신이 투자한 만큼 그들이 성장하기를 기대했을 것이다. 그런 기대감을 갖지 않았다면 지금이라도 생각을 바꿔야 한다. 그들에게 무슨 이유에서 어떻게 성장하기를 바란다고 분명하게 설명해주라. 또 당신이 그들에게 어떤 유형의 영향력을 계발해가기를 바라는지도 개략적으로 설명해주라. 그들에게 곧바로 영향력의 계발을 시작하라고 요구하라.

LEADERSHIP
GOLD

22

모두를 가질 수는 없다,
포기할 줄 알아야 한다

—— 내일의 성공을 가로막는 가장 큰 장애물은 오늘의 성공이다.(릭 워렌)

—— 위험을 피하려 할 때 우리는 삶에서 가장 중요한 것을 위험에 빠뜨린다. 성장하고 잠재능력을 발휘해 공동의 목표에 진정으로 기여할 수 있는 기회를 놓친다.(맥스 드프리)

—— 추종자를 끌어모으는 리더가 성취할 수 있는 것을 더하는 사람이라면, 리더를 양성하는 리더는 그의 능력을 배가시키는 사람이다.

—— 탁월한 리더가 되기 위해서는 가볍게 여행하는 법을 배워야 한다. 새 짐을 싣기 위해서는 지금 가진 짐을 버릴 수 있어야 한다.

어떻게 해야 리더로서 한 단계 도약할 수 있을까? 달리 말하면, 우리가 목표를 성취하고 성공을 맛보기 시작한 후에 부딪치는 가장 큰 장애물은 무엇일까? 새로운 것을 추구하기 위해서 현재 가진 것을 포기할 수 있어야 하지만, 대부분의 사람이 그렇지 못하다. 따라서 리더에게 가장 큰 장애물은 이미 이루어낸 성취이다. 릭 워렌의 말을 빌면, "내일의 성공을 가로막는 가장 큰 장애물은 오늘의 성공이다."

　1995년 나는 평생에서 가장 어려운 결정을 앞두고 있었다. 목사로 26년 간 봉직하면서 남부럽지 않은 성공을 거둔 때였고, 더 이상 바랄 것이 없는 좋은 위치에 있기도 했다. 48세로 최고의 지위에 있었다. 당시 내가 이끌던 교회, 스카이라인 감리교회는 우리 교파를 대표할 만한 교회였다. 전국적인 명성을 누렸고 영향력도 막강했다. 우리 교회와 나는 존경을 받았고, 신도들 사이에서 내 평판도 좋았다. 또 나는 10년 전부터 리더들을 양성해왔고, 신도들의 결속력도 탄탄했다. 우리 교회는 미국에서 가장 아름다운 도시 중 하나인 캘리포니아 샌디에이고에 있었다. 재정적으로도 문제가 없었고 교회의 임무에도 충실했다. 내가 원하면 은퇴할 때까지 그곳에서 편안하게 지낼 수 있었다. 내 앞에 놓인 단 하나의 커다란 과제는 교회 이전이었다. 우리 능력이면 그 문제는 얼마든지 해결할 수 있었다.(실제로 내 뒤를 이은 담임목사가 그 일을 너끈하게 해냈다.)

내게는 하나의 문제밖에 없었다. 나는 리더로서 한 단계 도약하고 싶었다. 미국만이 아니라 전 세계에 영향을 미치고 싶었다. 교회에 안주하면 그 목표를 이룰 수 없었다. 그렇게 한 단계 성장하려면 많은 어려운 변화를 시도해야 했고, 교회를 운영하면서 할애할 수 있는 시간보다 훨씬 많이 시간을 투자해야 했다. 요컨대 "새로운 차원으로 성장하기 위해서 내가 지금 가진 모든 것을 포기할 것인가?"라는 중대한 질문에 답해야만 했다.

가치 있는 다음 단계는 무엇인가?

모든 리더가 성공한 후에 한 번쯤은 자신에게 던져야 할 질문이었다. 맥스 드프리는 《권력 없는 리더십은 가능한가?Leading Without Power》에서 "위험을 피하려 할 때 우리는 삶에서 가장 중요한 것을 위험에 빠뜨린다. 성장하고 잠재능력을 발휘해 공동의 목표에 진정으로 기여할 수 있는 기회를 놓친다."라고 말했다.

나는 어린 시절부터 이 교훈을 배웠다. 아버지는 걸핏하면 "지금 빚을 갚고 나중에 놀아라."고 나를 타일렀다. 내가 놀기를 좋아하고 좀처럼 공부하려 하지 않았기 때문에 그렇게 타일렀던 것이지만, 어려운 일을 먼저 하고 나중에 즐기라는 교훈을 내게 가르쳐주려고 했던 것이다. 나는 아버지에게, 우리 모두가 삶에서 빚진 존재라는 것을 배웠다. 우리가 지금 얻는 것은 나중에 틀림없이 우리에게 대가를 요구한다. "우리가 언제 빚을 갚을 것인가?"라는 문제가 남는다. 뒤로 미룰수록 빚도 점점 늘어난다. 복리이자와도 같다. 이런 점에서, 성공한 삶은 교환의 연속이다. 나는 평생 동안 안락한 삶과 기회를 바꿔왔다. 많은 사람이 이상적인 지위라고 생각하던 자리를 포기하고 리더로 더 크게 성장하는 길을 택했다.

우리는 높은 지위에 올라갈수록 새로운 시도를 하기가 힘들다. 그 이유가 무엇이겠는가? 포기하기에는 아까운 것이 너무 많기 때문이다. 우리는 사회 초년병 시절에 포기해야만 했던 것들에 대해서 쉽게 말한다. 하지만 엄격하게 따지면 초년병 시절에는 포기할 것이 별로 없었다. 그 시절에 우리가 가진 유일한 보물은 시간이 전부였다. 그러나 높이 올라가면서 우리는 많을 것을 갖게 되고, 그것들을 포기하기란 무척 어렵다. 그래서 많은 사람이 잠재력이란 산을 올라가는 도중에 멈춘다. 그들은 마지못해 현재의 것을 포기하는 지점에 이르고 다른 것을 시작한다. 따라서 많은 사람이 높게 비상하지 못한다.

나는 교회를 떠나 인간개발에 전적으로 매달리는 전업 강사와 작가로 새롭게 시작할 것인가를 고민할 때 몇몇 믿을 만한 멘토에게 조언을 구했다. 그때 작가이며 컨설턴트인 프레드 스미스Fred Smith가 내게 다음과 같이 말해주었다.

편안한 곳에 안주하고 싶은 것은 인간의 본성이다. 그래서 적당히 돈을 벌고 나면 압박감에서 벗어나 편안하게 쉴 곳을 찾으려 한다. 새로운 사람을 만나고 낯선 상황을 맞닥뜨려야 하는 부담을 떨치고 주변 사람들과 편안하게 교류할 수 있는 쉴 곳을 찾으려 한다. 물론 우리 모두에게 잠시 동안은 편안히 쉴 곳이 필요하기는 하다. 그래서 우리는 어느 정도 올라가다 멈추어서 주변에 동화되는 시간을 갖는다. 우리가 배운 것을 충분히 익히면 다시 오르기 시작한다. 그리고 안타깝지만 마지막으로 올라가야 할 때가 온다. 그렇게 마지막으로 오르고 나면, 그때가 마흔이든 여든이든 우리는 늙은 기분이 든다.

이 말이 나를 벼랑 끝으로 밀어냈다. 나는 새로운 출발을 위해 담임 목사직을 사임했다. 그리고 실패를 두려워하지 않고 새로운 차원의 리더가 되기 위한 길에 들어섰다.

당신은 무엇을 위해 무엇을 버릴 것인가?

사임한 직후, 나는 성장의 대가에 대해 생각해보았다. 그리고 '시도해볼 만한 10가지 교환'을 썼다. 내게 도움이 됐던 이 교환 목록은 당신에게도 도움이 되리라 믿는다.

목표를 위해 칭찬을 포기하라

앞에서도 말했듯이 나는 초기에 사람들을 즐겁게 해주려고 애썼다. 추종자들에게 인정받고, 동료들에게 칭찬받고, 선배들에게 상을 받고 싶었다. 나는 칭찬에 굶주린 사람과도 같았다. 그러나 칭찬은 순식간에 사라지는 연기와도 같고, 상은 금세 녹슬어버린다. 금전적 보상도 한낱 물거품과 같은 뿐이다. 나는 사람들에게 돋보이는 것보다 뭔가를 구체적으로 이루어내고 싶었다. 그런 결정 덕분에 그 후로 내가 시도한 교환의 대부분이 가능할 수 있었다.

의미 있는 삶을 위해 편안한 삶을 포기하라

성공은 단순히 바쁜 삶을 뜻하는 것이 아니다. 우리 삶에 어떤 의미를 부여하느냐가 중요하다. 인류의 역사에서 위대한 리더들은 뭔가를 소유하고 쟁취했기 때문에 위대한 것이 아니었다. 뭔가를 이루어내기 위해 삶 전체를 투자했기 때문에 위대한 것이었다. 그들은 변화를 이루어냈다!

나는 변화를 이루어갈 수 있는 직업을 선택하기는 했다. 그렇다고 해서 더 의미 있는 일을 하기 위해 위험을 무릅쓰지 못할 이유는 없다. 당신의 경우도 다를 바가 없다. 당신이 어떤 직업을 선택했더라도!

미래의 가능성을 위해 경제적 이익을 포기하라

나는 돈을 목표로 삼아본 적이 없다. 하지만 마가렛과 나는 경제적으로 풍요로운 삶을 누렸다. 왜 그랬을까? 내가 경제적 이득보다 미래의 가능성을 더 중요하게 생각했기 때문이다.

돈을 쫓고 싶은 유혹을 떨치기는 힘들다. 하지만 이런 유혹이 들 때마다 "지금 빚을 갚고 나중에 놀아라"는 교훈을 떠올려라. 훗날의 잠재적 가능성을 위해 눈앞의 경제적 이득을 기꺼이 포기하면, 경제적 보상을 포함해 더 큰 보상을 받을 기회가 오게 마련이다.

개인적 성장을 위해 현재의 즐거움을 포기하라

우리 문화가 당면한 가장 커다란 문제의 하나는 감사하는 마음을 잊었다는 것이다. 가계 빚은 증가하고 저축은 줄었다는 통계자료를 보면, 사람들이 이제는 눈앞의 즐거움을 찾는다는 것이 분명한 듯하다.

어렸을 때 나는 학교가 지겨웠다. 학교가 파할 때까지 기다리기 힘들었다. 당장이라도 학교를 그만두고 마가렛과 결혼하고 싶었다. 하루 종일 농구만 하고 싶었다. 그러나 리더로 살아가고 싶었기 때문에 나는 대학에 진학했고 학위까지 땄다. 졸업한 후에야 마가렛과 결혼했다. 4년이란 기나긴 시간을 참고 견디었다.

마가렛과 나는 눈앞의 즐거움과 편안한 생활을 몇 번이고 포기했고 뒤로 미루었다. 개인적으로 성장할 기회를 추구하기 위해서! 우리는 그런 선택을 후회해본 적이 없었다.

집중하기 위해 다른 것들을 포기하라

오지랖이 넓어 이것저것에 손대는 사람이 적지 않다. 이런 사람의 문제는 어떤 분야에서 크게 성장할 수 없다는 것이다. 물론 젊었을 때는 새로운 것들을 시도해봐야 한다. 당신의 강점이 무엇이고, 관심사가 무엇인지 알기 위해서도 필요한 과정이다. 그러나 나이가 들어서는 집중할 수 있어야 한다. 뭔가에 집중하고 몰두해야 멀리 뻗어 나아갈 수 있다. 위대한 인물의 삶을 살펴보면 그들은 한결같이 하나의 목표에 골몰했다. 당신도 평생의 소명을 찾아내면 그 소명에만 충실하라.

삶의 질을 위해 삶의 양을 포기하라

솔직히 말해서, 나는 '많을수록 좋다'고 생각하는 사람이다. 하나도 좋지만 넷이면 더 좋다. 따라서 어떤 축구 선수가 20골이 목표라고 말하면, 나는 그에게 25골까지 해낼 수 있을 거라고 독려한다. 나는 CD로 한 시간 분량의 리더십을 강의할 때도 사람들이 대여섯 번을 들어야 모든 것을 이해할 수 있을 정도로 많은 내용을 담고 싶어한다.

이처럼 더 많은 것을 하고 싶은 선천적 성향 때문에 나는 거의 쉬지 않고 일했다. 내 일과표는 온갖 약속으로 빈틈이 없었고, 따라서 나는 다리를 쭉 뻗고 한숨을 돌릴 여유조차 거의 없었다. 언젠가 내가 동생 부부에게 보러 오라고 하자, 래리가 "싫어, 형은 너무 바빠. 우리가 가도 형님 얼굴도 못 볼 텐데."라고 투덜거렸을 정도였다.

이 교훈과 관련해 들은 얘기가 있다. 커다란 출판사 사장이 조언을 구하려고 현명하다는 노인을 찾아갔다. 출판사 사장은 삶에서 부딪치는 문제들을 털어놓은 후, 노인이 뭔가 소중한 얘기를 해주기를 조용히 기다렸다. 노인은 처음에 아무 말도 하지 않았다. 찻주전자를 물끄러미 쳐다보더니 찻잔에 차를 따르기 시작했다. 찻잔이 넘치는 데도 노인은 차를 계속 따랐다. 마침내 차가 테이블을 적시고 바닥으로 뚝뚝 떨어지기 시작했다.

출판사 사장이 놀라서 소리쳤다.

"지금 뭐하시는 겁니까?"

"당신의 삶은 찻잔과 같습니다. 넘쳐 흐릅니다. 새로운 것이 들어설 여지가 없습니다. 이제 쏟아내고 더 이상 담지 마십시오."

나는 사고방식을 양에서 질로 바꾸기가 무척 힘들었다. 솔직히 말해서 아직도 양에 집착하는 편이다. 그래도 1998년에 심장발작이 있은 후로 이 부분에서 많은 변화가 있기는 했다. 손자들을 본 것도 조금은 영향을 미쳤다. 이제는 내 삶에서 정말로 중요한 일에 더 많은 시간을 할애하려고 노력한다.

탁월함을 위해 평범함을 포기하라

이 교훈은 너무나 자명해서 덧붙여 말할 것이 없다. 평범한 것을 위해 돈을 흔쾌히 내놓을 사람은 없다. 평범한 것에 감동을 받는 사람도 없다. 평범한 날개로는 높이 날 수 없다. 할 만한 가치가 있는 일이라면 혼신의 힘을 쏟아 최고로 만들라. 그럴 생각이 아니면 아예 하지 마라.

곱셈을 위해 덧셈을 포기하라

행동가에서 리더로 발돋움할 때 영향력까지 커진다. 그런 변화는 의미있는 도약이다. 《팀워크를 혁신하는 17가지 불변의 법칙》에서도 말했듯이 한 사람은 위대한 일을 이루어내기에 너무나 적은 수이기 때문이다. 하지만 더하는 사람에서 곱하는 사람으로 변할 때, 어렵지만 훨씬 의미 있는 도약도 가능하다.

추종자를 끌어모으는 리더가 성취할 수 있는 것을 더하는 사람이라면, 리더를 양성하는 리더는 그의 능력을 배가시키는 사람이다. 어째서 그럴까? 그가 양성한 리더들 개개인의 능력만이 아니라, 그들이 인도하는 사람들의 능력까지 얻을 수 있기 때문이다. 따라서 엄청난 상승효과를 거둘 수 있다. 모든 위대한 리더는 어느 분야, 어느 시대에 활동했던 리더들의 리더였다. 리더십에서 최고의 수준에 오르기 위해서는 곱하는 사람이 되는 법을 알아야 한다.

나머지 절반을 위해 처음 절반을 포기하라

밥 버포드Bob Buford는 《하프타임Halftime》에서, 삶의 전반기에 성공한 사람은 삶의 후반기에도 똑같은 식으로 일하는 경향을 띤다고 말했다. 달리 말하면, 안정 수준에 이른 사람은 새로운 것을 시도하기 위해서 현재 가진 것을 포기하지 않으려 한다는 뜻이다. 익숙한 것을 계속하는 것이 훨씬 편하기 때문이다.

만약 당신이 삶의 후반기에 있다면 성공을 만끽하며 즐기는 데 많은 시간을 보내고 있을 것이다. 당신의 소중한 시간을 그렇게 낭비하지 마라. 의미 있는 일을 위해 그 시간을 투자해보라. 당신이 세상을 떠난 후에도 이 땅에 남아 있을 것을 해보라. 반면에 당신이 아직 삶의 전반기에 있다면 후반기에 남길 뭔가를 위해 혼신을 다해 일하라.

하느님과 함께 걷기 위해 하느님을 위해 일하는 것을 포기하라

오랫동안 목사로 일했기 때문에 나는 하느님을 위해 일하는 만족감을 충분히 이해한다. 그러나 하느님과 교감하지 않으면서 하느님을 위해 끊임없이 일한다는 말은 성립되지 않는다.

물론 신앙인이 아닌 사람에게 이 말이 무의미하게 들릴 수 있다. 그러나 믿음이 당신 삶의 일부라면, 당신이 아무리 가치 있는 일을 하더라도 하느님과의 관계만큼 소중할 수는 없다.

높이 비상하기 위해서
기꺼이 포기할 수 있겠는가?

탁월한 리더가 되기 위해서는 가볍게 여행하는 법을 배워야 한다. 새 짐을 싣기 위해서는 지금 가진 짐을 버릴 수 있어야 한다. 새로운 것 하나를 취하기 위해서는 하나를 포기해야 한다. 그러나 지금 가진 것을 포기하지 않으려는 것이 인간의 본성이다. 우리는 편안한 지역에 안주하고, 익숙한 것을 고수하고 싶어한다. 때로는 주변 환경 때문에 어떤 것을 포기하고, 새로운 것을 취할 기회를 엿본다. 그러나 긍정적 변화를 원한다면 올바른 마음가짐을 유지하고, 기꺼이 지금 가진 것을 포기할 수 있어야 한다.

남북전쟁 기간에, 에이브러햄 링컨 대통령은 50만 명을 추가로 모병해야 한다는 군부의 요청을 받았다. 정치 보좌관들은 그 요청을 받아들이면 재선에 걸림돌이 될 거라며, 링컨에게 그 요청을 거부하라고 조언했다. 그러나 링컨의 결정은 단호했다.

"내가 꼭 재선돼야 할 이유는 없소. 하지만 전선의 군인들에게 50만 명을 반드시 지원해줘야 하오. 나는 군인들을 모병할 것이오. 그 법에 내가 해당된다면, 나도 국기를 들고 전쟁터에 나갈 것이오."

링컨은 미국 역사에서 가장 위대한 대통령으로 손꼽히는 인물이다. 최종 책임자라는 역할을 빼놓고는 모든 것을 기꺼이 포기했기 때문이다. 그런 자세야말로 리더에게 필요한 마음가짐이다. 리더가 새로운 차원의 변화를 요구할 때 우리는 한 단계 성장하기를 바란다. 변화 없이는 성장할 수 없다. 더 나은 리더가 되고 싶다면 기존의 것을 버리고 변할 각오가 돼 있어야 한다.

━━◁▷━━

앞에서 언급했듯이 나는 2007년 2월로 60세가 됐다. 생일을 맞이하기 수개월 전, 나는 아래의 기도문을 쓰고 머릿속에 외웠다. 생일날 가족과 친구들 앞에서 그렇게 기도하고 싶었기 때문이다.

주님, 나이를 먹어가면서 저는

재능 있는 사람보다 사려 깊은 사람,

영민하고 똑똑한 사람보다 사랑하는 사람,

권위 있는 사람보다 부드러운 사람,

뛰어난 웅변가보다 잘 들어주는 사람,

열심히 일하는 사람보다 언제든 만날 수 있는 사람,

성공한 사람보다 헌신적인 사람,

유명하지는 않더라도 믿을 만한 사람,

뭔가에 쫓기는 사람보다 만족할 줄 아는 사람,

흥분하는 사람보다 자제력이 있는 사람,

부자보다 너그러운 사람,

능력 있는 사람보다 인정 많은 사람으로

알려지기를 바랍니다.

발을 씻겨주는 사람이 되기를 바랍니다.

나는 지금도 이런 사람이 되기 위해 힘쓴다. 그런 이유에서 지금도 계속해서 교환한다.

나는 한 사람의 의미 있는 생일들이 시간의 흐름을 뜻할 수도 있지만, 잠재력을 발휘해 이 땅에 태어난 이유를 실현하기 위해서 결정한 변화의 출발점을 뜻할 수도 있다는 사실을 그 어느 때보다 절실하게 느낀다. 앞으로 한 해가 지날 때마다 나는 바람직한 선택을 할 수 있기를 바란다. 그래야 내가 더 나은 사람이 되고, 더 나은 리더가 되어 많은 사람에게 긍정적인 영향을 미칠 수 있다는 것을 알기 때문이다. 그렇게 하기 위해서는 꾸준히 교환하려는 의지가 있어야 한다. 모든 것을 가질 수는 없기 때문이다. 뭔가를 포기해야 하기 때문이다.

EXERCISE
FOR
LEADER
새로운 것 하나를 얻기 위해서는 하나를 포기해야 한다

—— **1** 당신은 무엇을 교환했는가? 앞에서 소개한 10가지 교환 목록을 보고 생각해보라.

1. 목표를 위해 칭찬을 포기하라.

2. 의미 있는 삶을 위해 편안한 삶을 포기하라.

3. 미래의 가능성을 위해 경제적 이익을 포기하라.

4. 개인적 성장을 위해 현재의 즐거움을 포기하라.

5. 집중하기 위해 다른 것들을 포기하라.

6. 삶의 질을 위해 삶의 양을 포기하라.

7. 탁월함을 위해 평범함을 포기하라.

8. 곱셈을 위해 덧셈을 포기하라.

9. 나머지 절반을 위해 처음 절반을 포기하라.

10. 하느님과 함께 걷기 위해 하느님을 위해 일하는 것을 포기하라.

10가지 중에서 어떤 것을 과거에 교환했는가? 구체적인 예를 들 수 없다면 교환한 것이 아니다. 교환했다면 그럴 만한 가치가 있었는가? 그 이유는 무엇인가?

—— **2** 앞으로 어떤 교환을 더해야 한다고 생각하는가? 위의 10가지는 내가 작성한 목록이다. 당신의 목록에는 어떤 교환이 추가로 덧붙여져야 하는

가? 당신이 과거에 행한 다른 교환들을 생각해보라. 긍정적인 교환만이 아니라 부정적인 교환까지 생각해보라. 그리고 당신의 장래에 도움이 될 만한 교환들로 당신만의 목록을 만들어보라.

—— 3   팀원들의 향상을 위해 당신은 무엇을 교환할 것인가? 맥스 드프리는 "리더의 첫 책임은 현실을 직시하는 데 있고, 마지막으로 할 일은 고맙다고 말하는 것이다. 그 사이에 리더는 서번트이다."라고 말했다. 팀원들과 조직을 위해 당신은 무엇을 기꺼이 포기하겠는가? 교만과 특혜를 버리겠는가? 보상을 덜 취하겠는가? 명예는 팀원들에게 양보하고, 책임만을 떠안겠는가?

 Mentoring Point ——

당신이 지도하는 신규 리더들도 이제 교환의 개념을 알았을 것이기 때문에 그들에게 무엇을 교환하겠는지 물어보라. 그들이 개인적인 목표를 거론하는 식으로 대답할 수 있다. 그럼, 리더십의 여정에서 다음 단계에 있어야 할 것에 집중해서 대답하라고 해보라. 그들에게 현재 교환할 만한 것으로 무엇을 갖고 있고, 새로운 목표를 성취하기 위해 무엇을 포기할 수 있는지 물어보라. 멘토에게 요구되는 가장 중요한 자질은 남들이 보지 못하는 것을 보면서, 그들이 목적지로 향해 가는 과정을 돕는 능력이다.

LEADERSHIP
GOLD

23

여행을 함께 시작한 사람들이
다 함께 여행을
끝내지는 않는다

—— 인간관계 때문에 현실을 무시하면 결국 문젯거리를 떠안는 셈이다.

—— 사람이 떠나는 것은 문제가 아니다. 누가 떠나느냐는 것이 문제이다.

시카고 오헤어 공항에서 일렬로 늘어선 공중전화들 앞을 지날 때마다 1980년 그곳에서 일어난 사건이 머릿속에 떠오른다. 그때 나는 리더로 살아간 지 11년째 되던 해였다. 나는 처음 수년 간 작은 교회에서 일했기 때문에 마가렛과 내가 모든 일을 도맡아 처리해야 했다. 그러나 그때에는 팀을 구축해가고 있었다. 내가 오랫동안 바라고 계획했던 일이었다. 리더로 첫 발을 내딛을 때부터 나는 팀을 어떻게 키워가야겠다는 복안이 있었다. 우리는 한 마음, 한 정신이어야 했고 큰일을 해내야 했다. 또 영원히 함께해야 했다.

내가 처음 선발한 팀원들 중 하나가 내 비서, 수였다. 수는 우리 부부의 절친한 친구이기도 했고 무척 유능했다. 처음 몇 년은 내가 바라고 꿈꾸던 대로 일이 진행했다. 수는 나를 대신해 큰일까지 해냈고, 마가렛과 나는 수와 그녀의 남편과 함께 많은 일을 해냈다. 그러나 당신이 사랑하는 좋은 사람과 일해보면 알겠지만 직장은 일반적인 일과 다르다.

내가 큰 교회로 자리를 옮길 기회가 왔을 때 당연히 나는 수가 함께 가기를 바랐다. 다른 도시로 옮겨야 했지만, 수와 그녀의 남편은 우리 곁에서 계속 일하겠다는 데 기꺼이 동의했다. 마가렛과 나는 무척 기뺐다. 곧 우리 넷은 함께 새 도시를 둘러보며 집을 구하러 다녔다. 모든 것이 순조로웠다. 우리는 이런저런 계획을 세우며 장밋빛 미래를 함께 꿈꾸었다.

그로부터 보름 후, 나는 여행을 하던 중에 시카고 공항에서 수에게 전화를 걸었다. 평소에 그녀는 무척 살갑게 전화를 받았다. 그러나 그날은 그렇지 않았다. 우리는 잠시 업무 얘기를 나누었지만 그녀가 갑자기 화제를 돌리며 불쑥 말했다.

"존, 할 말이 있어요. 우린 이사할 수 없어요. 남편과 나는 이곳에 머물기로 결정했어요."

나는 뒤통수를 세게 얻어맞은 기분이었다. 대체 무슨 일이 있었던 걸까? 나는 탑승구를 찾아가며 계속 생각해보았다. 우리가 헤어져야 한다는 뜻이었다. 나는 슬프고 낙담했다. 비행기를 타고 자리에 앉자, 가슴은 미어졌지만 "여행을 함께 시작한 사람들이 다 함께 여행을 끝내지는 않는다."라는 리더십의 교훈 하나가 머릿속에 뚜렷이 떠올랐다.

끝까지 함께하는 사람은 극소수에 불과하다

이 교훈은 이 책에서 다루는 교훈 중에서 가장 감상적인 성격을 띤다. 나는 인간관계를 무척 중요하게 생각한다. 사람들과 즐겁게 지내고, 팀으로 함께 일하는 것을 무척 좋아한다. 나는 40년 동안 많은 팀을 이끌었고 팀워크에 대해서도 연구했다. 《팀워크를 혁신하는 17가지 불변의 법칙》에서 나는 내 팀의 중요성을 언급하며, 내 팀이 나를 위해 어떤 일을 하는지도 다루었다.

> 내 팀은 나의 기쁨이다. 나는 팀원들을 위해서는 어떤 일도 해낼 각오이
> 다. 그들이 나를 위해 모든 일을 하기 때문이다.
>
> 내 팀이 있기에 나는 나날이 나아진다.
> 내 팀이 있기에 나는 다른 사람들에 가치를 준다.
> 내 팀이 있기에 나는 가장 잘하는 일을 할 수 있다.
> 내 팀이 있기에 나는 여유를 가질 수 있다.
> 내 팀은 내가 갈 수 없는 곳에서 나를 대신한다.
> 내 팀은 공동체에 즐거움을 준다.
> 내 팀이 있기에 나는 마음속에 담아둔 꿈을 실현할 수 있다.

그 책에서 나는 12명의 핵심 팀원까지 소개했다. 그러나 지금은 6명
만이 팀에 남아 있다. 안타깝지만 당신과 가장 가까운 사람들이 영원
히 당신 가까이 남아 있을 수는 없다는 것이 진실이다.

전원 탑승!

처음에 나는 팀원들이 끝까지 나와 함께할 거라고 생각했다. 또 그들
을 끝까지 함께 끌어가는 것이 내 책임이라고도 생각했다. 조직이 철

로 위를 달리는 기차라면 나는 기관사이고 차장이었다. 나는 그 기차를 운전했고, 모두가 승차했는지 확인해야 했다. 우리가 휴식을 위해 멈추면, 다시 출발하기 전에 "전원 탑승!" 하고 소리쳤다. 누군가 다시 탑승하기를 거부하면 나는 그들을 억지로라도 데려와 자리에 앉히고 먹을 것을 주면서 달래야 했다. 어떤 짓을 해서라도 나는 그들과 끝까지 여정을 함께하기로 결심했다.

그 후로 나는 많은 것을 배웠다. 오랜 시간이 걸렸지만 나는 마침내 다음과 같은 사실들을 깨달았다.

모두가 당신과 함께 여행하고 싶어하는 것은 아니다

팀원이 되는 것은 선택이다. 내가 팀원으로 받아들이고 싶었던 사람들 중에는 팀원이 되기를 거부하는 사람도 있었다. 때로는 열정의 문제도 있었다. 모두의 열정이 내 열정과 같을 수는 없었다. 내게 동기를 부여하는 것이 다른 사람에게도 동기를 부여하는 것은 아니었다. 팀원의 분포를 못마땅하게 생각하는 사람도 있었고, 나를 마냥 싫어하는 사람도 있었다. 나와는 다른 소명을 지닌 사람도 있었다. 이런 차이를 일찍이 알았더라면 팀원을 선발하기가 훨씬 쉬웠을 것이다.

모두가 당신과 함께 여행해야 하는 것은 아니다

좋아하는 사람이라고 그를 팀에 합류시켜야 하는 것은 아니다. 나는 친구를 곧잘 '내 기차'에 태우려 했다. 우리는 즐겁게 지냈다. 따라서 나는 우리가 함께 일해야 한다고 생각했다. 그러나 그들에게는 팀에 도움을 줄 만한 재능이나 경험이 없었다. 내가 어떤 식으로든 그들을 팀에 합류시켰을 때 항상 실수가 뒤따랐다. 인간관계 때문에 현실을 무시하면 결국 문젯거리를 떠안는 셈이다.

모두가 당신과 함께 여행할 수는 없다

여행을 시작할 때 어떤 사람이 팀원으로 적합하다고 해서 여행 전체를 함께할 역량이 있다는 뜻은 아니다. 팀이 성장하고 그에 따라 목표도 높아지지만 개인적으로는 그만큼 성장하지 못하는 사람이 종종 있다.

나는 현실을 깨닫는 데 꽤 오랜 시간이 걸렸다. 누군가와 함께 일하던 초기의 기억은 장미빛이지만, 그런 시간이 지나고 다시 돌아오지 않을 때는 무척 난감하다. 조직은 훌쩍 성장하는데 조직의 성장을 뒤쫓아오지 못하는 직원들이 있다. 동력이 부족한 기관차를 달고 출발하는 기차와도 같은 셈이다. 끌고 갈 차량이 적을 때는 적은 동력은 큰 문제가 아니다. 그러나 기차에 연결되는 차량이 점점 많아지면 언덕길을 올라가야 할 때 팀에 부담이 되는 팀원들은 결국 리더에게도 부담이 된다. 리더가 그들의 능력을 향상시켜보려고 많은 시간과 노력을 투자해도 그들은 최선을 다해 일한다고 하지만 크게 나아지지 않는다.

이때 리더는 힘든 결정을 내려야 한다. 당신이라면 그런 사람을 끝까지 끌고 가겠는가? 그렇게 하면 팀의 효율성이 떨어지고, 결국에는 당신에게도 피해를 줄 수 있다. 다른 팀원들이 그와 계속 함께 일하고 싶어하겠는가? 그의 존재가 자칫하면 팀의 활력과 사기를 해칠 수도 있다. 그럼 그를 해고해야 하는가?

그가 잠재능력을 발휘할 수 있는 다른 업무를 조직 내에서 찾아줄 수 있다면 가장 바람직할 것이다. 그런 이동을 달갑게 받아들여 계속 조직의 일원으로 남는 사람도 있겠지만, 그런 이동을 좌천이라 생각하며 받아들이지 않는 사람도 있게 마련이다. 이런 경우에 당신은 그를 조직에서 떠나보내는 수밖에 없다.

실수는 반복해서는 안 된다. 누구를 버려야 하는지 결정해야 한다. 당신이 빈둥대고 비생산적인 사람을 계속 끌어안고 보상까지 한다면, 결국 당신의 팀에 빈둥대고 비생산적인 팀원이 있다는 뜻이다. 보상은 성과에 주어지는 것이다. 어떤 조직에나 이동이 있게 마련이다. 끊임없이 사람들이 들어오고 나간다. 사람이 떠나는 것은 문제가 아니다. 누가 떠나느냐는 것이 문제이다. 유능한 사람이 팀에 합류하고 무능한 사람이 팀을 떠나면 그 팀의 미래는 밝다. 그러나 부족한 사람이 팀에 들어오고 뛰어난 사람이 팀을 떠난다면 그 팀의 미래는 암울할 수밖에 없다.

나는 사람들이 팀을 떠난 것을 받아들여야 한다는 사실을 깨달았다. 그들은 여러 이유에서 팀을 떠났다. 팀의 성장을 뒤쫓아오지 못하는 사람도 있었고, 팀보다 훨씬 빠른 속도로 성장하는 사람도 있었다. 또 변화를 시도하며 다른 방향에서 일하고 싶어하는 사람들도 있었다. 반면에 내가 시도하는 변화에 반발하며 떠나는 사람도 있었다. 리더로서 받아들일 수밖에 없는 현상이다. 시대는 변하고 우리는 그 변화에 적응하는 법을 배워야 한다. 모두가 변화에 적극적으로 동참하는 것은 아니다. 그러나 당신이 누군가에게 전화를 걸었을 때, 자동응답기에서 "지금 전화를 받을 수 없습니다. 전화를 걸어주셔서 감사합니다. 저는 지금 제 삶에서 변화를 꾀하고 있는 중입니다. 삐 소리가 난 후에 메시지를 남겨주십시오. 답신을 받지 못하는 분은 제게 변화의 대상 중 한

분입니다."라는 말을 들었다면, 그 사람이 성공했다는 것을 나중에라도 확인할 수 있을 것이다.

균형 잡힌 시각

여행의 과정에서 누군가를 떠나보낸다는 것은 결코 달갑지 않은 일이다. 나는 그렇게 떠나간 사람들이 그립다. 그들 중 몇 사람이라도 나를 그리워하기를 바란다. 그러나 리더십은 그런 것이다. 리더는 조직원을 떠날 때를 대비하고, 그에 대해 균형 잡힌 시각을 유지하는 것이 최선이다. 내가 흔히 저질렀던 실수, 따라서 내가 바로잡아야 했던 실수를 4가지로 정리해보면 다음과 같다. 내 실수를 통해 당신은 더 나은 리더가 되기를 바란다.

나는 기다리지 않았어야 할 사람들을 기다렸다

혼자 여행할 때는 일찍 일어나 시작하는 데 아무런 문제가 없다. 그러나 다른 사람들과 함께 여행할 때는 그들을 기다려야만 한다. 나는 몇몇 사람을 한없이 기다린 때도 있었다. 나는 자리를 비워두고 기다렸지만 그들은 결코 팀에 합류하지 않았다. 이런 실수를 할 때마다 조직은 활력을 잃었고, 예민한 팀원은 실망감을 노골적으로 드러내기도 했다. 또 나는 상황을 신속하게 해결하지 못한다는 이유로 조직원들에게 신뢰를 상실했다. 한 사람을 위해 올바른 일을 하겠다는 이유로 나는 조직 전체에 몹쓸 짓을 하고 있었던 것이다.

핵심 팀원을 잃을 때마다 나는 죄책감을 느꼈다

초창기에 나는 팀원을 잃을 때마다 내 리더십에 잘못이 있다고 생각했다. 내 잘못인 때도 분명히 있었다. (팀에서 유능한 직원을 계속 떠난다면 대부분의 경우 리더의 잘못이기는 하다.) 그러나 훌륭한 리더가 유능한 직원들을 찾아내고 양성하더라도 그들 중 일부는 결국 조직을 떠나게 마련이다.

초창기에 나는 유능한 직원을 잃지 않으려고 발버둥쳤다. 정말 발버둥쳤다. 그런 직원을 붙잡아두려고 큼직한 보상을 제안하기도 했다. 하지만 대부분의 경우, 그런 제안은 올바른 결정이 아니었다. 그리고 팀원이 떠나려 할 때 붙잡아두려고 발버둥치는 것보다 축복하며 떠나보내는 것이 더 낫다는 사실을 어렵게 깨달았다. 팀원으로 있지 않아야 할 사람들을 효율적으로 끌어가기는 힘들다는 사실도 아울러 깨달았다.

중요한 팀원은 교체할 수 없다고 생각했다

핵심적인 역할을 하던 사람이 팀을 떠나려할 때마다 나는 "누가 이 사람을 대신할 수 있을까?"라는 걱정에 사로잡혔고, "아무도 못해낼 거야."라고 생각했다. 그러나 시행착오 끝에 나는 그런 생각이 틀렸다는 것을 깨달았다. 어디에나 훌륭한 인재가 있고, 그들은 훌륭한 리더 밑에서 일하고 싶어한다. 따라서 당신이 리더로서 역량을 향상시키고 조직원들에게 투자하면, 선택의 폭이 자연스레 넓어진다.

이런 식으로 생각을 바꿔가자 내 리더십의 방향도 크게 달라졌다. 그 전까지 나는 사직서를 받은 후에야 핵심 직원을 대신할 직원을 찾아 나섰다. 하지만 이제는 결원이 생기기 전에 미리 대비한다. 냉정하게 들릴 수도 있겠지만, 당신이 조직의 향방을 결정하는 리더라면 모든 책임은 당신에게 있다. 팀과 조직의 성공이 당신에게 달려 있기 때문에 당신은 어떤 상황에도 미리 대비해둬야 한다. 이런 이유에서 나는 팀의 핵심 직원을 대신할 사람을 미리 생각해둔다. 따라서 누군가 떠나거나 변화가 갑자기 닥쳐도 나는 당황하지 않고 그 상황에 여유 있게 대처할 수 있다. 물론 팀도 평소처럼 운영된다.

짧은 시간 동안만 나와 함께 일한 사람에게도 감사하는 법을 배웠다

리더십은 긴 여정이다. 그 여정을 성공적으로 끌어가기 위해 특별한 사람이 필요한 때가 있다. 이처럼 특별한 능력을 지닌 사람은 그 기간에만 리더와 함께 여행하고 다른 곳으로 떠난다.

내 리더십 여정을 돌이켜보면 많은 사람이 그 역할을 해주었다. 그들은 한동안만 나와 함께 일하며, 그 기간에 내가 조직을 원만하게 끌어가도록 도움을 주었다. 나는 이제 그런 사람을 내 곁에 끝까지 붙잡아두려고 애쓰지 않는다. 그들이 다른 리더에게도 그런 역할을 해줘야 한다는 것을 알기 때문이다. 나는 그들에게 감사할 따름이다. 그들의 도움이 없었다면 내가 다음 단계로 도약할 수 없었을 거라는 사실을 인정하기 때문이다.

요컨대 리더는 자신을 팀의 주인으로 생각해서는 안 된다. 내가 절실하게 깨달은 교훈이다. 리더가 실제로 조직의 소유자일 때도 마찬가지이다. 훌륭한 리더는 자신을 '청지기steward'라 생각한다. 훌륭한 리더는 최적의 사람들을 찾아내 성장의 여행에 동참할 기회를 제시하고, 그들이 잠재력을 최대한 발휘하도록 용기를 북돋워준다. 그러나 그들에게 집착해서는 안 된다. 당신과 함께 시작한 사람이 끝까지 함께하는 경우는 극히 드물다.

일부라도 끝까지 함께한다면 그나마 다행이다. 나와 여정을 줄곧 함께하는 그들이 고마울 뿐이다. 그들 모두가 개인적인 욕심을 포기했기 때문에 우리는 함께 공동의 목표를 추구할 수 있었다. 그들이 소수에 불과하기 때문에 내게는 더더욱 소중한 사람들이다. 당신도 시작을 함께한 사람들 중 일부라도 아직 남아 있다면 그들을 진정으로 사랑하고, 그들에게 아낌없이 보상을 베풀며 삶의 여정을 계속하기를 바란다.

EXERCISE
FOR
LEADER

사람이 떠나는 것은 문제가 아니다. 누가 떠나느냐는 것이 문제이다

—— **1** 팀을 떠나려는 사람이 있을 때 당신은 어떻게 대응하는가? 팀원이 떠날 때 대응하는 방법에서 당신의 리더십에 대해 많은 것을 짐작해볼 수 있다. 팀원의 사직을 당신의 개인적인 문제로 받아들이는가? 그렇다면 당신은 자신감을 갖지 못하고 팀을 끌어가고 있을 가능성이 크다. 팀원이 사직할 때마다 당혹감에 사로잡히는가? 그렇다면 당신이 대안을 모색하는 데 충분한 시간을 투자하지 않았다는 증거이다. 팀원이 사직서를 제출할 때도 무덤덤하게 반응하는가? 그렇다면 팀원들과 인간적 관계를 쌓지 않았다는 증거이다. 당신의 반응을 돌이켜보며 당신의 리더십에 어떤 문제가 있는지 살펴보라.

—— **2** 일부 팀원의 동참을 하염없이 기다리며 다음 단계로의 출발을 연기해본 적이 있는가? 팀의 발전에 방해되는 팀원이 있다는 분위기가 팀을 지배하면 팀의 화학적 결합을 해치고 조직의 동력도 떨어진다. 물론 리더에 대한 믿음노 줄어든다. 그런 팀원을 어떤 식으로든 해결하는 것이 리더인 당신의 책임이다. 그런 책임을 회피하면 결국 당신이 조직에 피해를 주는 꼴이고, 당신의 리더십도 치명적인 피해를 입을 수 있다. 당신이 어떤 유형의 문제에 직면해 있는지 생각해보라. 만약

- 기회가 문제라면, 다음 단계로 도약하기 위해 팀원들에게 기회를 부여하라.
- 업무의 적합성이 문제라면, 그들이 강점을 발휘할 수 있는 다른 업무에 배

치하라.

- 잠재력이 문제라면, 그들에게 어떤 능력이 있는지를 찾아보라.
- 마음가짐이 문제라면, 그들에게 다음 단계로 도약할 의지가 있는지 확인해 보라.

기회나 업무의 적합성이 문제라면 그들은 현재의 상황을 딛고 일어설 수 있다. 잠재력이 문제라면 중요성이 떨어지는 부분에서는 그런대로 역량을 발휘할 수 있다. 마음가짐이 문제라면 그들이 변해야 한다. 그렇지 않으면 조직을 떠나든지!

—— 3　핵심 팀원을 대신할 사람을 어디에서 물색하고 있는가? 핵심 팀원을 대신할 사람을 아직 찾아본 적이 없다면 오늘부터 찾아 나서라. 그 역할을 대신할 사람이 조직의 다른 부서나 지위에 있는지 눈여겨보라. 당신과 함께 일할 가능성이 있는 동료나 친구와 꾸준히 접촉하라. 심지어 당신의 경쟁자 중에서 적합한 사람을 물색할 수도 있다. 항상 주변을 눈여겨보라. 당신이 만나는 모든 사람이 잠재적 팀원이라 생각하라.

Mentoring Point ——

당신이 지도하는 신규 리더들이 팀의 분위기를 해칠 만한 사람을 찾아내는 데 도움을 주라. 그들이 당면한 문젯거리가 기회나 업무의 적합성인지, 잠재력이나 마음가짐인지 결정하는 데도 도움을 주라. 그들이 그런 쟁점을 해결하려고 나설 때 조언과 격려를 아끼지 마라.

LEADERSHIP
GOLD

24

많은 사람이
성공을 바라지 않는데
성공한 리더는 없다

—— 많은 사람이 협력해 함께 일하지 않으면 어떤 리더도 성공할 수 없다.

—— 조직원들이 뒤에서만 서성댄다면 어떤 리더도 성공할 수 없다.

—— 유능한 사람 뒤에는 언제나 다른 유능한 사람이 있다.(중국 속담)

—— 인간은 자신의 가치를 인정해주는 사람을 위해 일하고 싶어한다.

1998년 제프리 카첸버그Jeffrey Katzenberg와 드림웍스 SKG는 〈이집트 왕자Prince Of Egypt〉라는 만화영화를 제작했다. 이집트에서 파라오 가족의 일원으로 자랐지만 나중에 이스라엘 후손들을 이집트의 속박에서 구원해낸 모세에 대한 얘기였다. 영화를 제작하는 과정에 제작자들은 몇몇 종교 지도자들을 초대해 의견을 묻고 자문을 구했다. 나도 그때 초대받는 명예를 누렸다. 그때 나는 영화를 제작하는 과정에 무대 뒤에서 일어나는 일을 직접 관찰할 수 있어 무척 소중한 경험이었다.

영화 개막일이 다가왔을 때 마가렛과 나는 시사회의 초대장을 받고 뛸 듯이 기뻤다. 기분 좋은 밤이었다. 극장은 웃음과 축하의 말로 가득했다. 그랬다. 레드 카펫이 깔렸고, 영화 종사자들과 언론인들과 유명한 영화 배우들이 자리를 함께했다. 인터뷰가 곳곳에서 이어졌다. 마가렛과 나도 레드 카펫을 밟고 군중들에게 손을 흔들었다. 누구도 우리를 알아보지 못했지만.

모두가 자리를 잡고 앉자 영화가 시작됐다. 나는 사람들이 영화에 얼마나 집중하는지 눈여겨보았다. 물론 완성된 영화를 이미 본 사람도 약간 있었지만, 대부분이 우리처럼 처음 보는 것이었다. 여하튼 모두가 "영화가 어떻게 만들어졌을까?"라는 궁금증을 마음속에 품었을 것이다.

그들은 보통 관중이었다면 별다른 반응을 보였을 중요하지 않은 장면에도 긍정적인 반응을 보였다. 왜 그랬을까? 그들은 영화 제작과정을 속속들이 알고 있었기 때문이다. 색다른 경험이었다. 마가렛과 나는 영화를 재밌게 보았다.

영화가 끝나자 관중들은 우레와 같은 박수를 보냈다. 나는 영화관을 서둘러 빠져나오려고 자리에서 일어섰다. 그런 행사장에 가본 사람이라면 내가 그렇게 행동한 이유를 짐작할 것이다. 하지만 마가렛이 나를 끌어당겨 도로 자리에 앉혔다. 하기야 누구도 움직이지 않았다. 놀랍게도, 영화 제작에 관계한 사람들의 이름이 스크린에 비칠 때마다 열기가 더 고조됐다. 새로운 이름이 화면에 비칠 때마다 박수갈채가 뒤따랐다. 그 자리에서는 영화배우들이 응원단이었다. 제작자들이 영화의 성공에서 중요한 역할을 한다는 것을 알고 있기 때문이었다.

그날 시사회에 참석한 사람들에게 화면을 수놓은 영화 제작자들의 이름은 단순한 이름이 아니었다. 그들이 평소부터 알고 지냈고, 〈이집트 왕자〉의 완성에 기여한 사람들의 이름이었다. 그들이 없었다면 그 영화도 그처럼 완벽하게 완성되지 못했을 것이다. 그날 밤, 나는 "누구나 중요한 역할을 하기 때문에 존중받아야 한다."라는 교훈을 얻었다. 성공을 이루어내기 위해서는 많은 사람이 필요하다. 이런 이유에서 내가 "많은 사람이 성공을 바라지 않는데 성공한 리더는 거의 없다."라고 말하는 것이다.

독불장군은 없다

위대한 리더, 특히 역사에서도 언급되는 리더들은 다른 사람들의 도움
이 없었어도 큰일을 이루어낼 수 있었을 것이란 생각은 크게 잘못된
것이다. 알렉산드로스 대왕, 율리우스 카에사르, 샤를마뉴, 정복자 윌
리엄, 루이 14세, 에이브러햄 링컨, 윈스턴 처칠 등이 어떤 지원을 받
지 못했어도 위대한 일을 해냈을 것이라 흔히 생각하지만, 결코 그렇
지 않다. 많은 사람이 협력해 함께 일하지 않았다면 그처럼 성공한 리
더는 없었을 것이다.

　댄 설리번Dan Sullivan과 캐서린 노무라Catherine Nomura는 《위대한 변화의
순간The Laws of Lifetime Growth》에서 다음과 같이 말했다.

장기적으로 보면 극히 일부만이 지속적으로 성공한다. 이처럼 발군의
능력을 보이는 소수가 한결같이 인정하듯이, 많은 사람의 지원이 있을
때야 성공은 가능하다. 따라서 성공한 사람들은 그런 지원에 대해 끊임
없이 고마워한다. 반면에 어떤 수준에서 성공을 멈춘 사람들은 그들을
돕던 사람들과 담을 쌓기 때문에 그 수준에서 한 발도 더 이상 나아가지
못하는 것이다. 그들은 자신의 능력 덕분에 성공한 것이라고 착각한다.
이처럼 자기중심적이고 독불장군이 되면 성공에 필요한 창의성과 능력
까지 상실하기 십상이다. 따라서 우리가 다른 사람의 역할을 인정해야
더 큰 성공에 필요한 여지를 우리 마음이나 주변 사람들의 마음에 심어
줄 수 있다. 그때에야 우리를 도와준 사람들을 위해 더 큰 일을 해내겠

다는 의욕까지 갖게 된다. 다른 사람들의 역할을 인정하고 그들에게 감사하는 마음을 가질 때 우리가 지속적으로 성공할 조건이 자연스레 갖추어진다.[24]

성공한 리더가 되고 싶다면 많은 사람의 도움이 필요하다. 당신도 현명한 사람이라면 당신의 성공에 기여한 그들의 역할을 인정하고 감사하는 마음을 가져할 것이다.

처음부터 끝까지 도와라

리더로 활동한 초창기에 나는 "내가 무엇을 해낼 수 있을까?"라는 질문을 나 자신에게 끊임없이 던졌다. 요컨대 나 자신과 내가 해낼 수 있는 일에 집중했다. 내가 혼자서 해낼 수 있는 일은 보잘것없는 일이란 사실을 깨닫는 데 오랜 시간이 걸리지는 않았다. 자수성가한 사람은 큰일을 해내지 못한다. 그 후에 나는 "다른 사람들과 힘을 합하면 어떤 일을 해낼 수 있을까?"라는 질문으로 바꾸었다. 사람들에게 도움을 받아야만 내가 성공할 수 있다는 사실을 깨달았던 것이다. 조직원들이 뒤에서만 서성댄다면 어떤 리더도 성공할 수 없다.

지금까지 나를 도와주었던 사람들을 되돌아보면 크게 멘토와 후원자, 둘로 나눠지는 듯하다. 멘토는 내게 가르침을 주며, 내가 나아갈 길을 인도해주었다. 또 내가 힘들 때는 언제라도 그들의 품으로 감싸주었다. 그들이 한없이 고마울 뿐이다. 그들의 특징을 정리해보면 다음과 같다.

나를 전혀 모르면서도 내게 도움을 준 멘토들

나를 한번도 만난 적이 없으면서도 내게 도움을 주었던 멘토의 수는 헤아릴 수 없다. 그런 멘토의 대부분은 직접 쓴 책이나, 다른 사람이 그들에 대해 쓴 책을 통해 내게 가르침을 주었다. 그들은 시간을 초월해 내게 가르침을 주었고, 그들의 유산이 지금도 내 안에서 살아 있다.

나를 알기는 했지만 내게 도움을 주었다는 사실조차 몰랐던 멘토들

많은 사람이 리더십과 성공의 원칙을 정리했고, 나는 그 원칙을 내 삶에 적용했다. 나는 그들을 지켜보며, 내 삶에 지금도 가치를 더해주는 많은 것을 배웠다. 그래서 나는 기회가 닿을 때마다, 그런 멘토들에게 감사하다는 마음을 전한다.

나를 알았기에 나를 도와준 멘토들

그들은 분명한 목적을 갖고 나를 도와주었다. 리더십이 뭔지도 제대로 모르는 젊은 리더를 품에 안아 지켜주었고, 내가 나아갈 길을 인도해주었다. 지금도 내가 생각을 다듬고 리더로서 성장하는 데 도움을 아끼지 않는 멘토들도 있다. 내게 생기는 좋은 일들은 내게 가치를 더해주려는 그들의 헌신적인 도움 덕분이다.

멘토들은 나를 그들의 수준까지 끌어올리기 위해 때로는 일부러 내 수준까지 내려오기도 했다. 후원자들은 내 기운을 북돋워주었다. 그들의 격려 덕분에 나는 나날이 더 나은 리더가 되겠다고 나 자신을 채찍질했다. 나를 위해 그런 역할을 해준 후원자들을 생각해보면 크게 대여섯 유형으로 나눠지는 듯하다. 당신을 돕는 사람이 어떤 유형에 속하는지 판단하는 데 도움이 될 거라고 생각하기 때문에 그 유형들을 나열해보면,

- 시간 구제자: 내가 할 일을 대신해서 내 시간을 덜어주는 사람들
- 재능 보완자: 내가 하지 못하는 일을 너끈히 해내는 사람들
- 팀 플레이어: 나와 팀에 가치를 더해주는 사람들
- 창조적인 사색가: 문제를 해결하고 내게 선택의 폭을 좁혀주는 사람들
- 마무리 짓는 사람: 뛰어난 솜씨로 일을 마무리 짓는 사람들
- 인간 개발자: 리더와 제작자를 양성하고 키우는 사람들
- 서번트 리더: 올바른 마음가짐으로 조직을 끌어가는 사람들
- 정신 고양자: 내 생각과 마음을 넓혀주는 사람들
- 인맥 관리자: 내게 가치를 더해줄 사람을 내게 소개시켜주는 사람들
- 신앙적 멘토: 내가 믿음의 길을 계속 걷도록 독려해주는 사람들
- 무조건 사랑하는 사람: 내 약점을 알지만 나를 조건 없이 사랑하는 사람들

나는 이 모든 사람들에게 깊이 감사한다. 그들을 존경하고 존중하며, 한없이 고맙게 생각한다. 그들이 없었더라면 나는 지금처럼 성공할 수 없었다. 나는 그들에게 매일매일 감사하는 마음으로 살아간다. "유능한 사람 뒤에는 언제나 다른 유능한 사람이 있다."라는 중국 속담이 있다. 내 삶에 그대로 적용되는 말이다.

꿈의 실현은 다른 사람에게 달렸다

나는 많은 꿈이 있었다. 그러나 나 혼자의 힘을 이루어낼 수 있는 것은 하나도 없었다. 나는 항상 큰 꿈을 꾸었기 때문에 둘 중 하나를 선택해야 했다. 포기하느냐, 아니면 도움을 청하느냐! 나는 언제나 도움을 구하는 쪽을 선택했다.

나는 출장으로 여행하지 않을 때는 주로 본사 사무실에서 일한다. 그러나 언젠가 우리 본사 건물 주변을 산책하는데 "다른 사람들이 성공을 바라지 않는데 성공한 리더는 거의 없다."라는 말이 계속 머릿속을 맴돌았다.

한 사무실에는 아버지와 우리 형제의 사진이 걸려 있다. 아버지와 동생의 도움이 있었기에 내가 지금처럼 성공한 것은 의문의 여지가 없다. 아버지는 내게 가장 큰 영향을 미쳤고, 지금도 여전히 내게는 영웅과 같은 분이다. 동생 래리는 내게 쓴소리를 마다하지 않는 조언자인 동시에 절친한 친구이기도 하다.

이퀴프 사무실들의 벽에는 이퀴프 팀과 제휴를 맺고 세계 전역에서 수백 만의 젊은 리더들을 훈련시키는 리더들의 사진이 걸려 있다. 그들이 없다면 이퀴프의 소명도 불가능하다.

인조이 스튜워드십 서비스의 공개홀에는 무라노 유리로 만든 독수리가 놓여 있다. 토마스 넬슨 출판사가 내 책들의 1,000만 권 판매를 기념해 선물한 것이다. 토마스 넬슨 출판사는 작가로서의 내 가치를 드높여주었고, 많은 회의를 통해 기막힌 아이디어를 제공하며 저자로서 나의 수준을 한껏 높여주었다. 그 출판사가 없었다면 내가 지금과 같은 명예를 누릴 수 있겠는가?

ISS의 복도에는 건축기금을 모금하는 데 우리가 도와준 덕분에 세워진 대형 교회들의 사진이 걸려 있다. ISS에 소속된 많은 팀원이 그 교회들을 비롯해 많은 교회에서 그들의 성공을 돕는 컨설턴트나 동료의 위치에서 나를 대신해왔다. 그들이 없었다면 ISS는 어떤 일도 이루어내지 못했을 것이다.

이런 예는 얼마든지 나열할 수 있다. 모두가 내 성공에서 크고 작은 역할을 했다. 그들 없이 나 혼자서는 보잘것없는 일밖에 이루어내지 못했을 것이다.

이 교훈을 깨달았을 때 나는 리더로서 어떤 반응을 보여야 했을까? 물론, 감사하는 마음이다. 지금이라도 나는 나를 도와준 모든 사람들에게 감사의 말을 전하고 싶다. 그들이 있었기에 지금 내가 있다는 것을 나는 누구보다 잘 안다. 영어로 '감사'를 뜻하는 thank는 '생각하다'를 뜻하는 think와 어원이 같다. 리더들이 다른 사람들의 공헌을 깊이 '생각'한다면 그들에게 한층 더 '감사'해야 할 것이다.

다른 사람들이 우리와 뜻을 함께하며 도와줄 때 성공의 가능성이 커진다는 것은 사실이다. 추종자들이 리더의 성공을 가능하게 해준다. 위대한 추종자들이 있을 때 위대한 리더가 탄생할 수 있다. 리더로서 이 교훈을 깨닫지 못한다면 당신의 리더십은 결코 높은 수준까지 이를 수 없다. 끝없이 들락대는 팀원을 보충하는 데 하염없이 시간을 보내야 할지도 모른다. 인간은 자신의 가치를 인정해주는 사람을 위해 일하고 싶어하기 때문이다.

EXERCISE
FOR
LEADER

위대한 추종자들이 있어야 위대한 리더가 탄생한다

—— 1 어떤 사람이 당신을 도와주는가? 당신과 함께 일하는 사람들은 어떤 유형에 속하는가?

- 시간 구제자: 내가 할 일을 대신해서 내 시간을 덜어주는 사람들
- 재능 보완자: 내가 하지 못하는 일을 너끈히 해내는 사람들
- 팀 플레이어 : 나와 팀에 가치를 더해주는 사람들
- 창조적인 사색가: 문제를 해결하고 내게 선택의 폭을 좁혀주는 사람들
- 마무리 짓는 사람: 뛰어난 솜씨로 일을 마무리 짓는 사람들
- 인간 개발자: 리더와 제작자를 양성하고 키우는 사람들
- 서번트 리더: 올바른 마음가짐으로 조직을 끌어가는 사람들
- 정신 고양자: 내 생각과 마음을 넓혀주는 사람들
- 인맥 관리자: 내게 가치를 더해줄 사람을 내게 소개시켜주는 사람들
- 신앙적 멘토: 내가 믿음의 길을 계속 걷도록 독려해주는 사람들
- 무조건 사랑하는 사람: 내 약점을 알지만 나를 조건 없이 사랑하는 사람들

당신을 도와주는 사람들이 위에서 어떤 유형에 속하는지 생각해보라. 당신이 중요하게 생각하지만 위의 유형에 속하는 않는 사람이 있는가? 그렇다면 그는 어떤 유형이라고 생각하는가? 반대로, 한 사람도 없는 유형이 있는가? 그런 사람을 찾아내기 위해 당신은 어떻게 하겠는가?

—— **2**　당신은 어떻게 감사하는 마음을 표현하는가? 유능한 리더가 되기 위해서는 당신에게 성공을 안겨줄 사람에게 감사하는 마음을 전할 수 있어야 한다. 그런 마음을 어떻게 전하고 있는가? 당신의 후원자 목록에 있는 사람들에게 일일이 '고맙다'고 분명하게 말해본 적이 있는가? 그들이 당신에게 어떤 도움을 해주었고, 그 도움이 당신에게 얼마나 소중했는지 직접 전한 적이 있는가? 그들에게 정기적으로 보답하는가? 당신의 마음을 정기적으로 표현하지 않지 않는다면 그들이 영원히 당신의 편에 있을 거라고 장담할 수 없다.

—— **3**　당신의 멘토는 어떤 사람인가? 누가 지금 당신을 인도하며, 당신을 그의 수준까지 끌어올리려 애쓰고 있는가? 지금 그런 역할을 해주는 사람이 없다면 당장이라도 그런 사람을 찾아 나서라. 과거에 당신에게 멘토 역할을 했던 사람들은 어떤가? 그들에게 감사의 뜻을 전한 적이 있는가? 그렇지 않다면, 이번 주에 시간을 내서 그들에게 감사의 편지를 써보라. 그들이 당신에게 어떻게 가치를 더해주었고, 그것에 감사하는 당신의 진실된 마음을 전하면 된다.

👥 Mentoring Point ——

당신이 지도하는 신규 리더들에게 감사의 뜻을 전할 시간이다. 당신이 리더십을 향상시키는 데 그들이 어떤 공헌을 했는지 생각해보라. 그들이 당신을 위해 어떤 일을 했고, 어떤 방향에서 도움이 됐는지 구체적으로 생각해보라. 그 결과를 그들에게 말과 글, 모두로 알려주라. 어떤 식으로든 그들에게 보답을 하라.

LEADERSHIP
GOLD

25

묻지 않은 질문에는
누구도 답해주지 않는다

—— 자신감은 상황을 완전히 파악하기 전에 기운을 북돋워주고 활력을 주는 긍정적인 느낌으로 정의될 수 있다.

—— 묻는 사람은 5분 동안 바보가 되지만, 묻지 않는 사람은 영원히 바보가 된다.(중국 속담)

—— 양질의 질문에서 양질의 삶이 시작된다. 성공한 사람은 더 나은 질문을 한다. 따라서 더 나은 대답을 얻는다.(앤서니 로빈스)

—— 섬기는 리더에서 이기적인 리더로 하루아침에 돌변하기는 무척 쉽다.

—— "내가 하는 일을 좋아하는가, 아니면 그 일을 기계적으로 해내고 있는가?"라고 물어라.

—— 일상적으로 하는 일에 변화주지 않고는 당신의 삶을 변화시킬 수 없다.

자신감은 상황을 완전히 파악하기 전에 기운을 북돋워주고 활력을 주는 긍정적인 느낌으로 정의할 수 있다. 대학을 졸업한 후 나는 자신만만하게 첫 임무를 맡았다. 작은 교회 정도야 완벽하게 떠맡을 준비가 돼 있고, 그다지 어렵지 않은 일이라 생각했다. 그러나 현실을 맞닥뜨리자 좌절의 연속이었다. 내가 완벽하게 준비돼 있지 않다는 사실을 그때서야 깨달았다. 사실 나는 어떻게 준비해야 되는지도 몰랐다.

나는 많은 의문이 있었지만, 내 자존심 때문에 누구에게도 그런 의문을 묻지 않았다는 것이 나의 가장 큰 문제점이었다. 나는 어떤 일을 해야 하는지 아는 척했다. 리더십의 성공을 위해서는 그런 하찮은 자존심은 버려야 한다! 몇 달이 지나자 나는 거의 자포자기에 빠졌다. "묻는 사람은 5분 동안 바보가 되지만, 묻지 않는 사람은 영원히 바보가 된다."라는 중국 속담은 정확했다. 결국 나는 모르는 것보다 모르는 척하는 편이 낫다는 결론에 이르렀다. 그리고 5분 동안 바보가 되기로 결심하고 질문을 해대기 시작했다.

이렇게 하면 모든 문제가 즉시 풀리고 나도 편해질 거라고 생각했다. 그러나 그렇지 않았다. 왜 그랬을까? 처음에는 내가 질문을 적절하게 하지 못했기 때문이었다. 하지만 질문의 잘잘못은 크게 중요하지 않았다. 내가 엉뚱한 사람에 질문을 한 것이 더 큰 잘못이었다. 다행히 나는 인내심을 갖고 꾸준히 질문하면 무엇을 물어야 하는지 알게 될 것이고, 그렇게 찾아낸 정확한 질문을 계속하다 보면 정확히 대답해줄 사람을 찾아낼 수 있으리라 생각했다. 그 과정에 나는 몇 년의 시간을 투자했다. 그러나 실망할 것은 없다. 정확한 질문을 찾아내고 정확히 대답해줄 사람을 찾아내면 결국 당신은 정확한 대답을 얻게 된다!

정확한 질문을 찾아서

모두가 정확한 질문을 하는 법을 아는 것은 아니다. 나는 이에 관련된 재밌는 얘기를 읽었다. 경쟁심이 심한 세 형제가 돈을 벌려고 집을 떠났다. 모두가 열심히 일해 상당한 성공을 거두었다. 어느 날 세 형제가 한데 모여, 연로한 어머니에게 얼마 전에 주었던 선물을 자랑하기 시작했다.

첫째가 말했다.

"난 엄마에게 큰 집을 지어드렸지."

둘째가 말했다.

"난 엄마에게 벤츠를 사드리고 운전기사까지 고용했어."

셋째가 말했다.

"나는 형님들보다 훨씬 좋은 선물을 했어. 엄마가 성경 읽는 걸 좋아하는데 눈이 좋지 않잖아. 그래서 성경을 통째로 외우는 밤색 앵무새를 엄마한테 보내드렸지. 스무 명의 수도자가 12년이나 그 앵무새를 가르쳤어. 그들이 앵무새를 훈련시키는 걸 도우려고 10년 동안 매년 10만 달러는 그 수도원에 기부를 했고. 하지만 그럴 만한 가치가 있었어. 이제 엄마가 몇 장 몇 절이라 말만 하면 앵무새가 그 구절을 읽어줄 테니까."

그 직후, 세 형제는 어머니에게 편지를 받았다. 어머니는 첫째에게 "밀턴, 네가 지어준 집이 너무 크구나. 방은 하나밖에 사용하지 않는데 큰 집을 청소하려니 힘들구나."라고 썼다.

어머니가 둘째에게 보낸 편지에는 "마티, 나는 너무 늙어 갈 데가 별로 없다. 하루종일 집에 있어 벤츠를 지금껏 한 번도 이용한 적이 없다. 게다가 운전기사가 너무 막돼먹었어!"라고 쓰여 있었다.

그러나 셋째에게 보낸 편지는 무척 다정했다.

"사랑하는 멜빈, 엄마가 무엇을 좋아하는지 아는 유일한 아들이구나. 새고기가 맛있었다!"

힘들겠지만 정확히 질문하는 법을 배워야 할 사람이 적지 않다.

질문을 어떻게 하느냐에 따라서 성공과 실패가 결정되기도 한다. 그 이유가 무엇일까? 우리가 물은 질문에 대해서만 답을 구할 수 있기 때문이다. 금융인으로 대통령 고문을 지낸 버나드 바루크^{Bernard Baruch}는 "수많은 사람이 사과가 떨어지는 걸 보았지만 뉴턴만이 그 이유를 물었다."라고 말했다.

나는 성공한 사람들에게 질문을 하고 그들의 대답을 귀담아 들을 때 무척 흥분되고 가슴이 설렌다. 특히 초창기에 나는 교회 운영 부분에서 가장 뛰어난 리더들을 찾아보려 애썼다. 그리고 그들을 직접 만나 거의 30분 동안 질문만 해댔다. 그리고 그들의 대답을 열심히 기록했다. (내 어머니는 "경청자가 되라. 잘 들어서 나쁠 것은 없으니까."라는 정말 훌륭한 조언을 해주었다.) 그 리더들에게 배운 교훈들이 리더로 살아가려던 내게 얼마나 도움이 됐는지는 말로 표현하기 힘들 정도이다.

이제 60세가 됐지만 나는 지금도 성공한 리더를 찾아가 질문을 한다. 내가 높이 평가하고 존경하는 사람들을 1년에 적어도 6번은 만나려고 애쓴다. 브라이언 트레이시는 "창조적 사고의 출발점은 정확한 질문이다. 잘 정리된 질문은 문제의 핵심까지 파고들어, 새로운 생각과 혜안을 끌어낸다."라고 말했다. 신중하고 정확한 질문이 더 나은 대답을 끌어낸다는 것은 부인할 수 없는 사실이다. 대중 강연자 앤서니 로빈스Anthony Robbins가 말했듯이, "양질의 질문에서 양질의 삶이 시작된다. 성공한 사람은 더 나은 질문을 한다. 따라서 더 나은 대답을 얻는다."

첫 사람

당신이 리더로서 성장하고 도약하기 위해서 누구를 찾아가 무엇을 물어야 한다고 구체적으로 조언하기는 어렵다. 당신이 어떤 일을 하고, 리더십의 여정에서 어떤 위치에 있으며, 어떤 방향으로 성장하기를 바라느냐에 조언도 달라져야 하기 때문이다. 그러나 "리더들을 찾아가 질문을 하기 전에 당신이 먼저 해야 할 일이 있다."는 것만은 확실히 말할 수 있다. 먼저 당신 자신에게 몇 가지 질문을 해야 한다. 당신 삶의 전반적인 과정을 적절히 정돈해놓은 상태가 아니면 훌륭한 리더를 찾아가 조언과 대답을 얻어도 큰 도움이 되지 않기 때문이다. 먼저 당신 자신에게 적절한 질문을 제기하고 리더로서 올바른 길을 걸어야, 다른 사람들에게 무엇을 물어야 하는지 정확히 알 수 있다.

수년 전, 나는 나 자신에게 틈날 때마다 물어야 한다고 생각한 10가지 질문을 정리했다. 이 질문들에 '그렇다'고 대답하려고 노력한 결과로 나는 리더로서 지금까지 올바른 길을 걸었고 개인적으로도 성장할 수 있었다고 믿는다. 이 질문들이 당신에게도 가치를 더해주기를 바란다.

나는 나 자신에게 투자하고 있는가? - 개인적인 성장을 묻는 질문

이 질문은 14장 '리더의 역할을 유지하기 위해서는 계속 배워야 한다'에서 충분히 다루었다. 따라서 여기에서는 간략하게 말하고 넘어가기로 하자. 리더들이 다른 사람들에게 많은 것을 나눠줄 만큼 자신을 충분히 계발하지 않는 것은 사실이다. 자기가 갖지 않은 것을 남에게 줄 수는 없다. 훌륭한 리더들은 자신에게 투자한다. 자신을 위해서만이 아니라 다른 사람들을 위해서 자신에게 투자한다. 많이 배워야 조직을 더 낫게 끌어갈 수 있고, 새로운 리더들을 양성할 수 있다.

나는 다른 사람들에게 진정으로 관심을 쏟는가? - 동기에 관련된 질문

사람들이 리더가 되고 싶다고 말할 때마다 나는 왜냐고 묻는다. 지배력과 힘을 얻고 싶기 때문이라고 대답하는 사람도 있지만, 내가 보기엔 좋은 주차공간, 멋진 사무실, 더 나은 급료, 존경받는 지위 등 화려한 겉모습을 동경해 리더가 되려는 사람도 적지 않다. 리더의 진정한 역할, 즉 남을 돕는 역할을 하고 싶어 리더가 되겠다고 대답하는 사람은 극히 드물다.

내가 나 자신에게 묻는 10가지 질문 중에서, 내가 가장 자주 집중하는 질문이 이 질문이다. 그 이유가 무엇이겠는가? 권력이 사람을 변하게 만들 수도 있다는 것을 알기 때문이다. 섬기는 리더에서 이기적인 리더로 하루아침에 돌변할 수 있기 때문이다. 내가 이렇게 말하는 이유는, 훌륭한 리더들이 공통적으로 갖는 자질 중 하나가 상황을 신속히 파악해서 계획을 세우는 능력이기 때문이다. 훌륭한 리더가 남들보다 똑똑하지 않을지는 몰라도 상황을 신속히 파악하는 능력은 남다르다. 그런데 어째서 그런 능력이 문제일까? 리더는 상황을 신속히 파악하기 때문에 다른 사람들을 돕는 것보다 자신의 욕구와 욕심을 먼저 챙길 수 있는 위치에 있기 십상이다. 리더에게는 뿌리치기 어려운 유혹이지만, 그런 유혹에 넘어가면 곤란하다.

이런 유혹을 경계하는 가장 좋은 방법은 조직원들에게 진정한 관심을 갖는 것이다. 조직원들과 인간관계를 구축하고 그들의 꿈과 희망에 대해 알며 그들이 잠재력을 발휘하도록 돕는데 진력을 다한다면 리더로서 신뢰를 상실할 가능성은 훨씬 줄어들 것이다.

내가 좋아하는 일을 하고, 내가 하는 일을 좋아하는가? − 열정에 관련된 질문

나는 성공한 삶을 사는 법을 조언을 해달라는 요청을 종종 받는다. 누구나 성공할 수 있는 보편적 법칙들이 있기는 하다. 내가 언제나 첫 머

리에 언급하는 성공 법칙은 "당신이 싫어하는 일을 해서는 성공하지 못한다."이다.

당신이 하는 일을 향한 열정이 성공과 성취의 열쇠이다. 열정은 당신을 자극하고, 주변 사람이 지쳐갈 때도 당신에게 활력을 준다. 남들이 창조적인 생각을 해내지 못할 때도 당신에게 나아갈 길을 밝혀주는 원동력이 열정이다. 남들이 포기할 때도 열정은 당신을 더욱 강하게 해준다. 남들이 안락한 삶에 안주할 때도 열정은 당신에게 위험을 무릅쓰라는 용기를 북돋워준다. 남들은 매일 '일'하지만 열정이 있는 사람은 '즐긴다'.

대부분의 사람이 판에 박힌 삶을 살아가는 경향이 있다. 그래서 나는 틈날 때마다 "내가 하는 일을 좋아하는가, 아니면 그 일을 기계적으로 해내고 있는가?"라는 질문을 나 자신에게 던진다. 요컨대 내가 열정을 갖고 일하는지 확인하고 싶은 것이다. 열정이 없다면 어떤 결과가 닥칠지 알기 때문이다. 싫어하는 일을 기계처럼 계속하는 리더는 그 일을 탁월하게 해내지 못할 위험에 빠지기도 하지만, 타협하고 지름길을 택하고 싶은 유혹에 빠져 자신의 성실성마저 해칠 수 있다.

나는 적절한 사람에게 내 시간을 투자하는가? - 인간관계에 관련된 질문

30년 전 나는 "당신이 읽는 책과 당신이 만나는 사람이 없다면 당신의 삶은 지금이나 5년 후나 똑같을 것이다."라는 찰스 존스 Charlie Tremendous Jones의 강연을 들었다. 나는 그 말을 그대로 믿었다. 더구나 그때는 내가 존경하는 사람들을 찾아 다니기 시작하던 때였다. 그들과 만날 수 있으면 무슨 수를 써서라도 만났다. 그렇지 못하면 그들의 강연을 담은 CD나 테이프를 구입했고, 그들이 주최하는 강연에 참석했다.

내 책,《함께 승리하는 신뢰의 법칙》은 우리 삶에서 인간관계의 중요성을 다룬 책이다. 이 책에서 나는 "성공과 실패의 원인은 인간관계에서 찾을 수 있다."라고 말하며 다음과 같은 결론을 내렸다.

> 내가 부적절한 사람을 찾아가 부적절한 질문을 한다면 내 시간을 낭비하는 것이다.
>
> 내가 적절한 사람을 찾아가 부적절한 질문을 한다면 그의 시간을 낭비하게 한 것이다.
>
> 내가 부적절한 사람을 찾아가 올바른 질문을 한다면 시간을 헛되게 보낸 것이다.
>
> 내가 적절한 사람을 찾아가 올바른 질문을 한다면 내 시간을 투자한 것이다.

앞에서도 말한 내용이지만 여기에서 다시 반복해도 좋을 만큼 중요한 교훈이다. 리더로 계속 성장하고 싶다면 당신도 적절한 사람을 찾아가 정확하게 질문해야 한다.

나는 강점 분야에 집중하고 있는가? - 효율성에 관련된 질문

7장 '강점을 찾아 강점에 집중하라'에서 자세하게 다루었던 내용이다. 헨리 포드 Henry Ford 는 "'누가 보스가 돼야 하는가?'라는 질문은 '4중창에서 누가 테너를 맡아야 하는가?'라고 묻는 것과 같다. 당연히 테너 성부를 노래할 수 있는 사람이다."라고 말했다. 유능한 관리자는 강점에 집중한다. 자신의 강점, 윗사람과 동료와 아랫사람의 강점에 집중한다. 주어진 상황에서 그들이 강점을 발휘할 수 있는 부분에 집중한다. 약점에 투자하지는 않는다. 그들이 할 수 없는 일을 섣불리 손대지 않는다. 당신이 무엇을 잘하는지 찾아내고 그 일에 집중하라.

나는 조직원들을 더 높은 차원으로 끌어올리고 있는가? – 사명에 관련된 질문

앞에서도 말했듯이, 리더의 능력은 조직원들을 보고도 판단할 수 있다. 그의 리더십 하에서 일하는 조직원들이 점점 나아지는가, 거꾸로 더 나빠지는가? 조직원들의 사기가 충천한가, 아니면 나날이 떨어지는가? 그들의 미래가 밝은가, 어두운가?

나는 개발도상국가를 여행할 때마다 그곳의 리더들에게 이런 질문을 자신에게 던져보라고 요구한다. 안타깝게도 대부분의 지역에서 리더와 리더 측근들의 사정만 나아지고 있을 뿐이다. 리더만이 나아지고 조직원들은 고통받는다면 결코 바람직한 현상이 아니다.

나는 리더로서 조직원들에게 가치를 더해줘야 한다는 소명을 제대로 수행하고 있는지 매일 되돌아본다. 내가 리더로서 특권을 누리는 유일한 이유는 거기에 있다. 조직원들이 더 높은 차원으로 향상된다면 나는 리더의 역할을 계속할 수 있겠지만, 그렇지 않다면 나는 리더에서 물러나고 다른 사람이 내 역할을 대신해야 할 것이다.

나는 현재에 충실한가? – 성공에 관련된 질문

성공의 비밀은 일정표에서 결정된다. 성공한 사람은 일찍 결정을 내리고 그 후 매일 그 결정을 점검한다. 나는 이 교훈을 확신하기 때문에,

이 교훈만으로《오늘을 사는 원칙》이란 책까지 썼다. 현재에 집중하며 이 순간에 필요한 일을 하면, 결국 내일을 준비하는 셈이다. 현재를 올바로 관리하지 못하면 오늘의 실수를 내일 바로잡아야 하지 않겠는가.

꿈을 가진 사람들은 더 나은 미래를 위해 변화를 도모한다. 하지만 현재에 집중하지 않고 미래를 생각한다면 이 순간에 필요한 일을 할 수 없다. 뭔가를 변화시키겠다며 조언을 부탁하는 사람들에게 나는 "일상적으로 하는 일에 변화주지 않고는 당신의 삶을 변화시킬 수 없다."라고 말해준다. 오늘부터라도 매일 "나는 오늘에 충실한가?"라고 자문해보라. 그럼 계획에 따라 일을 진행할 수 있을 것이고, 계획에서 벗어날 때 즉시 잘못을 수정하며 더 나은 내일을 만들어갈 수 있을 것이다.

나는 생각하는 시간을 충분히 갖고 있는가? - 전략적 리더십에 관련된 질문

많은 리더의 아킬레스건은 차분히 생각할 여유가 너무 없다는 점이다. 리더들은 선천적으로 행동지향적이다. 리더들은 현재에 만족하지 않고 끊임없이 움직이며 조직과 조직원까지 앞으로 전진하라고 독려한다. 그 때문에 차분히 앉아, 조직을 더 효율적으로 끌어갈 방법을 생각하는 여유를 갖지 못한다.

나는 선천적으로 활동적이고 적극적이기 때문에 이 부분에서 나에게 알맞은 체계적인 훈련법을 개발해내야 했다. 당신도 생각할 시간을 어떤 형태로든 극대화시키고 싶다면 이 방법에서 효과를 볼 수 있을 것이다. 내 훈련법을 대략적으로 소개하면

- 내 생각을 되짚어볼 공간을 마련한다. 내 사무실에는 편안한 의자 하

나가 있다. 내 생각을 점검하거나 창조적인 생각을 할 때만 이 의자를 사용한다.

- 내 생각을 다듬는 방법을 마련한다. 나는 머릿속에 떠오른 생각을 신중하게 다듬기 위한 특별한 절차를 개발해냈다.
- 내 생각을 확대할 팀을 구축한다. 각 분야마다 내게 반론을 제기하며 내 생각에 가치를 더해주고, 내 생각을 개선하는 데 도움을 주는 사람들이 있다.
- 내 생각을 펼치는 시간을 갖는다. 내 생각을 실천에 옮기기 전에 내 생각이 맞는지 확인하기 위해 여러 사람과 토론하는 시간을 갖는다.
- 내 생각을 실천할 공간을 마련한다. 좋은 생각도 실천하지 않으면 큰 가치를 갖지 못한다. 내 조직에는 어떤 생각이든 받아들여 실천에 옮길 수 있는 사람들이 있다. 나는 내 생각을 그들에게 제시하고, 그들이 내 생각을 실천에 옮기는 데 필요한 자원과 힘을 제공한다.

이 정도면 당신이 전략적으로 생각하는 데 충분할 것이라 여겨진다. 하지만 당신의 생각을 다듬고 이 부분에 대해 더 깊이 알고 싶다면, 내 책《생각의법칙 10+1 Thinking for a Change》을 참조하기 바란다.

나는 다른 리더들을 양성하고 있는가? - 유산에 관련된 질문

이 장의 앞부분에서도 말했듯이, 나는 목사로 처음 취임했을 때 신도들의 신임을 얻는 데 애를 먹었다. 리더십에 관련된 원칙을 그런대로 터득한 후에는 추종자들이 생기기 시작했다. 처음에는 그런 변화를 상당한 성과라 믿었다. 그러나 내가 떠난 후에 그 교회가 와해되는 것을 멀리서 지켜보면서 내 잘못이란 것을 깨달았다. 어떤 조직이 꾸준히 성공하기를 바라면 추종자들을 끌어가는 것으로 만족해서는 안 된다. 당신을 대신할 리더까지 양성해야 한다.

리더를 양성하는 법을 배우기 위해 나는 많은 시간을 투자했다. 또 실제로 리더를 양성하는 데는 더 많은 시간을 투자했다. 내가 오랫동안 리더십의 개발에 관심을 갖고 연구한 결과에 따르면, 추종자들을 끌어가는 것은 그다지 어렵지 않고 결과도 쉽게 얻지만 큰 보람은 없다. 반면에 리더들을 끌어가기는 어렵고 성과도 느릿하지만 보람은 훨씬 크다. 리더를 양성하려면 무진 고생해야 하지만 그만큼 보상도 크다. 이런 이유에서 나는 리더를 양성하는 데 혼신의 힘을 쏟는 것이다.

나는 하느님을 기쁘게 하고 있는가? – 믿음에 관련된 질문

이 마지막 질문은 당신과 무관할 수 있겠지만 나에게는 가장 중요한 질문이다. 이 질문에 당신의 기분이 상했다면 정중히 사과하는 바이다. 그러나 리더십에 대한 내 생각을 진술하게 말하려면 이 부분을 포함시키지 않을 수 없다. 내 믿음의 기준을 한 마디로 정리하면, "만일 어떤 사람이 온 세상을 얻고도 자기 영혼을 잃으면 무슨 소용이 있겠느냐?"이다.[25] 내가 하는 일을 하느님이 달갑게 생각지 않는다면 내 리더십과 내 삶은 나락으로 떨어지고 말 것이다.

⊹⊱━⊰⊹

질문을 무지의 증거라 생각하는 사람도 있겠지만, 나는 질문을 적극성과 호기심, 더 나아지려는 의지의 증거라 생각한다. 물론 질문은 신중하고 정확해야 할 것이고, 질문하는 사람이 똑같은 질문을 반복해서는 안 될 것이다. 묻지 않으면 발전할 수 없다. 듣지 않으면 배울 수 없다. 그래서 "소인小人은 말이 많고 대인大人은 주로 듣는다."는 속담까지 있는 것이다. 당신이 먼저 묻지 않으면 누구도 대답해주지 않는다. 따라서 리더로서 당신이 더 이상 질문을 하지 않는다면 차라리 흔들의자를 사서 현관 앞에 두고 리더에서 물러나는 편이 낫다. 이미 은퇴한 것이나 마찬가지니까!

EXERCISE
FOR
LEADER
적절한 사람을 찾아가 정확하게 질문하라

—— **1** 자존심이 성장을 가로막고 있지는 않은가? 당신의 무지나 경험 부족을 드러낼 수도 있는 질문을 얼마나 거리낌 없이 하는가? 솔직하게 대답해보라. 어수룩하게 보일까 겁나는가? 남들이 당신을 어떻게 생각할까 걱정되는가? 당신이 오랫동안 리더의 위치에 있었다는 이유로 질문을 꺼린다면 변화를 시도하기가 어렵다. 하지만 5분만 바보 노릇을 할 것인지, 영원히 바보로 살 것인지 선택해야 한다. 오늘부터라도 모르는 것을 묻고, 그로 인해 불편해진 마음을 다스리는 법을 배워라.

—— **2** 당신은 어떤 질문을 자신에게 하고 있는가? 자신의 행동과 성장을 스스로 책임지지 못하면 유능한 리더가 될 수 없다. 자신에게 힘든 질문을 제기하지 않고는 성장과 변화를 기대하기 힘들다. 당신만의 질문들을 만들거나, 앞에서 제시한 질문들을 이용해서 당신이 리더로서 올바른 길을 걷고 있는지 확인해보라.

1. 나는 나 자신에게 투자하고 있는가? (개인적인 성장)
2. 나는 다른 사람들에게 진정으로 관심을 쏟는가? (동기)
3. 내가 좋아하는 일을 하고, 내가 하는 일을 좋아하는가? (열정)
4. 나는 적절한 사람에게 내 시간을 투자하는가? (인간관계)
5. 나는 강점 분야에 집중하고 있는가? (효율성)

6. 나는 조직원들을 더 높은 차원으로 끌어올리고 있는가? (사명)

7. 나는 현재에 충실한가? (성공)

8. 나는 생각하는 시간을 충분히 갖고 있는가? (전략)

9. 나는 다른 리더들을 양성하고 있는가? (유산)

10. 나는 하느님을 기쁘게 하고 있는가? (믿음)

—— 3 누구에게 질문을 하는가? 기꺼이 질문을 하며 남들에게 어수룩하게 보이는 위험을 무릅쓰는 태도는 평생 학습을 위해 바람직한 태도이다. 그러나 질문 자체가 성장을 보장해주는 것은 아니다. 성장하기 위해서는 어떤 사람에게 배워야 하는지 생각해보고, 그에 합당한 사람을 만나기 위해 노력해야 한다. 또 그런 사람을 만나기 전에 무엇을 물을 것인지 생각하고 정리하는 시간을 2~3시간 정도 가져야 한다. 그 사람이 어떤 책을 썼다면 질문서를 작성하기 전에 그 책을 읽어야 한다. 또 그가 제작해 판매하는 강연록이 있다면 그 강연록을 먼저 들어라. 많은 책을 쓰고 많은 강연을 한 사람이면 준비를 하는 데만 서너 주가 걸릴 수도 있다.

LEADERSHIP
GOLD

26

결국 당신의 삶은
한 문장으로 정리된다

—— 보통 사람은 어떻게 살아야 하는지 모르지만 영원히 지속될 또 하나의 삶을 원한다.(아나톨 프랑스)

—— 대부분의 사람은 자신의 삶을 살아가지 않는다. 주어진 삶을 받아들일 뿐이다.(존 코터)

—— 우리에게는 언제, 어떻게 죽겠다고 선택할 권리가 없다. 그러나 어떻게 살겠다고 결정할 수는 있다.

—— 우리는 결코 그늘을 즐기지 못할 거라는 것을 알지만 나무를 심을 때, 인간의 삶에서 의미를 찾기 위한 첫 출발을 한 것이다.(D. 엘튼 트루블러드)

1998년 12월 18일 나는 심각한 심장발작을 일으켰다. 그날 밤 방바닥에 누운 채 앰블런스를 기다릴 때 두 가지 생각이 내 머릿속에서 맴돌았다. 하나는 내가 죽기엔 너무 젊다는 생각이었고, 다른 하나는 내가 성취하고 싶었던 일들을 다 끝내지 못했다는 생각이었다.

뛰어난 의료진과 많은 사람의 기도 덕분에 나는 죽음의 문턱에서 살아났고, 지금은 건강하게 활동하고 있다. 그러나 회복 기간에 나는 삶과 죽음에 대해서, 또 내가 죽기 전에 남겨놓고 싶은 일에 대해서 많은 생각을 했다. 특히 최악의 경우가 닥치면 내 장례식에 누가 참석할까 생각해보기도 했다. 누가 어떤 말을 할지도 궁금했다. 그런데 장례식에 참석할 사람의 규모가 결국 날씨에 좌우될 거라고 생각하자 웃음이 저절로 나왔다. 게다가 장례식이 끝나고 30분쯤 후에는 그들이 어떤 건물에 모여 감자 샐러드가 어디에 있을까 두리번거릴 것이라고 생각했을 때도 쓴웃음을 지을 수밖에 없었다.

나는 무엇을 남길 것인가?

심장발작을 일으킨 덕분에 나는 "세상에 어떤 유산을 남길 것인가?"라는 질문을 진지하게 생각하기 시작했다. 내가 다음 세대에 남기는 것이 유산이다. 내가 후손의 손에 쥐어주는 재산이 될 수도 있지만, 내가 삶을 살았던 원칙들이 유산으로 남아 후세에 전해질 수도 있다. 또한 나를 알았던 덕분에 내게 영향을 받아 더 나은 삶을 살게 된 사람들도 나의 유산일 수 있다.

나이를 먹어가고 내가 남길 유산에 대해 깊이 생각하기 시작하면서, 내가 존경하는 리더들에게 죽은 후에 무엇을 유산으로 남기고 싶느냐고 묻기 시작했다. 수년 전, 내가 주최한 강연회에서 나는 전설적인 농구 감독으로 당시 92세이던 존 우든을 인터뷰했다. 나는 그에게 유산에 대해 물었고, 그를 아는 사람들에게 어떤 사람으로 기억되고 싶냐고도 물었다.

그는 주저없이 대답했다.

"트로피와 전국 우승팀 감독으로 기억되고 싶지는 않습니다."

그의 대답에 청중들이 깜짝 놀라 술렁거렸다. 우든은 잠시 말을 멈추고 생각에 잠겼다. 마침내 입을 떼며 "내가 사람들에게 친절하고 이해심이 많았던 사람으로 기억되면 좋겠습니다."라고 덧붙였다. 우리 모두가 그의 소박한 꿈에 부끄러웠고, 소중한 것과 평범한 것의 차이가 무엇인지 절실히 깨달았다. 존 우든은 대부분의 사람이 꿈도 꾸지 못할 성공을 거둔 사람이었다. 그러나 그는 자신이 다른 사람들을 어떻게 대했는지로 기억되고 싶어했다.

당신은 무엇을 남기려는가?

언젠가 당신과 나, 우리 모두가 세상을 떠날 것이다. 그리고 우리 삶은 한 문장으로 정리될 것이다. 당신의 삶은 어떤 말로 정리되기를 바라는가? 클레어 부스 루스Claire Booth Luce는 그런 문장을 '삶의 선언문'이라 칭했다. 우리가 애초부터 유산을 남기려고 계획적인 삶을 산다면, 장례식에 모인 사람들이 우리 삶의 선언문을 무엇이라 정할지 고민할 필요가 없을 것이다.

엘리너 루스벨트Eleanor Roosevelt는 "삶은 낙하산을 메고 뛰어내리는 것과 같아 처음에 똑바로 해야 한다."라고 말했다. 하지만 솔직히 말해서 누구도 완전히 올바로 살지는 못한다. 과거로 돌아갈 수만 있다면 누구나 다른 식으로 살고 싶어할 것이다. 그러나 실망할 것은 없다. 이제부터라도 다른 식으로 살겠다고 결심하면 우리가 죽은 후에도 많은 사람에게 긍정적인 흔적을 남겨놓을 수 있다. 그런 유산을 남긴다면 이 땅을 미련 없이 떠날 수 있지 않겠는가. 그런 유산을 남기고 싶다면 다음과 같이 해보기 바란다.

오늘, 이 세상에 남기고 싶은 유산을 결정하라

이 세상에 남겨지는 유산은 의도적인 유산과 비의도적인 유산, 둘로 나누어지는 듯하다. 내 생각에는 대부분의 유산이 비의도적으로 남겨진 것이다. 나는 많은 선배에게 유산을 받았고, 그 유산들은 결코 의도적으로 내게 주어진 것이 아니다. 예컨대 내 할아버지는 결단력과 강철 같은 의지의 표본이었고, 할머니는 여행의 재미가 무엇인지 내게 처음으로 가르쳐주었다. 어머니는 조건 없는 사랑이 무엇인지 내게 가르쳐주었고, 5학년 때 나를 가르친 호튼 선생님은 내게 리더의 꿈을 심어주었다. 웨인 맥코너헤이는 내게 스포츠의 재미를 가르쳐주었다. 그들 모두가 내 삶에 큰 영향을 미쳤고, 그 영향은 지금까지 계속되고 있다. 하지만 그들이 의식적으로 내게 그런 생각들을 내게 전해주었다고는 생각하지 않는다. 그들은 본연의 모습을 내게 보여주었을 뿐이었고, 나는 그들의 곁에서 지내면서 그런 특징들을 내 것으로 받아들였던 것이다.

노벨 문학상을 수상한 소설가 아나톨 프랑스Anatole France는 "보통 사람은 어떻게 살아야 하는지 모르지만 영원히 지속될 또 하나의 삶을 원한다."라고 말했다. 대부분의 사람은 어떤 유산을 이 땅에 남겨야 할지 의식적으로 생각하지 않는다. 또한 당신이 어떤 유산을 남길지에도 대해서 관심이 없다. 따라서 당신이 의식적으로 책임지고 유산을 남기려 노력하지 않는다면 누구도 당신을 대신해서 그 역할을 해주지 않는다.

어떤 유산을 남길지 먼저 결정하고 계획을 세워보라. 어떻게 후세에 큰 영향을 남길 수 있을지 생각해보라. 오늘 '삶의 선언문'을 결정하는 것부터 시작할 수도 있다. 물론 지금까지 '삶의 선언문'에 대해서 생각해본 적이 없을 것이다. 하지만 나처럼 당신도 시간을 두고 조금씩 다듬어가면 된다. 나는 1960년대 말에 세운 내 목표부터 시작했고, 그 후로 꾸준히 진화되고 바뀌었다. 그때부터 지금까지 내 생각과 더불어 '삶의 선언문'이 어떻게 바뀌었는지 소개해보면,

나는 위대한 목사가 되고 싶다

나는 위대한 강연자가 되고 싶다

나는 위대한 작가가 되고 싶다

나는 위대한 리더가 되고 싶다

　정신적으로 성장하고 시야도 넓어지면서 내 목표를 요약한 '삶의 선언문'은 계속 바뀌었다. 그 후 그 선언문들을 보고 유능한 목사, 강연자, 작가, 리더가 되려는 내 꿈이 결국에는 사람들에게 가치를 더해주려는 욕망과 다를 바가 없다는 사실을 깨달았다.

　내 생각이 의미 있는 방향을 변했다는 사실은 눈치챈 사람도 있을 것이다. 말하자면, 유산을 의식적으로 만들어가기 위해서는 반드시 필요한 변화였다. 이제 나는 어떤 사람이 되겠다는 데 초점을 맞추지 않는다. 다른 사람을 중심에 두게 됐다. 따라서 그 후로 내 '삶의 선언문'도 파격적으로 다듬어졌다. 이제 내 삶의 선언문은 "나는 리더들에게 가치를 더해주어, 그들을 통해 다른 사람들의 가치를 배가시키기를 바란다."이다. 내가 세상을 떠난 후에 사람들이 내가 정확히 그렇게 살았다고 인정해주기를 바랄 뿐이다.

　리더십 전문가인 존 코터John Kotter는 언젠가 내게 "대부분의 사람은 자신의 삶을 살아가지 않는다. 주어진 삶을 받아들일 뿐이다."라고 말했다. 이런 말이 당신에게는 적용되지 않기를 바란다. 오늘, 후손에게 남기고 싶은 유산을 결정하라. 긴 과정의 시작에 불과하지만 그것만으로도 충분하다. 시작이 있어야 끝이 있는 것이 아니겠는가.

오늘부터, 이 세상에 남기고 싶은 유산에 걸맞는 삶을 살아라

유산을 결정하는 것과, 그 유산을 후세에 전하는 것은 별개의 문제이다. 당신이 원하는 유산을 이 세상에 남길 수 있느냐 없느냐는 당신이 어떻게 살아가느냐에 달려 있다. 나는 《오늘을 사는 원칙》에서, 성공의 비밀은 일정표에서 결정된다고 말했다. 유산의 비밀도 당신의 일정표에서 결정된다고 말해도 무방한 듯하다. 당신이 하루하루를 살아가는 태도가 쌓이고 쌓여 당신의 유산이 된다. 하나하나의 행동이 오랫동안 더해지면서, 당신의 유산이 구체적인 형태를 갖추기 시작할 것이기 때문이다.

그렌빌 클라이저Grenville Kleiser는 《힘과 리더십의 훈련Training for Power and Leadership》에서 다음과 같이 말했다.

우리 삶은 책과 같다. 제목은 우리 이름이고, 서문은 우리를 세상에 알리는 소개글이다. 각 쪽은 우리 노력, 시련과 기쁨, 실망과 성취 등으로 짜여진 일상의 기록이다. 매일, 우리 생각과 행동이 삶의 책에 기록된다. 매 시간, 영원히 지워지지 않을 기록이 작성된다. 일단 쓰여진 기록은 지워지지 않기 때문에, 우리의 책이 고결한 목표의식과 자애로운 공헌과 부끄럽지 않은 일의 기록이란 말을 듣도록 노력해야 하지 않겠는가.

우리에게는 언제, 어떻게 죽겠다고 선택할 권리가 없다. 그러나 어떻게 살겠다고 결정할 수는 있다. 사회학자 앤서니 캄폴로Anthony Campolo는 95세를 넘긴 50명에게 "삶을 다시 살 수 있다면 어떤 부분을 다르게 살고 싶으십니까?"라는 질문을 하고, 그 결과를 연구했다. 주관식

질문이었기 때문에 대답이 무척 다양했지만 크게 3가지 유형으로 나눌 수 있었다

- 내가 다시 살 수 있다면 깊이 생각하고 신중하게 살겠다.
- 내가 다시 살 수 있다면 위험을 무릅쓰는 삶을 살겠다.
- 내가 다시 살 수 있다면 죽은 후에 이름을 남길 수 있는 일을 하겠다.

삶의 끝자락에 이르렀을 때 당신도 후회 없는 삶을 살았다고 말할 수 있기를 바란다. 열심히 살았고, 이 땅에서 당신에게 주어진 시간을 최대한 활용하면서 능력이 닿는 데까지 모든 일을 해냈다고 말할 수 있기를 바란다. 이 땅에 어떤 유산을 남길지 계획하고, 그 계획에 따라 산다면 후회 없는 삶을 살 수 있을 것이다.

오늘, 좋은 유산의 가치에 감사하는 마음을 가져라

발명가로 제네럴 모터스 연구개발부 책임자인 찰스 케터링Charles F. Kettering 은 "우리 세대가 할 수 있는 가장 위대한 일은 다음 세대를 위한 징검돌을 놓는 것이다."라고 말했다. 누군가를 가보지 못했던 곳으로 데려가고, 또 그들이 가능하다고 생각하지도 못했던 높이까지 끌어올리면 얼마나 즐겁겠는가! 리더에게는 그런 일을 할 수 있는 기회가 주어진다.

긍정적인 유산을 남길 수 있느냐 없느냐는 전적으로 마음가짐에 달려 있다. 첫째, 다른 사람들에게 관심을 가져야 한다. 둘째, 좋은 유산이 이 세상에 남길 긍정적인 영향을 깨달아야 한다. 그러나 무엇보다

올바른 관점과 시각을 가져야 한다. 리더인 우리에게 주어진 임무를 고려할 때 우리가 얼마나 중요한 존재인지 깨달아야 한다. 그렇게 하기 위해서는 많은 리더가 도달하지 못한 객관적이고 성숙하며 겸손한 마음가짐이 필요하다. 당신이 인도하는 사람들에게 당신의 개인적인 목표는 절대적인 것이 아니다. 따라서 그들에게 반드시 필요한 것을 남기는 것이 리더의 목표가 돼야 한다.

교육자 엘튼 트루블러드David Elton Trueblood는 "우리는 결코 그늘을 즐기지 못할 거라는 것을 알지만 나무를 심을 때, 인간의 삶에서 의미를 찾기 위한 첫 출발을 한 것이다."라고 말했다. 유산을 남기려는 사람에게 필요한 자세이다.

다음 세대에 투자하라

유산에 대한 내 생각은 삶의 단계에 크게 영향을 받는 듯하다. 내 나이가 어느덧 예순이고 손자들도 꽤 많이 자랐다. 마가렛과 나는 이제 손자들의 재롱을 보며 즐길 때가 된 셈이다. 그러나 당신이 아직 젊다면 유산의 초점을 자식에게 맞춰야 한다. 당연히 그래야 한다. 우리 아이들, 엘리자베스와 조엘이 어렸을 때 마가렛과 나는 그들에게 올바른 가치관을 심어주고 재능을 키워주는 데 심혈을 기울였다. 엘리자베스와 조엘이 어느 정도 성장했을 때 우리는 그들에게 다음의 4가지를 가르쳐주기로 결정했다.

- 조건 없는 사랑
- 믿음의 토대
- 삶과 성공의 원칙
- 감정적 안정

이제 엘리자베스와 조엘도 결혼해 독립된 가정을 꾸리고, 그들의 가치관을 자식들에게 전해주고 있다. 마가렛과 나는 우리 가족의 가치관과 소망, 꿈과 경험이 손자 세대에 전해지는 것을 흐뭇하게 지켜본다. 그때마다 보람을 느끼고, 사회 개혁가 헨리 비처^{Henry Beecher}가 했던 말이 기억에 떠오른다. 그는 "우리가 뿌린 씨가 다음 세대에 활짝 꽃 피울 수 있도록, 또 우리 세대에 꽃을 피웠던 것은 다음 세대에 열매를 맺을 수 있도록 우리는 열심히 살고 열심히 일해야 한다. 성장이란 바로 그런 것이다."라고 말했다.

내가 오래 전부터 즐겨 흥얼거리던 '다리를 놓는 사람^{Bridge Builder}'이란 시가 있다. 테네시 출신의 시인, 윌 앨런 드롬굴^{Will Allen Dromgoole}이 다음 세대를 위해 유산을 만들어가는 것이 무슨 뜻인지 아름답게 노래한 시이나.

외딴 길을 가던 한 노인이

춥고 어두운 저녁에

넓고 깊은 협곡과 맞닥뜨렸다.

협곡에는 거친 물살이 흘렀고

노인은 희미한 황혼의 빛을 빌어 협곡을 건넜다.

노인은 거친 물살에도 겁먹지 않았다.
무사히 건너편에 도착한 노인은
물 위로 다리를 지었다.

함께 가던 순례자가 말했다.
"노인장, 여기에 다리를 만드는 건 헛수곱니다.
노인장은 죽는 날까지 길을 가야 하지만,
이곳을 다시 지날 일은 없을 텐데요.
깊고 넓은 협곡을 이미 건너왔는데,
이 저녁에 왜 다리를 만드십니까?"

노인이 하얗게 센 머리를 들고 말했다.
"친구, 오늘 여기로 오던 길에
내 뒤를 따라오던 젊은이가 있더군.
그 젊은이도 이 협곡을 지나갈 걸세.
나도 건너기가 힘들었던 이 협곡이
금발의 그 젊은이에겐 얼마나 힘들겠나.
그 젊은이도 어둔 황혼빛을 빌어 협곡을 건너야 하겠지.
그래서 그 젊은이를 위해 다리를 놓고 있는 거라네."

당신은 후세를 위해 어떤 다리를 놓고 있는가? 당신의 리더십을 최
대한 활용하고 있는가? 당신만이 아니라, 오늘 당신을 따르는 사람들
만이 아니라, 내일 당신을 따를 사람들을 위해서 리더십을 발휘하고

있는가? 언젠가 우리 삶이 한 문장으로 정리된다고 생각하면 정신을 바싹 차리지 않을 수 없다. 지금부터 '삶의 선언문'을 결정해보라. 하느님, 우리의 삶과 가족, 그리고 우리가 앞으로도 만나지 않을 가능성이 큰 사람들에게 감사의 뜻을 전하는 방법일 수 있기 때문이다.

EXERCISE
FOR
LEADER

어떤 유산을 남길지 먼저 결정하고 계획을 세우라

—— 1　당신은 유산을 남긴다는 생각을 얼마나 중요하게 생각해왔는가? 많은 리더가 유산을 남긴다는 생각을 거의 하지 않는다. 당신은 유산을 남긴다는 생각을 어떻게 평가하는가? 이 책을 읽기 전까지 유산을 남긴다는 생각을 해본 적이 있는가? 어떤 유산을 남기고 싶은지 생각할 준비는 돼 있는가? 당신이 삶을 끝냈을 때 당신의 삶이 남은 사람들에게 어떤 모습으로 비춰지길 바라는가? 당신이 리더십의 여정에서 어떤 위치에 있더라도 — 즉 젊은 풋내기 리더이든 반백의 노련한 리더이든 — 이런 생각을 시작하는 것은 결코 이른 것이 아니다. 이제부터라도 유산을 남기기 위한 노력을 최우선 과제로 삼아라.

—— 2　당신은 어떤 유산을 남기고 싶은가? 어떤 유산을 남길까 결정하는 데는 시간이 걸린다. 그 과정을 시작하기 전에 다음의 세 질문에 먼저 답해보라.

• 내게 주어진 책임이 무엇인가?

　(당신이 무엇을 해야 하는지 결정하는 데 도움을 주는 질문이다.)

• 내게는 어떤 능력이 있는가?

　(당신이 무엇을 할 수 있는지 결정하는 데 도움을 주는 질문이다.)

• 내게는 어떤 기회가 주어졌는가?

(당신이 무엇을 할 수 있었는지 확인하는 데 도움을 주는 질문이다.)

위의 질문들에 대답한 후에 '삶의 선언문'을 간결하게 작성해보라.

—— 3 오늘 당신은 그 유산을 남기기에 걸맞는 삶을 살고 있는가? 삶의 선언문을 써두었다고 유산이 저절로 생기는 것은 아니다. 삶의 선언문에 걸맞게 매일 살아갈 때 유산은 조금씩 쌓여간다. 당신은 직접 작성한 삶의 선언문에 부끄럽지 않게 살아가고 있는가? 그렇지 않다면 그 이유는 무엇인가? 무엇이 방해를 하는가? 무엇부터 시작해야 한다고 생각하는가? 무엇을 더해야 한다고 생각하는가? 당신의 삶에 작든 크든 변화가 필요하다면 오늘부터라도 변화를 시도하라.

 Mentoring Point ——

당신이 지도하는 신규 리더들에게 궁극적인 목표가 무엇인지 물어보라. 그들이 목표를 달성했을 때 사람들이 그들을 어떻게 평가할 거라고 생각하는지에 대해서도 물어보라. 그들이 그런 목표를 선택한 이유와, 목표를 성취하는 데 무엇이 필요하다고 생각하는지 물어보라. 최대한 구체적으로 설명하라고 요구하라. 그들의 현재 행위가 목표를 성취하는 데 어떤 부분에서 도움이 되고, 어떤 부분에서 그들의 목표 성취에 걸림돌이 되는지 설명해보라고 하라. 또 걸림돌을 해소하기 위해 어떤 변화가 필요한지 물어보라. 그들이 중요하게 생각하는 가치관에 따른 삶의 선언문을 작성하게 하고, 그 선언문을 실현하기 위해 그들이 어떤 행동을 취해야 하는지 자세히 써보라고 하라.

다수의 추종자가 아닌
진짜 리더를 양성하라

내가 이 책에서 소개한 26가지의 황금 덩어리를 충분히 즐겼기를 바란다. 물론, 그 황금 덩어리에서 많은 교훈을 얻었기도 바란다. 이런 책은 대충 훑어보아도 개념을 쉽게 이해할 수 있어, 구체적인 행동으로 옮겨지지 않는 단점을 갖는다. 그러나 정보만으로는 더 나은 리더가 되는 데 큰 도움이 되지 않는다. 변화를 시도하고 더 나은 리더로 성장하고 싶다면 배운 교훈을 실제로 적용해봐야 한다.

리더로 첫발을 내딛은 사람에게는 이 책을 읽고 내 실수에서 배운 것만으로도 리더십 역량이 이미 상당히 향상됐을 거라고 자신있게 말할 수 있다. 당신이 어떤 위치에서 일하든 현재의 수준에서 만족하지 마라. 리더십은 하룻밤에 향상되는 것이 아니다. 리더십은 평생을 두고 꾸준히 성장한다. 리더십의 성장을 위해 계획적으로 공부하고 연구하면 리더로서의 잠재력을 크게 키워갈 수 있다. 따라서 누구에게나 배우겠다는 자세를 유지하라.

당신이 이미 성공한 노련한 리더이고, 이 책에 쓰인 교훈들이 이미 알고 있는 내용을 되풀이한 것에 불과하다면 다른 리더들을 양성하는 데 전력을 기울여주기 바란다. 당신의 가치는 당신의 리더십에 있는 것이 아니라, 잠재적 역량을 지닌 사람을 찾아내 유능한 리더로 키우는 능력에 있다는 사실을 잊어서는 안 된다. 요컨대 다수의 추종자들을 끌어가는 것보다 소수의 리더를 양성함으로써 세상에 더 큰 기여를 할 수 있다.

당신이 리더십의 여정에서 어느 위치에 있더라도 리더로서 계속 성장하며 변화를 꾸준히 시도해주기 바란다.

리더는 여행 안내원과 같다

곧 결혼 기념일이다. 아내에게 선물을 하고 싶다. 전문 상품점과 백화점이 있다. 어느 쪽을 택할까? 어떤 선물을 해야겠다고 미리 결정했다면 그 상품을 전문으로 취급하는 상점을 찾겠지만, 막연히 선물을 해야겠다는 생각 정도만 갖고 있다면 백화점을 둘러보며 알맞는 상품을 고르는 게 나을 것이다. 책도 다를 바가 없다. 이 책은 리더십을 다룬 백화점과 같은 책이다. 저자가 60회 생일을 맞아, 리더로서 살았던 경험을 집대성한 책이다. 이런 점에서 단순한 백화점이 아니다. 리더십을 취급하는 전문 상점 못지않은 최고급 백화점이다.

리더leader의 어원은 '여행하다'였다. 여행에는 안내자가 필요하고, 그 안내자가 여행에서는 리더이다. 따라서 어떤 조직에서나 리더를 여행 안내원이라 생각하면 리더가 어떤 역할을 해야 하는지 답이 나온다. 여행 안내원이 여행객을 앞에서 인도하듯이 리더는 조직원들을 앞에서 끌어가는 사람이다. 안내원이 머뭇대면 여행객이 불안할 수밖에 없듯이, 리더가 우유부단하면 조직원들마저 우왕좌왕할 수밖에 없다. 그 밖에도 여행 안내원과 조직의 리더는 많은 면에서 비슷하지만, 꼭 하나 기억해야 할 것이 있다. 여행 안내원이 여행자 위에서 군림하는가? 그렇지 않다. 여행자들을 정성껏 섬긴다. 리더도 다를 바가 없다. 리더는 조직원들을 앞에서 끌어가는 동시에 조직원들을 섬겨야 한다. 예수가 이 땅에 온 이유가 "대접받기 위해서가 아니라 섬기기 위해서 왔다."라고 말한 이유가 여기에 있다. 이른바 서번트 리더가 여기에서 탄생했다.

에후디 메뉴인이란 유명한 바이올리니스트가 있었다. 휴머니스트로도 유명한 사람이다. 그는 교육의 중요성을 강조하면서 교육의 목적은 지식의 축적에 있는 것이 아니라, 정반대로 생각하는 힘을 키우는 데 있다고 말했다. 누구에게나 적용되는 말이겠지만, 진정한 리더를 꿈꾸는 리더라면 반드시 새겨 들어야 할 말이다. 요컨대 자신의 판단이 무조건 옳다는 오만을 버려야 한다는 뜻이다. 이 말은 "최고의 리더는 잘 듣는 사람이다."라는 교훈과도 통한다. 정반대의 생각까지 열린 마음으로 듣는 자세를 가져야 한다. 조직원들은 제대로 섬기려면, 달리 말해서 조직원들의 욕구를 알고 그들을 올바른 방향을 끌어가려면 조직원의 말을 들어야 조직원의 생각과 바람을 알 수 있지 않겠는가? 자신이 조직원을 지내봤기 때문에 조직원의 바람을 잘 안다는 생각은 오산일 수 있다. 그만큼 세월이 지났고, 자신이 조직원일 때와는 구성원들의 성향도 달라졌을 것이기 때문이다. 저자가 자신의 실패를 교훈삼아 말하지만, 리더는 군림하며 강요하는 사람이 아니다.

저자도 서문에서 밝히고 있지만, 이 책은 리더로서 첫발을 띤 사람만이 아니라 리더 생활을 오래한 사람에게도 읽을 만한 책이다. 초보 리더는 리더가 어떤 자질을 갖추어야 하는가를 대강 그리는 데 필요한 책이며, 노련한 리더에게는 자신에게 어떤 부분이 부족했는가를 돌이켜보는 계기를 마련해줄 수 있기 때문이다. 이 책을 통해 초보 리더나 노련한 리더나 리더로서 자질이 한 단계 올라서는 계기를 마련하기 바란다.

- 충주에서 강주헌

참고문헌

1. "We Have Met the Enemy … and He Is Us," http://www.igopogo.com/we_have_met. htm, accessed 18 January 2007.

2. Proverbs 22:7 (NIV).

3. F. John Reh, "Employee Benefits as a Management Tool," http://management.about.com/cs/people/a/Benefits100198.htm, accessed 10 July 2007.

4. Mark Albion, *Making a Life, Making a Living: Reclaiming Your Purpose and Passion in Business and Life* (New York: Warner Books, 2000), 17.

5. Jim Lange, *Bleedership* (Mustang, OK: Tate, 2005), 76.

6. Lorin Woolfe, *The Bible on Leadership: From Moses to Matthew-Management Lessons for Contemporary Leaders* (New York: AMACOM, 2002), 103-4.

7. Marcus Buckingham and Donald O. Clifton, *Now Discover Your Strengths* (New York: The Free Press, 2001), 6.

8. Peter Drucker, *Managing in Turbulent Times* (New York: Harper Collins, 1980), 6.

9. Jim Collins, *Good to Great* (New York: Haper Colliins, 2001) , 70.

10. Second presidential debate with incumbent Jimmy Carter, 28 October 1980, "Reagan in His Own Words," NPR, http://www.npr.org/news/specials/obits/reagan/audio_archive.html, accessed 19 February 2007.

11. Stuart Briscoe, *Everyday Discipleship for Ordinary People* (Wheaton, IL: Victor Books, 1988), 28.

12. Barry Conchie, "The Seven Demands of Leadership: What Separates Great Leaders from All the Rest," *Gallup Management Journal*, 13 May 2004, http://gmj.gallup.com/content/11614/Seven-Demands-Leadership.aspx.

13. Stan Toler and Larry Gilbert, *Pastor's Playbook: Coaching Your Team for Ministry*

(Kansas City: Beacon Hill Press, 1999).

14. Michael Abrashoff, *It's Your Ship: Management Techniques from the Best Damn Ship in the Navy* (New York: Warner Business, 2002), 33.

15. Ibid., 91-92.

16. Warren G. Bennis, *Managing the Dream: Reflections on Leadership and Change* (New York: Perseus Books, 2000), 56-57.

17. Jeffrey Davis, *A Thousand Marbles* (Kansan City, MO: Andrews McMeel, 2001).

18. Malcolm Gladwell, *Blink: The Power of Thinking Without Thinking* (New York: Little, Brown, and Company, 2005), 18-34.

19. "Trust a Bust at U.S. Companies; Manchester Consulting's Survey Rates Trust in the Work Place a 5-1/2 Out of 10," http://www.prnewswire.com/cgi-bin/stories.pl?ACCT=104&STORY=/www/story/9-2-97/308712&EDATE=, accessed 27 March 2007.

20. Harry Golden, *The Right Time: An Autobiologarphy* (New York: Putnam, 1969).

21. Harry Chapman, *Greater Kansas City Medical Bulletin 63*, http://www.bartleby.com/63/17/4517.html, accessed 9 March 2007.

22. Proverbs 29:2 (MSG).

23. *Reader's Digest*, 13 July 2003, 198.

24. Dan Sullivan and Catherine Nomura, *The Laws of Lifetime Growth: Alaways Make Your Future Bigger Than Your Past* (San Francisco: Berrett-Koehler, 2006), 43.

25. Matthew 16:26 (NIV).